本书得到福建省高校人文社会科学研究基地——"海西社会建设与社会服务研究中心"资助出版

CHILDREN OF MIGRANT WORKERS

家庭文化资本与农民工随迁子女学业教育研究

孙文中 著

中国社会科学出版社

图书在版编目(CIP)数据

家庭文化资本与农民工随迁子女学业教育研究 / 孙文中著. —北京：中国社会科学出版社，2021.9
ISBN 978-7-5203-8685-2

Ⅰ.①家…　Ⅱ.①孙…　Ⅲ.①流动人口—教育—研究—中国　Ⅳ.①G52

中国版本图书馆 CIP 数据核字（2021）第 129518 号

出 版 人	赵剑英
责任编辑	王莎莎
责任校对	张爱华
责任印制	张雪娇

出　　版	中国社会科学出版社
社　　址	北京鼓楼西大街甲 158 号
邮　　编	100720
网　　址	http://www.csspw.cn
发 行 部	010-84083685
门 市 部	010-84029450
经　　销	新华书店及其他书店
印　　刷	北京明恒达印务有限公司
装　　订	廊坊市广阳区广增装订厂
版　　次	2021 年 9 月第 1 版
印　　次	2021 年 9 月第 1 次印刷
开　　本	710×1000　1/16
印　　张	17.5
插　　页	2
字　　数	268 千字
定　　价	99.00 元

凡购买中国社会科学出版社图书，如有质量问题请与本社营销中心联系调换
电话：010-84083683
版权所有　侵权必究

序

农民工随迁子女的教育问题是有中国特色的社会问题。随着中国工业化和城市化的持续推进,农民工由个体流动向家庭化流动的趋势转变,农民工子女教育问题越来越受社会广泛关注。国家对此也开始重视起来,正在采取一些措施加以解决。截至 2014 年年底,全国农民工随迁子女在公办学校就学比例保持在 80%。政府购买的民办学校学位不断增加,2014 年达到 124.6 万个。与城市居民一样,农民工对子女的教育也寄予了越来越高的期望,他们将子女接入城市学习和生活的初衷就是为了给子女提供更好的教育资源和机会,以保障子女教育"不要输在起跑线上"。但是,另外,农民工在子女教育上面临着不少困境,比如上不了好学校,没有时间和精力乃至能力提供与城市居民同等好的家庭教育资源,特别是缺少相应的文化资本。而对此的研究,目前不是很多。孙文中这本书选择这个问题开展研究,是有积极意义的。

孙文中是我的博士研究生,本书是基于他的博士论文《家庭文化资本与农民工随迁子女学业教育的研究》修改而成。作者以定性研究的方式,以深度访谈、参与观察和个案拓展研究法,从家庭和学校的教育过程来揭示学生的家庭文化资本与学业发展之间的关系,从而更精细地描绘两者在文化资本继承与文化资本移入过程中所扮演的角色和作用。本书从两条主线考察农民工子女教育的问题,即一方面家庭文化资本如何影响农民工子女学业发展;另一方面,关注学校教育与家庭文化资源的互动对学业发展的影响。

他运用再生产理论、互动理论和抵制理论,通过对农民工随迁子女家庭教育和家庭文化资本的分析,探讨教育领域的文化资本继承和文化资本移入的机制,揭示农民工子女的学业表现与其家庭所拥有文化资本的社会阶层地位所存在的对应关系。作者从再生产的视角，分析家庭文化资本量和质的变化过程对子女学习成绩、作业完成、学习习惯养成、学习信念以及学校适应等方面学业表现影响，围绕学业表现建构学业评价体系以及干预行动，以此探讨农民工家庭文化资本与随迁子女学业表现的关系。他根据布迪厄的"文化资本"类型逻辑将家庭文化资本分为亲学校文化的家庭文化资本和疏学校文化的家庭文化资本。作者运用"继承"家庭文化资本和"移入"家庭文化资本两种类型分析农民工子女学业表现的变化。他指出家庭文化资本丰富的农民工，他们对其随迁子女的教育干预行动与学校教育场域的匹配，有助于其农民工子女生成文化资本，促进学业发展。而家庭文化资本的匮乏限制传递农民工传递子女文化资本的能力，影响了子女的学习信念、学习行为以及最终的学习成绩，从而造成农民工子女文化资本移入的困难，在学校场域遭遇文化排斥从而形塑了其身性和知性的弱势状态，从而甘拜下风。农民工家长"素质"与学校教育的不匹配所导致的不合拍"管教"，农民工子女表示诸多埋怨和不服，而老师对家长的不合拍"素质"显现不满并横加指责。在生计压力下的农民工家长对于子女教育力不从心，学校过于强化学业表现的要求，让众多的农民工家长，在城市化的子女教育中呈现出失语与被忽略的状态。

家庭文化资本与学校文化的亲和性与疏离性影响了农民工子女的文化资本继承或移入，进而影响了子女的学业表现。家庭文化资本与学校文化的亲和性有助于农民工随迁子女的学业表现适应学校学业规训的要求，积极培养其子女的学业志向、语言表达能力和人际交往能力，形成孩子良好的习性而被学校认可，从而将家庭文化资本转化子女的学业的文化资本，促进学业发展道路的顺畅。家庭文化资本与学校文化场域的疏离性，不利于农民工子女的学业发展。学校文化对农民工子女学生家庭文化资本缺失的强化，建构出农民工子女低素质的底层文化，影响到农民工随迁子女的学业表现。正是学校教育以所谓"学业成绩"为标尺，教师不断地形塑着学生的心智，从而影响着学生的自我意识、学习质量乃至个性特征，最后造成了农民工随迁子女学业发展处于不利地位。

作者考取博士之前在集美大学任教，从事农民工子女教育和农民工社会融入的研究，承担社会工作和社会学的教学科研工作，对农民工子女教育的历史和现状比较熟悉。这体现在书中作者对宏观背景的把握和微观过程的详细描述。作者曾受过社会工作和社会学教育，因此研究过程中，对底层群体的关怀，运用社会学的想象力，注重实地考察。作者选择两个学校进行实地调查，通过参与观察和深度访谈，收集资料，对教育局领导、学校领导（校长和教务主任）、班主任、任课教师和农民工子女及其家长进行访谈，采集农民工子女教育的录音资料、文本资料、档案资料，并获得有关学生学业成绩信息和成长经历。可以说作者在本研究上比较投入，获得了不少第一手资料。本书对推进社会学对农民工子女教育问题的研究起到了一定的作用，特推荐给对此问题关心的读者。

王春光

中国社会科学院社会学研究所副所长

研究员、博士生导师

中国社会科学院社会政策研究中心主任

中国社会学会农村社会学专业委员会理事长

目 录

第一章 导论 (1)
  第一节 问题的提出与研究背景 (1)
  第二节 文献综述 (7)
    一 理论视角 (8)
    二 国外关于家庭文化资本与学业成就的相关研究 (18)
    三 国内关于农民工子女学业表现的研究 (28)
  第三节 研究思路与研究框架 (32)
    一 研究思路 (32)
    二 研究框架 (37)
  第四节 研究方法和调查地点的选择 (39)
    一 研究方法 (39)
    二 调查地点的选择与访谈对象基本情况 (40)
    三 方法论的问题 (44)

第二章 社会结构的转型与农民工子女教育 (46)
  第一节 社会结构的转型与农民工子女问题的出现 (47)
    一 城乡二元结构的松动与农民工流动 (47)
    二 进城农民工的市民化问题 (48)
    三 社会转型中的农民工子女的教育问题 (50)
  第二节 农民工随迁子女的教育问题 (51)
    一 农民工子女教育的城市化 (51)
    二 厦门市农民工随迁子女的学校教育 (55)

第三章　农民工子女学业表现的感知与评价 ……………… (64)
第一节　农民工随迁子女学业表现的感知 ………………… (64)
一　学习成绩的分化 ………………………………………… (65)
二　作业完成的差别 ………………………………………… (75)
三　学习习惯的差异 ………………………………………… (82)
四　学习信念的差别 ………………………………………… (86)
第二节　农民工随迁子女的学业评价 ……………………… (93)
一　成绩等级与学业评级 …………………………………… (94)
二　班级组织资源占有的差异 ……………………………… (101)
三　学业发展的分流 ………………………………………… (109)

第四章　家庭文化资本与家庭教育实践 …………………… (116)
第一节　农民工家庭的家长教育经历与文化资本 ………… (117)
一　农民工子女的家长的受教育情况 ……………………… (118)
二　农民工家庭的文化资本 ………………………………… (123)
第二节　农民工随迁子女的家庭教育实践 ………………… (148)
一　协助培养行动下的习性养成 …………………………… (148)
二　失语与忽略的成就自然成长 …………………………… (151)
三　生计压力下的情境式干预 ……………………………… (154)
第三节　教育信念与弱势文化资本：农民工子女
　　　　　教育的张力 ……………………………………… (157)
一　教育信念、文化资本与农民工子女教育 ……………… (158)
二　农民工对子女教育的信念 ……………………………… (160)
三　农民工子女教育的张力 ………………………………… (162)
四　农民工子女教育的张力的型塑与消解 ………………… (166)

第五章　学校文化及其学业强化的规训 …………………… (172)
第一节　学校文化的构成 …………………………………… (172)
一　学校理念文化 …………………………………………… (173)
二　学校物质文化 …………………………………………… (177)
三　学校行为文化 …………………………………………… (184)

第二节　学校关于学业表现的规训 …………………………… (188)
　　一　学校课程知识的理想类型：学业表现的基本要素 ……… (188)
　　二　学校对农民工子女文化资本缺失的强化 ………………… (193)
第三节　学校文化适应中的创新与抵制 ………………………… (198)
　　一　学生的主体能动性 ………………………………………… (198)
　　二　对学校学业强化策略的抵制 ……………………………… (202)

第六章　家庭文化与学校文化的亲和与疏离 ……………………… (211)
第一节　学校文化与家庭文化资本的亲和 ……………………… (211)
　　一　家庭文化资本转化为子女的学业资本 …………………… (214)
　　二　家庭文化与学校文化的一致性 …………………………… (220)
第二节　学校文化与家庭文化资本的疏离 ……………………… (223)
　　一　学校文化与家庭文化的冲突 ……………………………… (224)
　　二　公办学校教师的负面评价 ………………………………… (228)
第三节　学生文化资本生成的失败及其阶层再生产 …………… (230)
　　一　家庭文化资本再生产——学业资本的失败 ……………… (230)
　　二　学生的被动选择与底层阶级再生产 ……………………… (234)

第七章　结论与讨论 ………………………………………………… (236)
第一节　主要结论 ………………………………………………… (236)
　　一　研究发现 …………………………………………………… (236)
第二节　需要进一步讨论的问题 ………………………………… (239)
　　一　研究不足 …………………………………………………… (239)
　　二　研究展望 …………………………………………………… (240)

参考文献 ……………………………………………………………… (242)

附录一　访谈对象列表 ……………………………………………… (257)

附录二　访谈提纲 …………………………………………………… (261)

附录三　对 SZ 中学教务处主任的访谈提纲 ……………………（264）

附录四　对 J 区教育局干部的访谈提纲 ………………………（265）

后　记 ……………………………………………………………（266）

第一章 导论

第一节 问题的提出与研究背景

农民工早年在乡土社会中生活，他们接受的教育有限，关于城市生活的科学知识有所不足。从进入城市的第一天起，他们就惊讶于城市的现代文化，一直想努力融入城市社会，但是却始终徘徊在城乡边缘。多数农民工从事最廉、最苦、最脏、最累、最差的职业，居住在狭小拥挤、秩序混乱、卫生较差的城乡接合部或城中村，社会经济地位边缘化，没有得到城市的认可。农民工认为他们在城市所处的不利地位是自身素质差、文化水平低，甚至运气不好等因素所致。现实中当他们在无法实现向上流动时，便对其子女寄予了通过"上高中考大学"的路径改变命运的厚望。在知识改变命运的信念下，他们把子女带到打工的城市接受教育，亲自管教子女，以提高其教育质量，希望子女考上大学，告别父辈的打工生活，实现体制内向上的社会流动。但是，教育流动功能的实现取决于合理的社会结构，当今中国社会中上层的位置已被占据，且形成了强大的利益既得集团，他们会充分利用教育资源以维护自己的阶层利益。[①] 当前中国教育规模的扩大并没有促进教育在社会阶层间的均衡分布，学生的教育发展与家庭的社会阶层地位存在对应关系，社会中上层家庭的子女保持着教育获得的优势。个体的学业发展与家庭的文化资本状况紧密相连。农民工子女在知性和心性上的软弱状态将会持续地在自

[①] 王春光：《农民工群体的社会流动》，载陆学艺《当代中国社会流动》，社会科学文献出版社2004年版，第15—17页；钱民辉：《教育真的有助于向上社会流动吗——关于教育与社会分层的关系分析》，《社会科学战线》2004年第4期。

身和下一代身上复制,这使得他们难以通过教育向上流动,他们可能以拒绝知识的形式放弃了学业,完成了作为底层的社会再生产。[①]

根据对厦门市的 QX 学校、SZ 中学实地调查发现,多数农民工子女在城市学校会遭遇学习适应困难、学习成绩不佳、转学升学、学习动机不足以及学习兴趣不强等问题。部分学生在学校教育过程中受到挫折后,调整自身学业志向与理想,主动放弃了对进一步教育或深造的美好期待,他们认为自己无力改变不平等的社会现实,对学习也失去了信心与积极进取的心态。为什么会这样?农民工携带子女进入城市接受教育除了亲情考虑,更多的是希望其子女能够接受城市优质的教育,但现实是,农民工随迁子女虽然可以进入城市公办学校就读,但是这些学校多在郊区或生源不好,不论硬件设施、文化氛围还是师资力量,这些学校在所在学区排名较差。所以,这些学校也就成为"低教学质量"的代名词。作为社会弱势群体的农民工子女,由于家庭背景与早期习得的文化习性与城市学校文化之间的背离性和不连续性,当他们进入城市接受教育时,面临文化习性重构的冲突与压力,公办学校盛行的城市主流文化与农民工家庭文化资源的张力问题依然存在。换言之,学校传授的文化知识与家庭习得的文化资本的匹配问题是影响孩子学业表现的关键。而那些上层社会出身的子弟以"文化继承"的方式接受学校教育,因而在学业发展中得心应手,相比之下,来自底层社会的孩子接受的是"文化移入"的学校教育,则需花费较高的代价。

这一"学校教育延续社会不平等"的命题成为教育分层与社会流动研究的主要议题。布迪厄对此强调,早期社会化对于儿童的学业发展和文化资本的积累奠定了基础,即社会再生产通过文化资本的再生产来实现。家庭的文化经验有利于儿童适应学校并取得学习上的进步,原因在于学校采用了特别的语言结构、权威模式和课程形式,来自较高社会地位的孩子在进校的时候已经对这一套社会安排非常熟悉了。[②] 布迪厄主

[①] 周潇:《劳动力更替的低成本组织模式与阶级再生产———一项关于流动/留守儿童的实地研究》,博士学位论文,中国社会科学院研究生院,2011 年;熊易寒:《底层、学校与阶级再生产》,《开放时代》2010 年第 1 期。

[②] Bourdieu, P., *Cultural Reproduction and Social Reproduction in Knowledge, Education and Cultural Change*, London: Tavistock, 1973.

张,文化资本是一种能够在教育体系中赋予个体"高雅文化"的知识、操作技能及对"游戏规则"的实践感,并且被制度化的守门人(gatekeeper)和同龄人所青睐和神化。显然,布迪厄对于教育机会不平等的"文化资本"解释重点强调阶级的结构劣势如何能够被内化为相对持久的倾向,这种倾向能够通过社会化而在代与代之间传递并产生自我挫败的行为。在个体早期社会化过程中,习性传达着一种在分层的社会世界中的恰当感与不恰当感,这一过程在布迪厄看来也是文化资本的再生产过程。基于家庭阶层背景反映子女学业收益差异的假设,布迪厄的文化资本再生产理论表明社会阶层再生产与教育再生产存在着对应关系。这种再生产过程有三个环节组成:(1)家庭社会经济地位直接影响家庭文化资本积累;(2)家庭文化资本传递影响着子女的学业收益(academic rewards);(3)因而家庭社会经济地位通过文化资本的传承,间接地影响着社会阶层再生产。[1]

自布迪厄提出文化资本再生产理论后,学界关于学校教育在延续社会不平等还是促进社会流动的争议一直有增无减。一些学者利用文化资本理论,在美国[2]、荷兰[3]、日本[4]和巴西[5]等地实证研究发现,家庭文

---

[1] John Katsillis and Richard Rubinson, "Cultural Capital, Student Achievement, and Educational Reproduction: The Case of Greece", *American Sociological Review*, Vol. 55, No. 2, April., 1990, p. 271.

[2] Dumais, S. A., "Cultural Capital, Gender, and School Success: The Role of Habitus", *Sociology of Education*, Vol. 75, No. 1, 2002, pp. 44 – 68. [美]安妮特·拉鲁(Annette Lareau):《不平等的童年》(中译本),北京大学出版社2010年版。

[3] De Graaf, "Cultural Reproduction and Educational Stratification", in B. F. M. Bakker, J. Dronkers, and G. W. Meijnen. Nijmegen (eds.), *Educational Opportunities in the Welfare State: Longitudinal Studies in Educational and Occupational Attainment in the Netherlands*, The Netherlands: ITS, 1989, pp. 39 – 57. De Graaf, Paul M., "The Impact of Financial and Cultural Resources on Educational Attainment in the Netherlands", *Sociology of Education*, 1986. De Graaf, Paul M. and Harry B. G. Ganzeboom, "Family Background and Educational Attainment in the Netherlands for the 1891 – 1960 Birth Cohorts" in Yossi Shavit and Hans-Peter Blossfeld (eds.), *in Persistent inequalities: A Comparative Study of Educational Attainment in Thirteen Countries*, Boulder, Co: Westview Press, 1993, pp. 75 – 100.

[4] Yoko Yamamoto and Mary C. Brinton, "Cultural capital in East Asian Educational System: the Case of Japan", *Sociology of Education*, Vol. 83, No. 1, 2010, pp. 67 – 83.

[5] Leticia Marteleto and Fernando Andrade, "The Educational Achievement of Brazilian Adolescents: Cultural Capital and the Interaction between Families and Schools", *Sociology of Education*, Vol. 87, No. 1, 2013, pp. 16 – 35.

化资本与阶层再生产存在着对应关系，这一发现支持布迪厄的文化资本再生产假设。但是迪马乔等人[①]认为，家庭文化资本对子女的学习成绩影响微弱。希腊卡迪斯拉等人[②]的观点与迪马乔一致。同时罗宾逊对文化资本与学业发展的进一步研究发现，即使在法国，文化资本对阶层再生产的功效也并非是教育区隔。[③] 他们认为父母的文化资本对子女教育成就获得的功效微小，相反子女自身的文化资本对其学业发展和考试分数的影响极为关键。这些研究与布迪厄的观点不一致，即尚未有充分的证据表明文化资本再生产是社会阶层再生产的机制。这些相悖的研究给我们带来了困惑，家庭文化资本究竟有助于子女的学业表现进而成为学业发展的助力，还是家庭文化资本对子女学业表现的影响微乎其微？针对这一困惑，本书以厦门市的农民工随迁子女为研究对象，通过对QX学校、GX学校、XC学校，SZ中学、JZ中学的实地研究，继续探讨布迪厄文化资本的命题。面对农民工随迁子女在城市公办学校的教育处境，本书将关注类似于布迪厄"教育区隔"的命题：农民工家庭向子女传递何种类型和结构的文化资本？这些文化资本能否促进其随迁子女适应学校生活，换言之，以何种状态的学业表现呈现出来？为什么有些农民工子女在学校里能够"如鱼得水"，而有些却又"水土不服"？是什么机制导致农民工随迁子女的学业表现差异？在农民工随迁子女的教育过程中，究竟是文化资本继承还是文化资本移入的机制发挥作用，抑或二者兼有？针对这些问题，本书尝试给出详尽的解答。

关于因文化资本不平等所致的教育区隔的命题在费孝通看来，只不过是底层孩子"缺少识字"环境的结果。乡下孩子在教室里认字不如教授们的子弟，与教授子弟在田野里捉蚱蜢捉输给乡下孩子，在意义上是

---

① DiMaggio, Paul, "Cultural Capital and School Success: The Impact of Status Culture Participation on the Grade of U. S. High School Students", *American Sociological Review*, No. 47, 1982, pp. 189–201.

② John Katsillis, Richard Rubinson, "Cultural Capital, Student Achievement, And Educational Reproduction: The Case of Greece", *American Sociological Review*, Vol. 55, April, 1990, pp. 270–279.

③ Robinson, R. and M. Garnier, "Class Reproduction among Men and Women in France: Reproduction Theory on Its Home Ground", *American Journal of Sociology*, 1985, pp. 250–280.

相通的。① 因为乡下孩子不像教授们的孩子到处看见书籍，到处接触着文字，这不是他们日常所混熟的环境，而教授们的孩子有着易于识字的环境。② 费孝通主张针对所谓乡土社会缺乏识字环境所造成的"愚"③，以"文字下乡"方式提升成乡土社会知识力。在乡土中国进入工业社会之后，培养社会分子的任务将会由家庭移交给专门的教育机构。"在社会生活复杂之后，分工更细，知识更精确，技术更专门，有一部分抚育作用不能不从家庭里移出来，交给特设的教育机关了。这种教育机关起初不过是补充作用，可是日渐发达，时常会有取父母的责任而代之的趋势。"④时至今日，"文字下乡"逐渐深入和扩大，文字终于扎根于中国乡土社会的每一个角落。在其他的乡村建设和平民教育的运动中，也多数主张文字下乡、兴办乡学提升农民的知识力以解决知识匮乏的"愚"的问题。⑤

但是随着现代化、工业化、城镇化的推进，乡土中国向城镇社会的转变却出现了一个"文字上移"的反过程，表现为20世纪90年代末以来由国家发动的大规模撤点并校布局调整和农村寄宿制学校建设工程所导致的大量村庄学校的急剧消失⑥。由于农村地区的撤点并校及其农村教育质量的薄弱⑦，一些农民工将子女带到城市接受教育。随着国家"两为主"教育政策的实施，农民工子女的"入学难"在一定程度得到

---

① 同事中有些孩子送进了乡间的小学，在课程上这些孩子样样比乡下孩子学得快，成绩好。教员们见面时总在家长面前夸奖这些孩子们有种、聪明。这等于说教授们的孩子智力高，然而，费孝通又指出教授孩子在捉蚱蜢方面不如乡下孩子，"我在田野里看放学回来的小学生们捉蚱蜢，那些'聪明'而有种的孩子，扑来扑去，屡扑屡失，而那些乡下孩子却反应灵敏，一扑一得"。（费孝通，2007：13）。
② 费孝通：《乡土中国 生育制度》，北京大学出版社1998年版，第13页。
③ 乡下人在城里人眼里是"愚的"。（费孝通，2007：12）乡下人在马路上听见背后汽车连续地按喇叭，慌了手脚，东避也不是，西躲又不是，司机拉住闸车，探出半个头，向着那老头儿啐了一口："笨蛋。"
④ 费孝通：《乡土中国 生育制度》，北京大学出版社1998年版，第123—124页。
⑤ 晏阳初：《平民教育概论》，高等教育出版社2010年版；梁漱溟：《乡村建设理论》，世纪出版集团、上海人民出版社2011年版。
⑥ 熊春文：《"文字上移"：20世纪90年代末以来中国乡村教育的新趋向》，《社会学研究》2009年第5期。
⑦ 余秀兰：《中国教育的城乡差异——一种文化再生产现象的分析》，教育科学出版社2004年版。

缓解，但是多数农民工随迁子女进入城市边缘化的公立学校和农民工子弟学校接受义务教育。①。他们因为早年家庭文化资本的弱累积性与后天习性（habituas）的失调，受到城市文化的排斥，被挡在主流群体之外②，城市教育系统使得他们脱离具体的生活世界直接进入抽象系统的封闭式规训中来，这可能影响到他们的社会性发展。农民工子女进入城市公办学校读书，其更深层次意义上是学生身份获取的过程，集中表现为农村"乡土文化"的主动排斥与城市"主流文化"被动排斥的双重结果。③ 农民工子女，由于早期的文化资本习得与城市学校文化之间存在异质性或不连续性，当他们进入城市接受教育时，会面临文化适应过程中的冲突与压力。这些张力对其学业发展将会产生何种影响？如若不能顺利克服，是否会产生底层社会再生产？

在城市化进程中，城市文化与农村文化之间遭遇了一场空前的碰撞，具体表现为现代与传统、中心与边缘、强势文化与弱势文化的冲突与磨合。④ 作为城市化的孩子⑤，农民工子女在经历一个城市化过程，即农村文化从他们的身心中渐行渐远，同时城市以特定的方式形塑他们的心智、观念、习性与认同。农民工子女城市化过程可能遭遇其父辈们所携带的乡土性的冲击，尤其是父母不合拍的"管教"与学校学业强化"规训"的不一致，造成他们学业适应中存在些许困难，产生困惑与迷茫。这一问题的产生可能在于匮乏的家庭文化资本与学校文化的疏离所致。农民工随迁子女在城市接受教育，因为家庭文化资本的不足而遭受符号暴力的限制，主要表现为语言方面符号暴力、行为习惯的符号暴力以及惯习误识中的符号暴力。由于学校实际上采用了接近中上层社会的文化经验

---

① 熊易寒：《城市化的孩子：农民工子女的城乡认知与身份意识》，《中国农村观察》2009年第4期；周潇：《劳动力更替的低成本组织模式与阶级再生产——一项关于流动/留守儿童的实地研究》，博士学位论文，中国社会科学院研究生院，2011年。
② 石长慧：《文化适应与社会排斥——流动少年的城市融入研究》，《青年研究》2012年第4期。
③ 程仙平：《城乡文化差异与城市农民工子女学校融入问题探析》，《教育理论与实践》2011年第12期。
④ 张小飞、郑小梅：《城市化进程中城乡文化的冲突与融合》，《人民论坛》2012年第27期。
⑤ 熊易寒：《城市化的孩子：农民工子女的身份生产与政治社会化》，上海世纪出版集团2010年版。

和生活世界的文化,所以那些来自底层社会的学生,在入学之前的文化资本积累就陷入不利地位,又遭受学校的学业排斥,结果导致他们较差的学业表现。但是这些底层出身的儿童将自身较低的学业成绩所造成的客观限制归因于自身天资的匮乏从而调整自己的学业志向,从而把自己排除于某些事物、人物和位置之外,并成为自己的心态。① 尽管多数农民工家长希望其子女将来圆大学梦②,改变生活际遇,但是农民工子女无论就读于农民工子弟学校,还是公办学校,大多数学业表现不够理想,甚至在进入初中以后以"自我放弃"的心态,遭遇天花板效应,即他们中的大多数人始终处在阶级再生产的阴影之下。③ 农民工子女底层的社会再生产,不仅会给中国经济和社会的长远发展带来深刻的危机,而且也严重背离了社会发展的最终目的,即促进个体自由而全面的发展。④

基于以上分析,本书以农民工随迁子女的学业表现为研究起点,探讨"文化资本的继承与移入"的命题。文化资本移入的实现取决于合理的教育制度,而当今中国的城乡社会二元结构日益固化,文化资本的继承功能日趋明显而文化资本的流动变得困难。就农民工子女而言,当他们进入城市接受教育时,面临文化习性重构的冲突与压力,如何获得与学校教育场域相匹配的文化资本、促进学业发展是一个亟须关注的现实问题。

第二节 文献综述

首先,一个祭司把他们按顺序排列好。然后,他从拉刻西斯(Lachesis,希腊神话中的命运女神之一)膝上拿起签子和生命,走上一个高高的台子,大声喊道:"必然的女儿拉刻西斯宣布,短暂的灵魂们,你们

---

① 邱天助:《布尔迪厄文化再造理论》,桂冠图书股份有限公司2002年版。
② 刘谦等:《家庭教育与学校教育互动的文化机理初探——基于对北京市农民工随迁子女教育活动的田野观察》,《教育研究》2012年第7期。
③ 熊易寒:《城市化的孩子:农民工子女的身份生产与政治社会化》,上海世纪出版集团2010年版。
④ 周潇:《劳动力更替的低成本组织模式与阶级再生产——一项关于流动/留守儿童的实地研究》,博士学位论文,中国社会科学院研究生院,2011年。

将开始一个新的历程,条件是作为最终还是要死的人去再生。不是哪个神选择你们,而是你们去选择自己的守护神。第一个中签的人将第一个选择生命,必然性把这二者联系在一起……每个人对自己的选择负责,与神没有关系。"

——转引自布尔迪约、帕斯隆,2002 年

一 理论视角

(一) 再生产理论

"再生产"(reproduction)源自生物学,意指性的和生物的生殖、繁殖和再生。这里除了具有重复、复制的含义,它还表明具有改变和新生的可能性[①]。借用再生产概念,表明社会关系具有复制、重复和再制的意思,指对旧秩序的维持和肯定,质言之,是通过变更的方式以获得社会秩序的连续性。

第一,经济再生产。马克思在其《1844 年经济学哲学手稿》中就蕴含了经济再生产的思想,"生活的生产——无论是自己生活的生产(通过劳动)或他人生活的生产(通过生育)——立即表现为双重关系,一方面是自然关系,另一方面是社会关系……"[②] 这里表明,生产也是再生产过程的一环,再生产既包括自然关系的再生产,同时又包括社会关系的再生产。前者通过经济再生产来实现,后者表现为阶级或阶层关系的再生产。马克思在《资本论》一书中指出,"把资本主义生产过程联系过来考察,它不仅生产商品,不仅生产剩余价值,而且还生产和再生产生产关系本身:一方面是资本家,另一方面是雇用工人"[③]。马克思认为,资本主义制度的存在是工人阶级长期被剥削和被压迫的前提条件,保持工人阶级再生产成为资本主义社会经济再生产的条件。[④] 但资本主义社会的阶层关系再生产是相对隐蔽的,因为再生产的过程在于资本家以剩余价值为手段去剥削工人阶级,工人通过消耗劳动力获取工资,这

---

① Jenks, Chris, *Cultural Reproduction*, London: Routledge and Kegan Paul, 1993.
② 刘思华:《马克思再生产理论与可持续经济发展》,《马克思主义研究》1999 年第 3 期。
③ [德] 卡尔·马克思:《资本论》第 1 卷,人民出版社 1975 年版,第 634 页。
④ [德] 卡尔·马克思:《资本论》第 1 卷,人民出版社 1975 年版,第 628 页。

一过程被公平交换的假象所遮蔽，从而保证了资本主义制度的合法化。劳动具有体力劳动和脑力劳动之分，后者属于较高级复杂的劳动。脑力劳动力比普通的劳动力需要较高的教育费用，它的生产需要花费较多的劳动时间。因此具有较高的价值。劳动力成为一种商品：包括自我雇用，不是为了自己需要而生产，而是为市场或他人。因此马克思的再生产理论主要从政治经济学的角度分析社会总资本的运动，并揭示资本主义生产关系的规律和本质。他主要考察了物质产品的再生产和社会生产关系的再生产。

鲍尔斯和金蒂斯在借鉴马克思"再生产"理论的基础上，提出资本主义的经济结构与其学校教育存在对应关系的符应理论。他们认为，学校教育的社会化功能不但在于传递未来劳动者的必要的知识技能，而且培养统治阶级所需要的个性品质。从形式看，学校根据学习成绩、智商及其他能力标准将学生分类，加以选拔并进行分层和分流，实际上学校主要依据主流社会的文化标准和需求，在知识的选择、分类、分配及评价方面来传递知识和价值观，这实质有助于资本主义社会关系的再生产。教育具有再生产资本主义经济关系和阶级关系的功能。统治阶级在教育政策上的两大主要目标：劳动力的再生产和促进劳动力转化为利润的那些制度与社会关系的再生产。[①] 因此，教育系统促进经济不平等合法化。教育系统通过它所形成的地位差别形式，强化了作为经济上底层阶级分化基础的成层意识。教育系统通过教育的社会关系与生产的社会关系的符应，有助于将青年人统合到经济系统中。学生在接受学校教育中既学会了适应学校的纪律规训，而且能够培养他们将来适应职场规训的纪律，以此确立了作为适合职业需要的重要因素的各种个人行为习惯、生活方式、个人品质以及社会—阶级身份。[②] 因此，学校教育的各种社会关系再生了生产的等级分工，等级关系反映在从管理人员到教师再到学生的纵向权力路线上。教育系统内部社会关系的差别，在一定程度上折射出学生的社会阶层背景和他们未来可能的经济地位。

---

① ［美］鲍尔斯、金蒂斯：《美国：美国经济生活与教育改革》，王佩雄等译，上海教育出版社1990年版，第193页。

② ［美］鲍尔斯、金蒂斯：《美国：美国经济生活与教育改革》，王佩雄等译，上海教育出版社1990年版，第195页。

出身于不同阶层的学生所进学校不同的社会化模式反映了这样一个事实，即管理人员、教师和家长的教育目标和期望（以及学生对各种教学和控制模式的反映）因不同社会阶层的学生而不同。① 因此，教育必然受到社会阶级背景和家庭经济条件的影响和制约，学校教育事实上不可能成为缩小社会和经济不平等的工具，而只能成为再生社会和经济不平等的工具。

第二，文化资本的再生产。虽然鲍尔斯和金蒂斯看到了经济制度对于教育系统的决定性作用，再生产理论将学生视为给定社会信息的被动内化者②，学生会对于学校内的安排做出自己的解读，因此最多是部分接受他们的安排，所以，学校远不止是简单再生产的场所。再生产理论未能充分地阐明支配与统治的机制，而且对这些机制在学校日常生活中的具体运作过程较少关注。实际上，要想对教育系统中各个因素之间的张力和矛盾进行深入的理解，就必须同时关注文化资本再生产对社会再生产的影响。对于一个社会当中文化机构的控制，对于保存和生成社会机构的知识的控制以及对于身处其中的参与者的控制在与意识形态的霸权所进行的斗争中都是至关重要的③，而这正是布迪厄与伯恩斯坦等人的文化资本再生产理论所强调的观点。

在学校场域，文化资本是被家庭和个体所占有、代代相传并有助于个体学业成功的重要资源。④ 学校教育通过符号暴力机制，如反映社会统治阶级利益、价值观与品位的某种语言的使用、某种教材的合法化，再生产社会的文化关系。通过学校教育，社会倾向于认同统治阶级的文化资本，同时贬低较低阶层的文化资本。工人阶级子女带到学校的文化资本不利于他们在学校环境中的发展。打着中立与公正的幌子，学校采用上述类似的方法将学生分层，但是这时的决定性因素是学生的文化背

---

① ［美］鲍尔斯、金蒂斯：《美国：美国经济生活与教育改革》，王佩雄等译，上海教育出版社 1990 年版，第 191 页。

② ［美］迈克尔·M. 阿普尔：《教育与权力》（第二版），中译本，华东师范大学出版社 2008 年版，第 13 页。

③ ［美］迈克尔·M. 阿普尔：《教育与权力》（第二版），中译本，华东师范大学出版社 2008 年版，第 15 页。

④ Bourdieu, Pierre & Passeron. J., *Reproduction: In Education, Society and Culture*, Sage Publications, 1977.

景。这再次复制了工作场所中的社会关系,因为学校中的学术等级中的地位是对工作场所地位的反映①。伯恩斯坦根据对限制性语言编码和精致性语言编码的区分,分析出身于不同阶层的儿童的语言能力的差异,"学校经常使用精致性编码,而且这种编码是中产阶级儿童的表达方式,因此经常使用限制性语言编码的底层阶级儿童便处于不利的地位"②。不同的社会化过程——强分类、地位型的社会化分类与弱分类、个人型的社会化制造了差异。扬(Young)强调,学校围绕着一种对知识的偏见而建立,即抽象的学术性知识优于常识和日常知识。③ 这种知识观被强加给学生,那些能够进入教师的抽象知识领域的学生被认为是优秀的、聪明的和积极的学生。相反那些知识水平仍处于常识层次的学生被认为是不聪明的学生,也可能很少在学校取得好成绩。

这种对待学业失败的观点使得人们以宿命论的心态,看待由于"先天不足"所导致的"后天失调"④。于是人们对此不去改变学校本身而是维持现状,底层儿童因为其家庭传递的文化资源不能满足学业发展的要求,使得他们在学业发展中遭遇"自我放弃"天花板效应。从布迪厄的文化再生产理论来看,底层家庭误识了精英文化的逻辑,借助于学校教育灌输的文化专断,成为一种符号暴力,被底层内化为惯习。文化资本再生产的基础在于文化资本的传递,依赖于互动过程,情感能量传递的等级差异,这也就是柯林斯式的互动仪式中的权力分化和地位悬殊。据此,柯林斯将文化资本分为一般性文化资本和特殊性文化资本。一般性文化资本是指那些用以表明一般资源的非个人性符号,如知识、地位、权威和集团。特殊性文化资本则指个人对他人身份、名望、关系网或地位的记忆,其中成员身份符号是最为重要的资源。⑤ 因此,文化资本的

---

① Pierre Bourdieu and Jean-Claude Passeron, *Reproduction in Education, Society and Culture*, in Richard Nice (ed.), London: Sage Publications, 1990.
② Bermstein, B., *Social Class, Language and Socialization*, In Karbel & Halsey (eds.), *Power and Ideology in Education*, N.Y.: Oxford Press, 1977, pp. 473 – 386.
③ [美]麦克·F. D. 扬:《知识与控制——教育社会学新探》,华东师范大学出版社 2002 年版。
④ [法]布迪厄、帕斯隆:《继承人——大学生与文化》,邢克超译,商务印书馆 2002 年版。
⑤ Randall Collins, *Theoretical Sociology*, New York: Harcourt Brace Jovanovich Publishers, 1988, p. 360.

再生产嵌入于社会生活的文化生态系统之中,在人们的互动中实现,从而影响了其子女的学业表现及学业发展的潜力。

（二）从互动理论到互动仪式链

互动理论认为社会结构是许许多多的个人理解与行动的结果,它关注主观理解过程中符号的作用,角色扮演的特点与约定俗成的日常沟通规则。互动理论的代表人物主要库利、布卢默、戈夫曼等人。库利提出了"镜中我"的理论。"镜中我"包含三种成分:(1)从他人眼中对自我形象的想象;(2)想象他人对这一自我形象的判断;(3)根据这种形象的判断所产生的自我感觉,诸如骄傲或耻辱等。[①]"镜中我"表明"社会自我"是一个逐步形成的过程。而布鲁默认为,人类创造与运用符号,通过识别他人使用的符号,运用符号进行自我认识,以及理解情境并作出反应,发生人与人之间的互动以及这些行动的稳定模式与结构。社会活动是符号相互作用的过程。[②]人们对情境的反应及其互动,对社会结构的作用,依赖表达共同意义的符号及其应用能力。在借鉴库利和布鲁默的互动理论基础上,戈夫曼认为,个体的表达(因而连同他给人造成印象的能力)包括两种根本不同的符号活动:他给予的表达和他流露的表达。前者包括各种词语符号或它们的替代物,使用这种方式公认地、仅仅只是用来传述附在这些符号上的人所周知的信息。第二种符号活动包括了被他人视为行动者的某种征兆的范围广泛的行动,它预示着:表现出来的行动是由某些原因导致的,这些原因与以这种方式传达出来的信息是不同的。[③]戈夫曼认为,仪式是人们在互动过程的各种行为姿势相对稳定化的结果,用以形成和保持特定的社会秩序。

柯林斯在戈夫曼的互动理论基础上提出互动仪式链理论。互动仪式是指际遇者由资本和情感的交换而进行的日常程序化活动,社会结构的

[①] [美]查尔斯·霍顿·库利:《人类本性与社会秩序》,华夏出版社1989年版,第118页。

[②] 宋林飞:《西方社会学理论》,南京大学出版社1997年版,第248、275—278页;这一过程包括:(1)符号是社会相互作用的中介;(2)人们对符号的定义与理解进行互动;(3)符号互动是能动的与可变的过程;(4)符号互动创造、维持与变革社会组织、结构与制度(宋林飞,1997:275—278)。

[③] [美]欧文·戈夫曼:《日常生活中的自我呈现》,冯钢译,北京大学出版社2008年版,第2页。

形成基础是互动仪式链。① 互动仪式链的核心机制是高度的相互关注，即高度的互为主体性，跟高度的情感连带——通过身体的协调一致、互相激起/唤起参加者的神经系统——结合在一起，从而形成了与认知符号关联的成员身份感；同时也为每个参加者带来了情感能量，使他们感到有信心、热情和愿望去做出他们认为道德上容许的事情②。互动仪式是由情感唤起的交换过程，交换涉及文化资本和情感能量两种资源。互动仪式链理论认为，情感能量的支付可能导致积极的情感回报。当个体相遇时，那些掌握了文化资本要求和并遵从要求实践的人们，会趋于在互动仪式中获得最为积极的情感能量。从这里看出"互动仪式"反映出一种不平等性，存在一个称之为"互动仪式市场"能够保证互动仪式不平等性的实现。柯林斯认为，每一个人将与谁、以何种仪式强度进行互动，取决于他或她具有的际遇机会，以及他们能够互相提供什么，来吸引对方加入互动仪式。③ 在学校场域，学生按照特定的互动仪式形成了班级，班级与班级之间以特定互动仪式形成了校园文化。同时家庭也作为一种微观情境，其互动沟通的程度会影响到子女的情感能量的传递，而且具有高度情感能量的行动会得到更为丰厚的情感能量的回报。因此，在家庭内的情感互动对于农民工子女的社会化行动起着举足轻重的作用。这涉及互动主体的资源、地位、交换等因素，因而人们的互动具有市场性特征。在互动中，人们对时间、情感能量、符号资本和其他他们能应用的资源进行估计，然后选择那些能够最大限度地增进他们情感利益的方式。互动仪式的市场资源主要由情感能量和成员的文化资本/符号资本等构成。组成文化资本的资源包括对以往交谈记忆、语言风格、特殊类型的知识或专长、决策的特权以及接受荣誉的权利。

---

① 互动仪式链是关于情境的理论，互动仪式链在实践上经由具体情境中的个人之间的不断接触而延伸，从而形成了互动的结构；当人们越来越多地参与社会际遇过程，并使这些际遇发生的自然空间扩展以后，社会结构就变得更为宏观（柯林斯，2012）。
② ［美］兰德尔·柯林斯：《互动仪式链》，林聚任、王鹏、宋丽君译，商务印书馆2012年版，第3—6页。
③ ［美］兰德尔·柯林斯：《互动仪式链》，林聚任、王鹏、宋丽君译，商务印书馆2012年版，第204页。

如果说，布迪厄的"文化资本"反映了人们对文化资源占有上的不平等，那么柯林斯的互动仪式链旨在强调，社会分层的关键因素并非物质财产，而是情感能量的不平等。正是情感能量的持续流动使人们能够有效地运用物质与文化，或者使某些人对物质与文化的运用超过其他人。① 不同的阶层在文化上的差异与其生活经历有关。生活经历的差异影响到人们的价值理想、生活方式、互动基调等生活的文化方面，所以柯林斯根据拥有和使用权力的状况以及与他人沟通的情况区分三种不同的阶层文化②：上层文化、中层文化和下层文化。③ 因此，中上层社会在日常生活的互动中，具有较高等级情感能量：高度的热情、信心、主动性以及自豪感。处于下层地位人们，由于在互动仪式中具有较低水平的情感能量（如消沉、自卑感、宿命论），他们在权力情境中受到支配，他们处于一种被压制的地位，有一种长期情感倾向，对他人的不信任程度高、消沉感、被动性。

（三）家庭与学校互动中的知识规训与抵制

福柯认为知识与权力的关系实际上是一个持续的相互作用过程。这包括三个层面：其一，知识是在权力的制约中形成与发展起来的；其二，权力离不开知识，而且知识本身就是权力；其三，权力同知识不可分割，只有在权力与知识的联系中才能把握权力的实质与作用。④ 知识权力的实现借助于规训化的教育，其核心是通过"训练"，通过规范化的训练技术对受教者进行算度、甄别、判定和等级化。⑤ 学校成为一种不断考试的机构，考试伴随着教学活动而展开。"学校中的考试是一个永恒的知识交换器。它确保知识从老师流向学生，但它从学生那里取得一种供

---

① ［美］兰德尔·柯林斯：《互动仪式链》，林聚任、王鹏、宋丽君译，商务印书馆2012年版，第191页。

② 上层文化不仅习惯于经常接受下属的尊敬，热衷于仪式化的礼节以彰显自身的统治地位，同时显现出其养尊处优的风范和自以为是的特点。处于中层文化的人们重视自我修养，品德良好，工作努力，努力维持自身的中层地位并试图向上流动。而下层文化也被称为工人文化，由于社会下层对于维持现存权力结构的利害关注度小，他们对合法化权威的道德观念或仪式既不关注更不依赖，对于他们的上级即便表示出一定敬意也非出于情感的尊重，这种文化取向直面现实生活，表现为地方性与玩世不恭。（刘少杰，2006）

③ 刘少杰：《国外社会理论》，高等教育出版社2006年版。

④ 刘少杰：《国外社会理论》，高等教育出版社2006年版，第314页。

⑤ 胡春光：《教育与抗拒：教育社会学视野中的学校生活》，华中师范大学出版社2011年版。

教师用的知识"①。借助于考试手段，学校（教师）对于学生身心的管理与控制，达到了给学生灌输一种被驯化的意识的目的，这种被驯化意识有利于文化生产体制中的生产与效率的管理。通过考试这一手段的规训，让学生安心学习、认真听课并按时完成作业，这是教师按照课程要求顺利完成课堂教学目标的有效方式。为保证课堂教学的顺利实施，必须确保安静的教室及良好的班级秩序，这样能使学生有一个良好的学习环境充分学习。②但对学生的规训有可能会引起他们对学业规训的抵制，即"反学校文化"。

保罗·威利斯在《学做工——工人阶级子弟为何子承父业》中提出"反学校文化"③的概念，分析工人阶级的小子们（the lads）对学校规训的抵制，这一抵制结果最终促进了底层社会的再生产。他认为学生对学校教学内容、教育实践的反抗是对"教学范式"一种创新性的文化反应，而这种"教学范式"在文化形式上体现了资本主义社会的本质。具有讽刺意味的是，这种教学范式预示着可以通过教育实现向上流动，然而这些工人阶级的小子们拒绝这种可能，放弃了这种权利，巩固了现有的阶级地位。④对于小子们来说，他们既抽烟酗酒、逃学旷课、挑战教师权威，又觉得学习无聊而从打工挣零花钱寻找乐趣，而且崇拜男子汉气概。这是他们"真实的生活"需要，加上烦闷的青春期的叛逆心理，他们以各种手段"找乐子"，拒绝接受学校所认为的合法课程知识。他们已经从父母、熟人以及自己兼职工作场所体验到了工作的操劳，这些体验与学校传授的教育流动的信念是矛盾的。因此，小子们瞧不起"循规生"（earhole）的所作所为，对于他们的衣服、发型、遵守学校纪律和对课程的服从，与教职工较为愉快的关系，小子们嗤之以鼻，所有这

---

① [法] 米歇尔·福柯：《规训与惩罚》，刘北成、杨远婴译，生活·读书·新知三联书店1999年版，第210页。
② 胡春光：《教育与抗拒：教育社会学视野中的学校生活》，华中师范大学出版社2011年版，第7页。
③ 反学校文化主要有三种类型：威利斯（P. Willis）研究中的"男子汉气概"文化、默克罗比（A. McRobbie）研究中的"女性特质"文化，以及埃弗哈特（R. Everhart）研究中"生活性"文化。（王鸥，2011：17—20）
④ [英] 保罗·威利斯：《学做工——工人阶级子弟为何子承父业》，秘舒、凌旻华译，译林出版社2013年版。

些构成了小子们"抵制"的特征。可是这种抵制在更深的层次上再生产了压迫性的结构关系。① 正是这种以抵制为特征的反学校文化,他们否认学校权威与文化霸权,同时也"自甘堕落"地背离了向上流动的资格,自愿地从事工人阶级的体力劳动,再生产了源自父辈的底层地位,从而间接地促进学校教育实现底层社会的再生产功能的实现。② 威利斯的研究,因为揭示了文化的相对自主性以及再生产过程中从属群体的抵制而倍受推崇。

在威利斯之后,迈克尔以工人阶级的女孩子为研究对象,分析身处阶级与父权制双重压迫下的女性文化特质。这些工人女孩鄙视中产阶级的女孩,后者花费许多时间在艺术中心学习、玩游戏、参加戏剧与舞蹈演出以及完成学校作业。由于她们的物质富足,甚至获得男孩子好感和浪漫爱情在她们的意识中占据了重要位置③,所以,婚姻、家务、照顾孩子以及低薪酬的工作远离他们的生活世界。与此形成鲜明对比的是工人阶级的女孩。工人阶级的女孩随着青春期的临近、成绩的急剧下降,她们反对中产阶级的行为方式、语言、穿着风格,嘲讽中产阶级的女孩为"势利小人",并且反对学校与教师的权威。工人阶级的女孩子觉得,中产阶级不够"时尚"、对男孩子没有多少兴趣、"巴结"她们的老师,保持她们的语言"干净"④。最终工人阶级的女孩在学校教育中追求"女性特质"的结果便是社会分工与性别分工的双重再生产,她们在中学毕业以后就继承了人妻人母的角色,同时他们复制父辈的工人阶级地位。

自从威利斯和迈克尔之后,埃弗哈特提出一种"生活性文化"取代男子汉文化和女性特质文化。⑤ 埃弗哈特质疑威利斯与迈克尔的研究过

---

① Willis, Paul, "Cultural Production and Theories of Reproduction", in Barton, L. S. Walker (eds.), *Race, Class and Education*, London: Croon Helm, 1983.
② 王鸥:《文化排斥:学校教育进行底层社会再生产的机制——基于武汉 G 中学的实证研究》,硕士学位论文,华中科技大学,2011 年。
③ [美]迈克尔·M. 阿普尔:《教育与权力》(第二版),中译本,华东师范大学出版社 2008 年版,第 114 页。
④ [美]迈克尔·M. 阿普尔:《教育与权力》(第二版),中译本,华东师范大学出版社 2008 年版,第 115 页。
⑤ [美]迈克尔·M. 阿普尔:《教育与权力》(第二版),中译本,华东师范大学出版社 2008 年版,第 115 页。

于关注另类，而对日常的越轨行为或"普通"工人阶级的活动关注不够。埃弗哈特对美国工人阶级子女所组成的初级中学研究表明，即使"循规生"身上也有一定的"反学校文化"，只不过他们以更加隐蔽的方式表现出来。他们只是在最少的程度上完成学校要求的"工作"，并尽最大可能去发现学校控制中的各种"漏洞"，以此来争取由他们自己支配的尽可能多的时间并保持对自己生活的权利意志。① 因此，阿普尔认为，尽管学校会出现再生产现象，但这种再生产理论未考虑到"学校生活的复杂性"，而且也忽略了存在于学校中的斗争和矛盾。所以在工人阶级子女的学校里，学生也只是部分接受正式课程和隐性课程，而且有可能经常公然拒绝它们，这类学校是抵制、冲突和斗争的场所。抵制的存在表明学生的所作所为并不必取决于经济力量和社会力量。学生并非仅仅是学校传播意识形态的被动承载者，而是积极的占有者——通过斗争、争论，对社会结构的部分洞察，他们以经常有悖于学校盛行的规范和态度的方式进行创造性活动。有些学者看来，再生产理论贬低了教育制度中的人的自由和自我决定的重要性。②

通过以上分析，在再生产理论看来，资本主义经济结构与学校教育之间存在着对应关系。学校教育通过对学生文化资本的确认，使学生内化了与社会结构相匹配的社会利益形式，从而再生产了社会结构。文化资本的再生产通过早年的家庭教育和学校教育来实现，在家庭习得的与学校文化亲和的文化资本，在学校场域受到制度化的保护，学校打着中立的旗号对来自不同家庭的学生一视同仁，从而赋予了家庭文化资本不平等的合法性。学校通过学业分类、考试、择校以及文凭等途径，实现了从文化资本的再生产到社会的再生产。但是，学生并非是文化资本传承的被动承载者，相反他们展示了其主体性和能动性，围绕其学业表现，学生与家人的互动、师生的交往以及家长与学校的合作中，他们以自己的地位和情感能量为依据，展示其文化资本的种类和数量。学生围绕学

---

① ［美］迈克尔·M.阿普尔：《教育与权力》（第二版），中译本，华东师范大学出版社2008年版，第110页。

② 余秀兰：《中国教育的城乡差异——一种文化再生产现象的分析》，教育科学出版社2004年版，第31页；胡春光：《教育与抗拒：教育社会学视野中的学校生活》，华中师范大学出版社2011年版。

业状况及其学业规训、家长管教,采取不同的实践策略,家长根据情感能量和文化资源启用相应的家庭"管教"方式,教师学校规定的学业规训标准对学生"传道授业解惑"。但是农民工子女随着父辈从农村进入城市学校,他们首先要适应城市学校的文化,在行为习惯和生活习惯方面符合学校规范,但是,他们从家庭"继承"的文化资本的种类与城市学校文化强化学业策略要求有时背离,即农民工家庭所拥有的文化资本不能满足农民工子女学业发展的要求,这种劣势的家庭文化资源被随迁子女耳濡目染内化为子女的文化资本(或习性),与学校场域的不匹配,造成了其学业适应较慢,处于不利地位。此外,农民工子女在学校的学业表现或学习感受如果得到家长重视,就会激发孩子学习积极性,反之家长对孩子在学校情况缺乏必要认知和欣赏能力,特别当孩子在学习中遇到困难时,家长的责骂和责打可能会给孩子带来挫折感,造成孩子学习动力不足、学习信念不强,给家长和老师留下"天生不是读书的料"的感觉。因此,本书以农民工随迁子女的学业表现为着眼点,从家庭文化资本向子女文化资本的转化过程,探讨家庭文化与学校文化的互动过程,梳理和分析家庭文化资本对子女学业表现的影响。

二 国外关于家庭文化资本与学业成就的相关研究

(一) 文化资本的界定

布迪厄首先提出并使用"文化资本"的概念,文化资本是指"世代相传的文化背景、知识、性情倾向与技能,此外,个体的语言能力、行为习惯,以及对书籍、音乐和美术作品的亦属之。[①] 布迪厄指出"文化资本"和经济资本一样,也可以投资于各种市场并获取相应的回报。[②] 文化资本能够解释教育过程家庭文化与学校文化互动对学业发展的影响,他从三个方面界定文化资本:(1)身体化的文化资本,主要是在社会化过程中习得的,与主流社会相一致的文化性情、学习才能(天赋)、文

---

① Bourdieu, Pierre & Passeron. J., *Reproduction: In Education, Society and Culture*, Sage Publications, 1977.
② 朱伟珏:《"资本"的一种非经济学解读——布迪厄"文化资本"概念》,《社会科学》2005年第6期。

化偏好、文化实践，布迪厄将身体化的文化资本称之为习性（habitus），也就是源于家庭生活经验和社会阅历而生的基本心智和身体性情。这种习性在于早年家庭社会化，需要长期的身体化积累，别人无法代替。（2）客体化文化资本，是指可转化的文化物品，诸如书籍、电脑、艺术品等。（3）制度化的文化资本主要由文凭、毕业证书和学位构成，这些能够证实身体化文化资本的价值。① 所以，制度化文化资本是一种介于身体化文化资本与客体化文化资本之间的中间状态。首先，本书借鉴布迪厄的"文化资本"概念，并且探索"文化资本"三个层面相互转换的关系；其次，结合农民工子女教育的城乡二元结构的现实，农民工对子女教育的态度的差异，本书进一步将教育信念与家庭教育资源纳入文化资本的内涵，探讨农民工家庭所拥有的教育逻辑的不同及其对子女学业发展的影响。

（二）文化资本与学业成就

实证研究主张家庭文化资本对子女的学业成功和教育获得具有积极的影响。② 这种影响表现为，家庭文化资本的传承有助于子女的学业成功，诸如教师对于学生文化资本的偏爱而认为学生"聪明"③，或者家长积极参与对孩子文化资本获得的教育投资④。文化资本丰富的家庭，其子女可以继承父母高地位的文化。出身于书香门第或艺术世家的儿童从小就受到来自父母的文化熏陶并有大量机会接触各种音乐和文学艺术作

---

① Loizos Symeou, "Cultural Capital and Family Involvement in Children's Education: Tales from Two Primary Schools in Cyprus", *British Journal of Sociology of Education*, Vol. 28, No. 4, July, 2007, p. 474.

② Sullivan, Alice, "Cultural Capital and Educational Attainment", *Sociology*, No. 35, 2001, pp. 893-912.

③ Dumais, Susan A., "Early Childhood Cultural Capital, Parental Habitus, and Teachers' Perceptions", *Poetics*, 2006, pp. 83-107. Wildhagen, Tina, "Why Does Cultural Capital Matter for High School Performance? An Empirical Assessment of Teacher-selection and Self-selection Mechanisms as Explanations of the Cultural Capital Effect", *The Sociological Quarterly*, No. 50, 2009, pp. 173-200.

④ Lareau, Annette, *Unequal Childhoods: Class, Race, and Family Life*, San Francisco: University of California Press, 2003. Lareau, Annette Elliot B. Weininger, David L. Swartz, and Vera L. Zolberg, "Cultural Capital in Educational Research: A Critical Assessment" in After Bourdieu (eds.), *Influence, Critique, Elaboration*, Dordrecht: Kluwer Academic Publishers, 2004, pp. 105-144. Lareau, Annette and Erin McNamara Horvat, "Moments of Social Inclusion and Exclusion. Race, Class, and Cultural Capital on Family-school Relationships", *Sociology of Education*, 1999, pp. 37-53.

品，在耳濡目染中，形成了高贵气质、良好品味和优雅的习惯，或者父母提供一种组织化的"协作培养"教养方式（为孩子收集学习信息，随时投入文化资本、亲自承担孩子辅导孩子课业的任务或聘请优质家教），子女在家庭生活中"继承"丰富的文化资本。① 这些文化资本以行动者的习性，在学校场域成为被教师确认的学习的"天资"（endowments）。教师将不同家庭出身的孩子的知识积累及学习能力视作个人的天资，这关系到他们的职业道德和职业精神。② 出生于下层阶级的儿童正是"天资"论的牺牲品，因为学习的失败没有被视为与一定的社会环境有关，如家庭环境的智育氛围、家庭所用语言或家庭对学校和文化的态度等，所以他们的学业发展的不顺畅自然被视为"天资的匮乏"。上层社会出身的儿童以继承的方式所获得的文化资本与学校文化较为接近被视为一种学术成就（academic brilliance），而底层社会出身的儿童以"移入"的方式积累与上层社会儿童同等数量和种类的文化资本则需要更多的代价，甚至是与教育系统的"格格不入"。前者在教育系统被视为具有学业发展潜力的孩子，这一误识也会有累积性的回报，因为他们在教育生涯的早期阶段受到教师和同龄人的青睐（preferential treatment）。因此，文化资本的回报既可以是"象征性利润"，诸如学术成就的光环，而且也可以是物质性的回报，如由于教师和同龄人青睐所带来的学业发展机会。③

（三）家庭文化资本影响子女学业成就的国外经验审视

1. 发达国家的资本主义注重市场效率，经济不平等影响了阶层之间的教育收益，表现为家庭文化资本差异对子女教育获得的影响。

（1）美国。其一，家庭文化资本对学业表现的影响，在于家庭文化

---

① Cheung, Sin Yi and Robert Andersen, "Time to Read: Family Resources and Educational Outcomes in Britain", *Journal of Comparative Family Studies*, No. 34, 2003, pp. 413 – 433. Lareau, Annette, *Unequal Childhoods: Class, Race, and Family Life*, San Francisco: University of California Press, 2003.

② ［法］布迪厄、帕斯隆：《继承人——大学生与文化》，邢克超译，商务印书馆2002年版，第92—93页。

③ Mads Meier Jager, "Does Cultural Capital Really Affect Academic Achievement? New Evidence from Combined Sibling and Panel Data", *Sociology of Education*, Vol. 84, No. 4, October, 2011, pp. 281 – 298.

活动参与的差异。迪马乔认为①对于缺乏优势的青少年（less advantaged youth），文化资本对于其分数的影响更大，特别是以学习态度、活动参与、文艺认知为基础的文化资本，是影响高中学生成绩的关键。他进一步认为，文化资本缺失的家庭，其子女努力学习以获得和使用高地位的文化资本，这是他们实现向上教育流动的主要路径。唐尼认为②父母的时间、精力以及金钱都是固定的，随着孩子数目的增多，孩子在家庭中能够获得的文化资本将会减少，这体现在文化资源的稀释模型中，从而影响着孩子的学业成就。李贞淑（Jung-Sook Lee）等认为小学生的学习成绩差距在于父母参与（parent involvement）水平和效果的差异。来自欧美国家上层社会的家庭文化资本与学校文化的吻合度高，他们享有高地位的文化和生活方式，经常参与孩子的教育。在家庭生活中，亲子之间像师生般经常交流学校生活的话题，营造了适应积极向上的学习氛围。而来自底层社会的家长因其软弱的身心状态，在参与子女的教育时，经常遭遇心理障碍，在家校合作方面比较被动。这些非裔家长、西班牙裔、拉美裔家长们以限制孩子看电视和玩耍时间的方式，督促孩子去学习。无论是底层家庭还是上层社会，他们都希望孩子努力学习、养成自觉学习的习惯。但是由于家长教育信念的差异，其子女的学习效果有着明显的差别。③当然也有从家庭文化资本差异角度对黑人群体的关注和研究。④耶纳斯利用国家教育纵向研究数据（NELS）对非洲12年级学生的家长参（parental involvement）与对子女学术成绩的影响进行了评价。非裔美国人为了子女的学业，按照校方的要求积极回应教师和学校，全面卷入子女教育活动之中。⑤家长卷入子女教育体现在行使家长职责、关

---

① DiMaggio, Paul, "Cultural Capital and School Success: The Impact of Status Culture Participation on the Grade of U. S. High School Students", *American Sociological Review*, 1982, pp. 189 – 201.

② Downey, Douglas B., "When Bigger is not Better: Family Size, Parental Resources and Children's Educational Performance", *American Sociological Review*, 1995, pp. 746 – 761.

③ Jung-Sook Lee and Natasha K. Bowen, "Parent Involvement, Cultural Capital, and the Achievement Gap among Elementary School Children", *American Educational Research*, Vol. 43, No. 2, Summer, 2006, pp. 193 – 218.

④ William H., Jeynes, "The Effects of Parental Involvement on the Academic Achievement of African American Youth", *The Journal of Negro Education*, Vol. 74, No. 3, Summer, 2005, pp. 260 – 274.

⑤ William H., Jeynes, "The Effects of Parental Involvement on the Academic Achievement of African American Youth", *The Journal of Negro Education*, Vol. 74, No. 3, Summer, 2005, pp. 260 – 274.

注子女学业、维持对子女学业成功的期待,辅导与检查子女作业。学术成就包括学生标准化考试的成绩(阅读理解分数、数学成绩、自然科学成绩、社会科学成绩、大综合考试)及是否被留级。根据1992年的全国教育纵向研究的数据,采用广义线性模型和logistics回归模型,分析家长教育卷入对子女学业成就的影响后发现,父母对子女教育的积极卷入对12年级的高中学习成绩影响显著,而且家庭社会经济地位与父母对子女教育的卷入相关度较高①;并且孩子年龄越小,家长的教育卷入效果越明显。

其二,家庭教养方式的差异影响着子女的学业表现。家庭文化资本丰富者可以采用较为科学合理的家庭教养方式,为孩子传递适合学校要求的文化资本,为孩子的学习生活积累学业资本。② 拉鲁在《不平等的童年》中指出,不同阶层对于孩子的学业发展采用不同的教养方式。由于家庭文化资本的差异造成教养孩子方式的不同,结果对孩子学业成长的效果差异也很明显。中产阶级家庭为儿童提供的协作培养模式是,家长积极卷入学校的教学活动,培养孩子的特长和学习习惯,形塑语言表达能力。孩子虽然在成长过程中比较辛苦,但有助于培养孩子的优越感。中产阶级家长采用协作培养的策略而工人阶级和贫困家庭家长采用成就自然成长的方法,最重要的原因在于人生经历和各种资源的交互作用,这些资源包括家长的经历资源、工作状况和教育背景。家庭文化资本影响家长对孩子学校教育的参与的因素有,父母的教育能力、父母对教师与家庭分工的看法、父母对孩子学校信息的认知,以及时间、金钱和其他家庭物质资源等。③

其三,家长的教育期待影响子女的学习信念。杜马斯④主张,习性

---

① William H., Jeynes, "The Effects of Parental Involvement on the Academic Achievement of African American Youth", *The Journal of Negro Education*, Vol. 74, No. 3, Summer, 2005, p. 270.

② [美]安妮特·拉鲁(Annette Lareau):《不平等的童年》(中译本),北京大学出版社2010年版。

③ Lareau, Annette, *Unequal Childhoods Class, Race, and Family Life*, Berkeley: University of California Press, 2003, p. 383.

④ Dumais, S. A., "Cultural Capital, Gender, and School Success: The Role of Habitus", *Sociology of Education*, Vol. 75, No. 1, 2002, pp. 44 – 68. Dumais, Susan A., "Early Childhood Cultural Capital, Parental Habitus, and Teachers' Perceptions", *Poetics*, No. 34, 2006, pp. 83 – 107.

(habitus)是形塑孩子的教育成就（educational outcomes）的关键。那些生活在重视教育的家庭环境中的学生，其家人、邻居和朋友上过大学，将"知识重要"的观念内化并支持孩子的学业，他们给孩子灌输"学习是有用的"理念，积极为孩子营造良好的学习环境。其子女在这种学习环境中成长，从小养成了自觉学习的习惯，具有积极的学习信念，反映在学生对优质工作岗位和学业成功的抱负上，这种惯习对孩子的学业表现有正能量。她发现父母的教育期待影响着孩子在一年级的考试分数和最终的学业成就。[1] 多波等人[2]的研究揭示，不管孩子是否参加高水平的数学和英语课程，父母较高的教育期待对孩子在六年级的分数有显著影响。

（2）英国。在《文化资本和教育成就》一文中，沙利文根据布迪厄的文化资本再生产理论，把文化资本界定为对主流文化的精通，尤其是理解和使用有书面语言的能力。据此，中产阶级出身的孩子易于掌握这种语言能力，在学术市场他们占有丰富的文化资本，因其学业表现优异获得教育文凭。沙利文将父母文化资本和子女文化资本进行操作化，前者表现为父母平常的读书情况、报纸阅读、音乐欣赏以及参与的文化活动；后者涉及子女的文化活动（读书数量与类型、电视节目类型、音乐类型、去观看博物馆、音乐演出和体育比赛的情况），文化课知识的测试情况，语言词汇测试分数。研究发现文化资本向子女传递是在家庭场域开始的，对孩子的GCSE（普通中等教育证书）考试成绩具有正面影响[3]，并且对孩子的教育成就具有间接影响。因此，沙利文认为文化资本再生产理论能够解释不同阶层之间教育成就差异的原因。

（3）德国。比吉特·贝克（Birgit Becker）认为文化知识获取过程的家庭活动甚为重要，平常家庭内外的专业化活动（special activities）可

---

[1] Entwisle, D. R., Alexander, K. L. & Olson, L. S., "First Grade and Educational Attainment by Age 22: A New Story", *American Journal of Sociology*, Vol. 110, No. 5, 2005, pp. 1458-1502.

[2] Dauber, S. L., Alexander K. L. & Entwisle D. R., "Tracking and Transitions Through the Middle Grades: Channeling Educational Trajectories", *Sociology of Education*, Vol. 69, No. 4, 1996, pp. 290-307.

[3] Alice Sullivan, "Cultural Capital and Educational Attainment", *Sociology*, Vol. 35, No. 4, November, 2001, pp. 893-912.

丰富儿童的文化知识,这些活动的频率更多地依赖于父母的社会地位和民族状况,而且只有这些活动的文化内容与移民接受国家的主流文化相接近,移民儿童才能从频繁的家庭活动中获得文化知识的收益。[①] 他根据对来自土耳其的德国移民儿童的早年文化知识转移的研究发现,父母平时用德语与孩子交流,阅读德文书,用德语讲故事等活动比那些用土耳其语进行这些活动的家庭的孩子在文化知识上的得分更高,相反如果父母没有做到这些,移民儿童很少在文化知识上收益。[②]

(4)日本。洋子山本(Yoko Yamamoto)等人认为,父母投资于孩子的学习监管和为孩子考试准备的私人课程有助于孩子的学业成功。家庭通过影子教育(额外课程的辅导)增加孩子在基本科目上的学习技巧和考试技能。一方面,身体化文化资本通过强化学习动机和学习技能起到了有助于学业表现的作用,同时也对教育结果起到了持久性的积极作用。父母的身体化文化资本,特别在孩子学习音乐和艺术方面,学业成就的获得效果更为明显[③]。另一方面,在升学上,对于教师和其他教育把关者,客观化文化资本通过影子教育施加了显著功能(Signaling function)。大多数父母投资于影子教育,强化孩子基础学科的文化知识和考试技能。两种文化资本对孩子升入高一级学校都有积极的贡献,前者影响孩子的学业志向,后者能够确保孩子在学校接受优质教育。

(5)荷兰。德格拉夫(De Graaf)等人将文化资本从高地位文化活动参与[④]和阅读习惯两个方面去界定,这综合了布迪厄的文化资本再生产理论和迪马乔的文化资本流动框架,研究发现父母的阅读行为而非高地位文化活动参与对孩子的教育成就的作用更大。即父母的阅读行为可以激起孩子的学习兴趣,形塑其学习信念,影响孩子的学业成功。尤其是对于出身底层的孩子,学习信念的形塑是其学业成功的关键。这一发

---

① Birgit Becker, "The Transfer of Cultural Knowledge in the Early Childhood: Social and the Mediating Role of Familial Activities", *European Sociological Review*, Vol. 26, No. 1, 2010, p. 18.

② Birgit Becker, "The Transfer of Cultural Knowledge in the Early Childhood: Social and the Mediating Role of Familial Activities", *European Sociological Review*, Vol. 26, No. 1, 2010, pp. 26 – 27.

③ Yoko Yamamoto and Mary C., Brinton, "Cultural Capital in East Asian Educational System: the Case of Japan", *Sociology of Education*, Vol. 83, No. 1, 2010, pp. 67 – 83.

④ 例如去剧院、博物馆、古典音乐会,看艺术展览、画廊等。

现能够有效支撑文化资本流动的假设。父母的阅读习惯能够为孩子提供一种潜移默化的家庭学习氛围，并身体力行地激发孩子的学习热情。父母经常阅读能传递子女特定的语言和认知技能，这些技能为学校所青睐，从而增加了家庭文化与学校文化的亲和性。①

2. 发展中国家的研究现状

（1）希腊。卡提斯里斯等人②，将文化资本界定为在一个社会中高端文化的能力、品味、习惯和态度。他们认为文化资本的再生产是社会阶层的再生产中的重要机制。以此，他们利用希腊高中的全国抽样数据，研究文化资本在社会阶层不平等和教育获得之间的功用。他们主张文化资本能够调和阶层地位和家庭经济地位与学业成功之间的关系，即通过学校教育，在社会阶层的再生产中，学生的学习能力和努力程度是维持与合法化文化资本再生产过程。其实，关注文化资本的再生产不能脱离一个国家的特定的教育制度。在希腊高度公平的教育制度下，文化资本作为社会再生产的间接机制具有两个鲜明的特征：其一，进入大学的机会凭借高中学习成绩和全国入学考试分数，这一选拔机制没有为基于阶层偏见的非正式制度留有空间；其二，希腊从小学到大学实施免费的教育制度（为所有大学生免除书本费和为底层学生发放生活津贴）。③ 由于获得高地位文化活动成为生活的必需，这在希腊比美国更为普遍，因此希腊社会中上层的家庭非常重视其子女文化资本的积累，以此确保子女获得优势地位。希腊的教育制度和社会结构为文化资本作为教育再生产的机制提供了必要的条件，在教育再生产过程中个体的学习能力和努力程度是关键因素，这一过程主要通过不同阶层出身的学生能力与努力程

---

① De Graaf, Paul M. and Harry B. G. Ganzeboom, "Family Background and Educational Attainment in the Netherlands for the 1891 – 1960 Birth Cohorts", in Yossi Shavit and Hans-Peter Blossfeld (eds.), *Persistent inequalities: A Comparative Study of Educational Attainment in Thirteen Countries*, Boulder Co: Westview Press, 1993, pp. 75 – 100.

② John Katsillis and Richard Rubinson, "Cultural Capital, Student Achievement, and Educational Reproduction: The Case of Greece", *American Sociological Review*, Vol. 55, No. 2, April, 1990.

③ John Katsillis and Richard Rubinson, "Cultural Capital, Student Achievement, and Educational Reproduction: The Case of Greece", *American Sociological Review*, Vol. 55, No. 2, April, 1990, p. 271.

度分化,学校教育是个体教育获得的过程。

(2)塞浦路斯。席缪①以塞浦路斯国立小学的学生家长为研究对象,以家庭与学校的互动关系为切入点,使用民族志的参与观察和深度访谈的研究方法,关注家长参与子女教育的问题。研究发现,无论阶层背景如何,所有家庭重视和支持孩子的教育,把子女的教育视为其人生应尽义务,希望孩子能够获得成功的教育并且在学业方面表现突出②。大多数父母认为教育是学校和家庭共有的责任,教师和父母是孩子学习进步的良师益友。但是家庭的文化资本和教育资源是应对家校合作的关键。于是家庭文化资源和教育差异使得在参与子女教育的家校合作能力呈现为明显的分殊,因为家庭与学校的合作能力与父母教育资源和文化资源紧密关联。那些拥有被学校所需求和所重视教育资源和文化资本的家庭,他们对子女课业给予更多精力与财力支持,按照学校标准处理孩子的学业问题得心应手,文化资源可符合教育和有助于他们的孩子的学业成功。③ 但是由于家庭文化资本的区隔导致家校合作的差异相当明显。有着良好教育背景的父母,他们拥有的文化资源较为丰富,尤其是教育资源,他们的知识渊博,关于孩子教育的认知能够与教育场域的规训要求相匹配,家庭的文化氛围也比较浓厚。在子女教育方面,他们家庭经济状况不会太差,较少用操心子女学习费用开支的事情。而且他们对学校的课程和孩子的教育难题"似曾相识",也有较好的处理能力。因为在学习生活过程中,有的烦恼和问题是有共性的,和父母倾诉和分享可以吸取他们的经验,给孩子学习的一些意见和建议,使其在学习过程中不至于迷失和茫然,也可增加孩子学习的一些信心。因此他们有效地细察、监管和补充孩子的学校生活体验,这对孩子的学习生活有一定的指导和

---

① Loizos Symeou, "Cultural Capital and Family Involvement in Children's Education: Tales from Two Primary Schools in Cyprus", *British Journal of Sociology of Education*, Vol. 28, No. 4, July, 2007.

② Loizos Symeou, "Cultural Capital and Family Involvement in Children's Education: Tales from Two Primary Schools in Cyprus", *British Journal of Sociology of Education*, Vol. 28, No. 4, July, 2007, p. 483.

③ Loizos Symeou, "Cultural Capital and Family Involvement in Children's Education: Tales from Two Primary Schools in Cyprus", *British Journal of Sociology of Education*, Vol. 28, No. 4, July, 2007, p. 484.

帮助作用。相比之下,那些受教育水平低的父母在子女教育方面只是人云亦云。尽管这些家长表示会和学校保持积极良好的关系,并努力激励孩子的学习热情,但不会给孩子学习提供实质性的帮助,提供的教育资源和文化资源也很有限,而且与学校教育目的关联度不高。家庭文化资源和教育资源的匮乏使得其子女表现比较平庸而且孩子学习成绩处于中下等水平。[①] 这些受教育水平低的家长在与孩子交流中给孩子暗示"读书是孩子自己的事情,家长不能帮着读",甚至抱怨"孩子学习不好是因为教师教得不好","孩子学习的事情交给学校就行了",他们更多地赋予孩子一种成就自然成长的教育模式。

(3)巴西。马德里特等人利用2006的国际学生评估项目的数据(PISA),考察学生成绩与家庭文化资本的关联。研究发现在不平等的教育制度下,公立学校中的理科和阅读成绩受到家庭文化资本的极大影响[②]。教育资源分配的不平等非常明显,表现为私立学校与公立学校之间的差距,学校资源的不平等最终导致学生成绩的差距较大。在巴西家庭文化资本匮乏的学生通过选择高质量的私立学校,能够在学校教育中提升自身文化资本。即那些家庭文化资本匮乏的学生,借助于学校教育弥补家庭教育资源的不足,让学生获得丰富的文化资本。巴西私立学校能够弥补学生家庭文化资本的差距,而公立学校在这个方面具备这个优势。[③] 因此,在高度分化的社会,从家庭拥有的艺术作品、古典诗歌、文学著作以及家庭藏书量界定文化资本,这就是布迪厄所言的高雅文化,作者旨在强调客体化的文化资本对子女学业成绩的影响更为显著。

(4)韩国。苏扬运等人[④]采用布迪厄文化资本理论,利用2000年

---

① Loizos Symeou, "Cultural Capital and Family Involvement in Children's Education: Tales from Two Primary Schools in Cyprus", *British Journal of Sociology of Education*, Vol. 28, No. 4, July, 2007, p. 484.

② Leticia Marteleto and Fernando Andrade, "The Educational Achievement of Brazilian Adolescents: Cultural Capital and the Interaction between Families and Schools", *Sociology of Education*, Vol. 87, No. 1, 2013, p. 17.

③ Leticia Marteleto and Fernando Andrade, "The Educational Achievement of Brazilian Adolescents: Cultural Capital and the Interaction between Families and Schools", *Sociology of Education*, Vol. 87, No. 1, 2013, p. 20.

④ Soo-yong Byun, Evan Schofer and Kyung-keun Kim, "Revisiting the Role of Cultural Capital in East Asian Educational Systems: The Case of South Korea", *Sociology of Education*, Vol. 85, No. 3, July, 2012, pp. 219 – 239.

国际学生测验项目的数据（Programme for International Student Assessment）分析在韩国教育体系内，家庭社会经济地位、文化资本与子女学业成就之间的关系。他们的研究发现，与日本、法国和美国相比较，在韩国家庭文化资本对子女学业成就影响巨大。家庭社会经济地位对家长的客体化文化资本和子女的身体化文化资本影响突出，这一发现与其他国家相似。但是学生身体化的文化资本对其学业成就的影响并不突出，而影子教育对学业成就影响较大，因为韩国的教育制度看重应试教育的成功，包括标准化的课程、对考试的充分准备（复习与补课）。因此，普遍的影子教育挤压了学生身体化文化资本对学业成就的影响。

综合来看，无论是发达国家还是发展中国家，关于家庭文化资本与子女成就的重要影响表现为家庭传递的文化资本对主流文化知识的精通和熟悉，需要参与以精英为载体的主流文化活动。这样看来，上层社会的家庭文化资本接近于主流文化，其子女生活在这种文化氛围中，习得了被学校认可的文化资本，当然容易被学校文化接纳和认可，反之就容易被排斥和贬低。这些研究也有不足之处，首先，家庭客体化文化资本向身体化的转化过程被遮蔽；其次，忽略了家庭文化资本转化为子女的学业志向以及学习信念；最后，家庭文化资本与学校文化的背离及其在子女学习过程中如何表现的，这一问题没有给予足够的关注。本书将尽量避免这些的这些研究的不足之处，重点分析家庭文化资本之间的转化过程，从父母文化资本向子女文化资本的转变，父母的教育认知对子女教育信念的形塑，在此基础上产生的学业志向对子女的学业表现的影响，将成为本书关注的核心问题，同时从家庭文化资本与学校文化的互动中，分析农民工子女的学业表现问题。

三　国内关于农民工子女学业表现的研究

（一）农民工子女教育的现实问题

1. 国内关于农民工子女学业发展的实证研究表明，农民工子女的学业成绩普遍低于城市其他社会阶层子女，其义务教育后升学率低，初中阶段的平均分数、整体学习成绩合格率、优秀率低于非农民工子女。①

2. 课堂表现欠佳、作业质量不高、心理适应能力较差。②

3. 除了学业成绩不够理想，农民工子女中存在反学校文化的现象③。反学校文化④更多是一种自我放弃的表达形式而非对支配秩序的洞察与抗争。

（二）学业表现欠佳的成因

针对农民工子女学业表现的欠佳，学界更多地归因于家庭教育的缺失、农民工受教育程度低、教育方式不合理，缺少时间和精力以及频繁迁址⑤；进城农民工子女语言在学校和家庭语言编码的差异⑥，家庭文化资本的匮乏。⑦ 因此，农民工子女的学业表现更多受到家庭阶层背景的

---

① 李红婷：《农民工子女低学业成绩的人类学阐释——A 市农民工子女学业成绩的现状调查与归因分析》，《湖南师范大学教育科学学报》2008 年第 3 期；吴明清：《K 市公办中学农民工子女学业现状调查》，硕士学位论文，华东师范大学，2009 年；曾焕平：《农民工子女义务教育阶段教育公平的实证研究——以厦门市湖里中学为例》，硕士学位论文，华中农业大学，2010 年；A 市农民工子女的学业成绩普遍低于城市其他社会阶层子女，中考合格率与优秀率在整体上均低于后者（李红婷，2008：23—24）。上海地区公办学校的农民工子女在初二、初三年级的平均分、初三的优秀率、初二的及格率上明显低于本地学生，而且学生作业不够认真，缺乏课余自觉学习的习惯，学习积极性不高，组织纪律性差，课堂纪律差。（吴明清，2009：22—36）

② 曾焕平：《农民工子女义务教育阶段教育公平的实证研究——以厦门市湖里中学为例》，硕士学位论文，华中农业大学，2010 年；冯金兰：《流动儿童学业成绩及其影响因素分析——以南京市 SZ 中学为例》，硕士学位论文，南京师范大学，2011 年，第 36 页；厦门市农民工个人特长欠缺、课堂自我表现欠佳、心理适应能力较弱（曾焕平，2010：38—41）；南京农民工子女家庭作业完成质量不高、课堂不认真听讲、发言积极性不高（冯金兰，2011：36）。

③ 周潇：《反学校文化与阶级再生产："小子"与"子弟"之比较》，《社会》2011 年第 5 期；熊易寒：《底层、学校与阶级再生产》，《开放时代》2010 年第 1 期；王鸥：《文化排斥：学校教育进行底层社会再生产的机制——基于武汉 G 中学的实证研究》，硕士学位论文，华中科技大学，2011 年。

④ "反学校文化"通过否定学校的价值系统、蔑视校方和教师的权威而获得独立与自尊，同时心甘情愿地提前进入次级劳动力市场，加速了阶级再生产的进程。

⑤ 王毅杰、高燕：《农民工子女与城市社会融合》，社会科学文献出版社 2010 年版；周潇：《反学校文化与阶级再生产："小子"与"子弟"之比较》，《社会》2011 年第 5 期；熊易寒：《底层、学校与阶级再生产》，《开放时代》2010 年第 1 期；曾焕平：《农民工子女义务教育阶段教育公平的实证研究——以厦门市湖里中学为例》，硕士学位论文，华中农业大学，2010 年；沈茹：《城市农民工子女家庭教育问题及对策》，《中国农业大学学报》（社会科学版）2006 年第 3 期。

⑥ 姚运标等：《编码视角下的进城农民工子女学业成绩不良原因之探析》，《教育科学研究》2011 年第 1 期。

⑦ 周序：《文化资本与学业成绩——农民工家庭文化资本对子女学业成绩的影响》，《国家教育行政学院学报》2007 年第 2 期。

影响，其中文化资本是最重要的因素。家庭文化资本的不足使得农民工子女直接遭受符号暴力的影响，主要涉及学校教育场域中的语言符号暴力、话语权的符号暴力、惯习误识中的符号暴力。家庭文化资本在城市中再生产不公平，导致身份认同方面存在区隔。① 语言符号主要是通过无声语言中的教学大纲、课本内容、学校的评价体系、教师的评语等规则形式制约了进城农民工子女的学业成绩的提高，有声语言以精密编码和限制编码的差异性导致了其学业成绩不良。② 家庭文化资本的差别通过家庭教养方式体现出来，这种家庭文化资本有着非常强的代际传承性，家庭成为学校生活的"预社会化"的后台。③ 农民工子女容易被老师贴上"差生"标签，使其丧失学习的信心。④ 除了经济原因，差生的形成在于家庭难以提供促进孩子在城市进一步发展的文化资本。⑤ 文化资本的传承在很大程度上依赖于家庭的文化传递机制，任何一种家庭抚养方式都带有该社会阶层的文化烙印⑥。家庭文化资源上的差异使得不同家庭的孩子获得的文化资本不同，影响他们对学校生活的适应和学业成就。⑦ 父母期望的自证预言效应⑧和学校的刻板印象也有一定影响。⑨ 另外还有家庭背景的影响，主要包括家庭的经济条件、日常生活条件和家庭环境等因素。⑩

总之，以上文献分析了农民工子女学业表现欠佳的原因，农民工随

---

① 林宇：《家庭文化资本与农民工子女成就动机内驱力》，厦门大学出版社2011年版，第190—191页。

② 邵秀娟：《符号塑造：进城农民工子女学习困难问题研究》，硕士学位论文，安徽师范大学，2010年。

③ 方长春、风笑天：《家庭背景与学业成就——义务教育中的阶层差异研究》，《浙江社会科学》2008年第8期。

④ 修路遥、高燕：《流动儿童教育公平问题的社会学分析》，《河海大学学报》2011年第3期。

⑤ 余秀兰：《文化再生产：我国教育的城乡差距探析》，《华东师范大学学报》（教育科学版）2006年第2期；王毅杰、刘海健：《家庭背景与流动儿童的留城意愿》，《南方人口》2008年第4期。

⑥ 冯金兰：《流动儿童学业成绩及其影响因素分析——以南京市SZ中学为例》，硕士学位论文，南京师范大学，2011年。

⑦ 王艳霞：《家庭文化资本对子女学业成就的影响》，《当代教育论坛》2007年第8期。

⑧ 高明华：《父母期望的自证预言效应——农民工子女研究》，《社会》2012年第4期。

⑨ 高明华：《教育不平等的身心机制及干预策略——以农民工子女为例》，《中国社会科学》2013年第4期。

⑩ 杨昌勇、郑淮：《教育社会学》，广东人民出版社2005年版，第241—242页。

迁子女学业表现问题包括：农民工随迁子女的考试成绩不够理想，中考成绩信息反映农民工子女中考合格率与优秀率低，升学率偏低；农民工子女学业适应困难，完成作业过程中家长较少辅导和检查子女作业，农民工子女完成作业质量不高；多数农民工子女学习习惯比较懒散，缺乏进取意识且学校纪律观念差，课堂表现出走神与讲话；与非农民工子女相比，多数农民工子女综合素质不高且缺乏个人特长，上课主动发言积极性不强。造成农民工子女学业不良的主要原因是农民工家庭的文化资本的传递不能满足子女在学校学业发展的需求，家庭文化资本传递的问题体现在家庭教育的缺失、教养方式的不合理、家庭教育资源的欠缺。家庭语言编码的限制，影响了子女的学业表现。虽然一些学者从再生产的视角，指出了文化资本传承的隐秘性不利于农民工子女的学业发展，但这些研究不够深入。农民工家庭传递的文化资本远离学校主流文化，造成农民工子女学校的不适应，这实质上是农民工家庭文化资本与学校文化的背离造成的。

上述文献虽然看到了家庭文化资源对于子女学业表现的重要影响，提供了很有启发力的研究视角，但是对于家庭文化资本对子女学业表现影响的具体过程和机制却未能进行有效分析，而且关注的因素较为简单，多集中在家庭教育背景与子女学业发展关系的考察。对一些群体的教育问题的具体研究中，布迪厄的文化再生产理论常被引用来解释不同阶层成员在教育获得上的影响。例如余秀兰[1]、王小红[2]等人，但总的来说，这些研究还存在一些问题，需要进一步细化和深入，而且这些研究把社会行动者视为文化资本的被动承载者，忽略其主体性和能动性。在本书中，笔者关注农民工进入城市以后为子女的提供的家庭文化资本能否适合子女学业需要和学业发展的问题。布迪厄的再生产理论为本书提供了分析的视角，即微观和宏观相结合的路径，它的核心概念和命题，如文化资本、符号暴力、惯习，构成本书分析中可供使用的理论资源。布迪厄从社会阶层的视角对文化资本的界定，旨在强调家庭文化资本占有的

---

[1] 余秀兰：《文化再生产：我国教育的城乡差距探析》，《华东师范大学学报》（教育科学版）2006年第2期。
[2] 王小红：《基于教育社会分层视角的农村学生社会流动与教育选择》，《中国农业大学学报》（社会科学版）2013年第4期。

不平等所致教育获得的差异，他尤其关注教育场域下的不平等，但是对于家庭与学校文化的互动，他关注不够，尤其是父母文化资本向子女文化资本的转化的过程。结合中国农民工的现实处境，再生产理论不能给出全面而有力的解释。当然，这也意味着中国的现实为再生产理论的丰富和重构提供了条件。农民工子女学业表现除了家庭文化资本再生产影响之外，还有学校场域的影响，家庭文化资本与学校文化的亲和与背离也是影响子女学业表现的重要因素。因此，本书还将从互动仪式链的视角进行解释，分析学校文化与家庭文化之间的互动过程如何塑造农民工随迁子女学业表现。学校教育本身就是一个规训的过程，学校也是一个巨大规训社会。[①] 农民工对随迁子女的管教，与学校学业规训的要求"合拍"，在一定程度上取决于教育评价机制。相对于那些在父母严格管控和规训下成长起来的城市学生，农民工子女的行为相对而言较为自由散漫、自卑内向、挑战权威、不守规矩。这些行为特点则被学校看作是需要控制与矫正的，将会被惩罚和规训。行为习惯的养成与家庭教养方式有关，优势家庭更倾向于采取协作培养、成就训练方式，底层家庭对孩子沿用成就自然成长、独立性训练教养模式，而协作培养模式下孩子的身体成为"驯顺"身体，更容易带来更为丰厚的学业"回报"，有助于促进学业发展。因此，从再生产理论到互动仪式链再到规训与抵制的框架，本书以农民工随迁子女的学业表现为研究起点，将沿着三条路径考察农民工子女教育的问题，其一是家庭文化资本如何影响农民工子女学业表现；其二关注学校教育对学业表现的强化策略，农民工家庭应对学校要求的实践影响着子女的学业表现。其三从家庭场域与学校文化的互动过程，分析家庭文化资本与学校文化的亲和性与背离性及其对农民工随迁子女学业表现的影响。

第三节 研究思路与研究框架

一 研究思路

在介绍思路和研究框架之前，首先对本书使用的"学业表现"而非

[①] ［法］米歇尔·福柯：《规训与惩罚》，刘北成、杨远婴译，生活·读书·新知三联书店1999年版。

"学业成就"这一概念做出解释。在本书中,这两个概念之间并未有鲜明的分野。"学业"的解释为:(1)学问;(2)学校的课业,如学业成绩。①"成就"解释为:(1)成功,成立;(2)成全,造就;(3)指事业的成绩。② 本书中的学业表现涉及学生在学校教育中的主要表现,既包括学习的课业成绩与学习习惯等知识学习状况,也包括思想行为与学校集体生活情况。本书之所以使用"学业表现"这个概念,主要基于以下两点,首先,本书强调在实地研究中对农民工③随迁子女教育的参与观察与深度访谈的研究,目前农民工子女处于求学的阶段,小学和初中属于义务教育阶段,其学业的最终结果还未定型,使用"学业表现"能够真实展现农民工随迁子女当下状态的受教育状况。其次,在学界的语境中,学业"成就"一词非常接近于教育获得的概念,为避免产生误会,所以本书在使用"学业表现"一词。

布迪厄从文化资本的角度分析学校教育的结构、家庭生活以及个人的习性(habitus),以此解释教育不平等的问题。文化资本可以提供一种关于教育系统中的文化偏好和社会选择的现象的分析框架,能够审视家庭背景对学业表现和教育获得的影响,分析不同阶层之间的家庭—学校互动的差异,从而揭示教育不平等的再生产现象。④ 本书希望通过文化资本的继承与移入来探究农民工随迁子女学业表现的差异,试图分析家庭文化资本对子女学业表现的影响,以此探讨农民工家庭文化资本与随迁子女学业表现的关系。通过对文献的梳理,本书认为家庭文化资本对学业表现的影响可以通过传递子女适应学校规训的文化知识、学校强化

---

① 《辞海》,上海辞书出版社1979年版,第1653页。
② 《辞海》,上海辞书出版社1979年版,第1653页。
③ 王春光从四个层面去认识和界定农民工:其一是职业,农民工从事的是非农职业或以非农为主要职业;其二是制度身份,他们在户籍上还是农业户口,属于农民身份,与非农户者有着明显的身份差别;其三是劳动关系;其四是地域,即他们来自农村,属于农村人口(王春光,2005:38)。据此,本书认为农民工户籍身份还是农民,有承包土地,但主要是从事非农产业工获取主要收入来源的劳动者。
④ Lareau, Annette, "Social Class Differences in Family-School Relationships: The Importance of Cultural Capital", *Sociology of Education*, Vol. 60, No. 2, 1987, pp. 73 – 85. Lareau, Annette, *Home Advantage: Social Class and Parental Intervention in Elementary Education*, Lanham, M. D.: Rowman & Littlefield, 2000. Crozier, G., *Parents and Schools: Partners or Protagonists?* Stoke on Trent: Trentham Books, 2000.

家庭文化资本对学业表现的策略、家庭文化与学校文化的亲和与疏离这三个方面来实现,这些方面嵌入农民工家庭生活,是家庭文化资本得以整合的要素。在借鉴和参考布迪厄文化资本概念的基础上,深化对农民工子女教育过程的研究,从家庭和学校两个场域探究影响学业表现的机制和过程。因此,家庭传递子女文化知识、家庭文化与学校文化的互动、家庭应对学校强化学业表现策略的实践,共同构成了农民工家庭文化资本的内涵。在使用文化资本的概念时,本书侧重于强调农民工家庭缺乏城市生活所必要的文化知识。[①] 于是,本书尝试从农民工随迁子女学业表现与家庭文化资本的关系入手,讨论和分析家庭文化资本对学业发展的影响机制和逻辑。

首先,家庭传递的文化知识。家庭对子女文化资本获得的影响是全面的,包括教导生活技能、引领社会规范、树立生活目标等。家庭影响的途径,不只是父母的正式教导,家庭生活条件、家庭气氛、家庭生活方式也在潜移默化地发挥着作用。[②] 子女是否具有优良的品德,广博的学识,宽广的胸怀,坚忍的意志和强健的体质均与其家庭所传递的文化知识密切相关。另外,在长期的外出务工经商过程中,农民工自身的文化知识也在变化,其家庭文化资本与学校文化的亲和或疏离的互动过程影响其子女学业表现。随着农民工在城市工作生活时间增加,农民工能够更多地接触城市社会的科技信息和人文知识,耳濡目染城市文明的生活方式,开阔了视野、增长了见识,这使得他们用城市的语言和方式进行沟通、交流,农民工的价值观也不断更新。同时随着农民工在城市社会经济状况的改善,他们能够为其子女提供相对较好的生活环境和条件,向城市家庭学习子女教育方式。从社会流动视角看,农民工进入城市社会务工经商是一种向上的社会流动,他们尽力摆脱农村生活的困境,尽量使子女接受更好的教育。[③] 因此,从这个意义来说,流动农民工能够为其随迁子女家庭教育提供了一些有利条件。虽然他们心理期望孩子能

---

① 费孝通认为,如果说乡下孩子是"愚"的,那是错误的,他们缺乏读书识字的环境不如城里人,不是他们在智力上不如城里人,而是说他们的知识不如城里人。"乡下人在城市生活所需的知识是不及城里人多,这是正确的。"(费孝通,2007;14)
② 王毅杰、高燕:《农民工子女与城市社会融合》,社会科学文献出版社2010年版,第66页。
③ 王毅杰、高燕:《农民工子女与城市社会融合》,社会科学文献出版社2010年版,第111页。

够考上大学，但是普遍认为"读书是孩子自己的事情，家长也帮不上忙"，他们意识不到孩子教育过程中家庭协助的重要作用。由于多数农民工家庭经济承受能力差，家长文化素质不高，许多家长对孩子缺乏耐心，有的甚至实施粗暴教育，这极大地影响了子女的学习行为、学习态度、学习信念以及最终的学习成绩，从而限制了其子女文化资本移入的能力。

其次，学校强化学业表现的策略。近年来，党中央国务院高度重视民生问题，强调教育公平，特别重视进城务工农民随迁子女接受义务教育问题，并出台了一系列关于解决好进城务工农民有关问题的文件。① 国家"两为主"政策让农民工子女有机会进入城市公立学校，但在目前优质教育资源有限、校际间义务教育资源不均的情况下，流入地政府在教育资源分配中往往优先考虑辖区户籍居民，农民工子女则更多被安排在一些薄弱学校。② 例如，厦门市按照招生划片和积分制的原则，农民工随迁子女"四证齐全"才可以报名进入公办学校，然后电脑派位。即具有就业合同、社保缴费连续一年以上，暂住证一年以上还有计生合法证明。四证齐全的外来工为子女入学登记计算积分，按积分多少进行派位。而农民工随迁子女若要进入民办学校或农民工子弟学校读书，虽然入学手续简单，但这些学校地理位置偏僻、没有城市教育主管部门批准的办学资格，所以其办学经费、师资、管理等方面与公办学校相差甚远，这直接影响了农民工随迁子女的教育质量。所以，多数农民工家长还是

---

① 2003年9月30日，国务院办公厅转发教育部等六部委《关于进一步做好进城务工就业农民工子女义务教育工作的意见》中规定："进城务工就业农民流入地政府负责进城务工就业农民工子女接受义务教育工作，以全日制公办中小学为主。地方各级政府特别是教育行政部门和全日制公办中小学要建立和完善保障进城务工就业农民工子女接受义务教育的工作制度和机制，使进城务工就业农民子女受教育环境得到明显改善。"2006年3月27日颁布的《国务院关于解决农民工的若干意见》规定："输入地政府要承担起农民工同住子女义务教育的责任，将农民工子女义务教育纳入当地教育发展规划。"教育部2007年、2008年工作要点中都明确规定要"以流入地政府为主、以公办学校为主，保障进城务工人员子女平等接受义务教育"。2008年8月12日，《国务院关于做好免除义务城市义务教育阶段学生学杂费工作的通知》正式发布，明确要求"切实解决好进城务工人员随迁子女就学问题"，重申"进城务工人员随迁子女接受义务教育要以流入地政府为主、公办学校为主解决"。

② 罗云：《城市公立学校中的流动人口子女教育：区别还是融合》，《教育发展研究》2011年第8期。

会想方设法把其子女送到公办学校就读。为了达到教育部门的考核要求，其不断强化学生的学业表现，尤其是学习成绩，公办学校强化学业的力度有增无减。城市公办学校把一些强化学业的教育责任推给了学生家长，学生学习活动的完成更多地需要家长的参与，如作业检查与辅导，课前预习与课后复习。①农民工家长被迫卷入子女学业之中，经常进行的单元考、月考、期中考和期末考试，试卷订正需要与家长签名，家长每个学期需要参加两次家长会，在这一过程，学校强化学业的策略让农民工家庭参与子女教育中的重要性又被进一步强化。

最后，家庭文化资本与学校场域文化的互动状况。布迪厄指出，学校的文化标准不是中立的，其对于家庭文化的知识要求更加符合精英们的社会和文化经验。学校文化与精英文化有天然"亲和性"，底层出身的子弟从家庭耳濡目染的是底层文化，与学校文化是有距离感的，他们接受学校教育过程中，掌握学校文化是文化移入过程。从掌握文化的难易程度和愿望这两重意义上讲，工农出身的大学生处于最不利的地位②，很多教师在评价学生时，也有意识地使用文化精英使用的价值标准。底层出身的子弟只有努力刻苦，才有可能掌握有文化教养的阶级子弟的那些文化资本，如风格、兴趣和才智等③，这些文化资本对一些人来说是只是一种"继承"，而对另外一些人来说，是"移入"，需要很多的代价才能换取成功。在中国的社会分层结构中，进城农民工显然属于社会底层④，农民工子女从农村进入城市公立学校，其自身在经历一个城市化的过程，城市以自己理性、现代的方式塑造他们心智、观念、气质和认

---

① 王毅杰、高燕：《农民工子女与城市社会融合》，社会科学文献出版社2010年版，第66、67页。
② ［法］布迪厄、帕斯隆：《继承人——大学生与文化》，邢克超译，商务印书馆2002年版，第26页。
③ ［法］布迪厄、帕斯隆：《继承人——大学生与文化》，邢克超译，商务印书馆2002年版，第27页。
④ 陆学艺职业分类为基础，以组织资源、经济资源、文化资源的占有状况为标准，把全国社会成员划分成十个阶层：国家与社会管理者阶层，经理人员阶层，私营企业主阶层，专业技术人员阶层，办事人员阶层，个体工商户阶层，商业服务业员工阶层，产业工人阶层，农业劳动者阶层，城乡无业、失业、半失业者阶层（参阅陆学艺，《中国社会阶级阶层结构变迁》，2010）。源自共识网（http：//www.21ccom.net/articles/lsjd/lsjj/article_2010111924950_2.html）。

同,这也就是"日常生活的城市化"①。多数农民工子女在家庭生活和社会交往中接触的文化与学校文化有所偏离。他们在生活世界中主要使用限制编码,该语言编码反映的是与其生产生活方式密切联系的内容,而学校教育所教授的都是以精密编码为主的课程②,因此,在编码形式和内容上,农民工的家庭文化与学校文化存在着显著的疏离。就农民工随迁子女的学业表现而言,从家庭文化与学校文化的亲和与疏离的视角,分析农民工子女学业分化的现状及原因,揭示因为家庭生活用语与学校教学语言不同,以及师生之间语言沟通的差异所引起的③,以及价值观念差异对其学业发展造成的影响。

二 研究框架

布迪厄等人的理论遗产如文化资本、场域、惯习、互动、规训与抵制,构成本书分析中可供使用的理论资源。本书以农民工随迁子女的学业表现为研究重点,从对农民工子女学业的感知图示、评价图示层面进行分析,从家庭场域和学校场域分析影响学业表现的因素。通过对厦门市农民工随迁子女教育的实地研究,借鉴和参考再生产理论,分析和研究农民工家庭文化资本传递的机制。面对家庭文化资本的状况和学校强化学业表现的要求,农民工子女展示出自己的能动性和选择性,因而围绕学业表现,从互动的视角来看,考查学生与家长、教师与学生的互动,以及家长配合学校强化学业表现的策略,构建一个互动仪式链。家长对子女学业表现的感知、教师对农民工子女的学业评价,影响到农民工子女的学业表现及其学习惯习的建构。在互动仪式链中,行动者根据互动场景的地位分化,倾注的感情和精力也是呈现等级分化的,特别当农民工家庭文化与学校文化之间出现疏离时,农民工随迁子女从家庭习得的文化资本与学校场域的学业表现可能会出现张力,农民工家庭及其随迁

---

① 李强:《中国大陆城市农民工的职业流动》,《社会学研究》1999年第3期。
② 姚运标等:《编码视角下的进城农民工子女学业成绩不良原因之探析》,《教育科学研究》2011年第1期。
③ 滕星:《西方少数民族学生学业成就归因理论综述》,《湖北民族学院学报》(哲学社会科学版)2004年第2期。

子女如何适应学校强化学业表现的策略将会影响子女的学业表现。

鉴于农民工家庭文化资本的匮乏、经济地位的薄弱，他们又要忙于生计，其子女进一步发展的教育诉求如何在家庭文化与学校文化的互动中得到满足，是影响农民工随迁子女学业发展分化的重要因素之一。多数农民工对子女教育寄予重望并且希望子女能够接受高等教育实现进入主流社会，但是农民工随迁子女在教育过程中，小学阶段的学业资本（知识基础、学习习惯）积累不足，接受的学校教育在升学考试中应对学校选拔人才显得后天失调，导致农民工子女在初中会出现学业发展的分化，少数学业优秀者进入高中继续接受教育（或者初中转回家乡重点中学参加中考），学业平庸者可能接受中职教育成为劳动力市场的预备军，也有些义务教育未完成就辍学了。农民工随迁子女的学业表现及其学业发展的分化是一个从教育再生产到社会阶层再生产的过程，家庭的文化资本、学校等级及其强化学业的要求，农民工应对这两者之间张力的实践，是形塑农民工随迁子女学业表现的重要因素（具体影响机制和过程在后面的章节中进一步分析）。

总之，本书从三个方面剖析农民工随迁子女的学业表现是怎样形成的（见图1-1），一是从家庭文化资本的角度，主要探讨家庭教育的实践，以及这种实践背后的农民工对其子女教育的文化逻辑；二是从学校场域，阐释学校学业规训的规范及其强化学业表现的策略；三是基于家

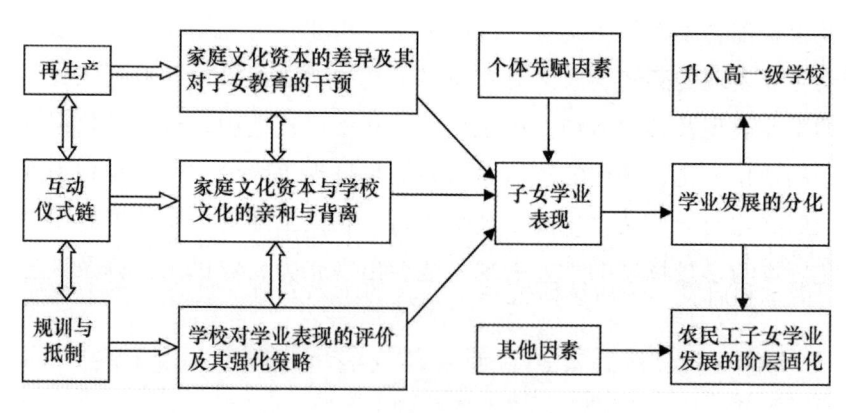

图1-1 本书研究框架的结构示意图

庭文化资本与学校教育培养的文化惯习之间的亲和与张力，不同家庭应对这种局面的措施，以及在这一过程中如何造成农民工随迁子女的学业分化，哪些因素带来学业发展的阶层固化和再生产不同阶层地位学生的文化资本，进而影响了其学业发展。

第四节 研究方法和调查地点的选择

一 研究方法

就研究性质而言，本书属于定性研究。定性研究是将观察者置于现实世界之中的情景性活动。它由一系列解释性的、使世界可感知的实践活动所构成。这些实践转换着世界，它们将世界转变成一系列的陈述，包括实地笔记、访问、谈话、照片、记录和自我的备忘录。在这种程度上，定性研究包含着一种对世界的解释性的、自然主义的方法①。定性研究侧重于在自然的情境下进行，其核心在于"整体地"理解和解释自然情景，因此定性研究侧重于现象与背景之间的关系，更加注重现象变化的过程，注重现象和行为对行为主体所具有的意义②。定性研究采用实地研究的方式，以参与观察、深度访谈、个人生活史等方法收集资料。本书将农民工子女的家庭作为个案加以研究，尽可能地收集农民工子女的学习成绩、学习习惯、观念行为及学校生活等信息。本书选取的研究对象为小学四年级至初中三年级的在校生，年龄在10—17周岁，这些学生容易联系，方便进入其生活的家庭进行访谈和观察；高年级的孩子能够准确地表达自己的思想，有了一定认知和自我认识，访谈时不存在沟通障碍。

文献阅读是本书获取资料的重要手段。通过文献阅读，厘清进城农民工随迁子女家庭文化资本与学业发展相关的研究，并分类整理，从中得到借鉴和启发，为后续研究奠定扎实的学术基础。此外，本书主要使用民族志的参与观察和深度访谈方法收集资料。已有关于农民工随迁子

---

① ［美］诺曼·K.邓津、伊冯娜·S.林肯：《定性研究：方法论基础》，风笑天等译，重庆大学出版社2007年版，第4页。
② 风笑天：《社会学研究方法》，中国人民大学出版社2005年版，第12页。

女的研究,很少关注他们家庭生活的教育维度,并以问卷调查为主,很少进入家庭内部进行全方位的观察。虽然问卷调查有其优点,却易于将丰富的日常生活断裂化,难以揭示日常生活的过程极其规律。定性研究方法有助于如实地展现栩栩如生的日常生活文化,以及更好地理解和意会社会行动者那不可言说的、身体化的体验和实践。笔者进入农民工家庭,参与观察农民工家庭生活场景中的子女教育情况,深入分析农民工家庭文化资源在子女教育上如何被选择、分类和利用;此外,通过深度访谈了解农民工进城以后的生活经验及社会阅历的变化、城市化过程中农民工文化资本的变化情况,农民工的城市生活经历对家庭文化资本传递和对子女学业发展产生的影响。最后,对学校班主任、任课教师、教务处主任、校长进行访谈,全方位了解农民工子女在学校场域的学业表现情况,试图分析影响农民工子女学业发展的因素及这些因素是如何通过学校场域发生作用的。

二 调查地点的选择与访谈对象基本情况

本书关注教育过程中的农民工子女家庭文化资本与学校文化资本之间的互动对其学业表现的影响,关涉家庭场域与学校场域的行动者对于具体情境的解释与意义建构,以及彼此之间的沟通协调,围绕农民工子女对学业表现的感知,以及为此构建的学业评价体系,在此基础上分析学校强化学业表现的策略与农民工子女家庭干预行动之间的亲和与张力,进一步分析农民工子女的生活世界及家庭教育实践,深化家庭文化资本与子女学业表现的研究。为达到这些目标,需要研究者深入农民工家庭的生活世界,观察农民工对于随迁子女教育的具体过程,并且从学校与家庭的互动关系分析农民工子女文化资本的习得过程。为了研究义务教育阶段的农民工子女教育实践情况,笔者选择不同类型的学校进行比较和分析。

厦门市的湖里区、集美区以及同安区是外来农民工的聚集地,其随迁子女的教育问题非常突出,因而本书选择这三个区的学校进行调查。近年来,厦门市加快了城市改革的进程,不断提升城市化水平,开展了一体化的建设工作,由此促进了新一轮建筑业、制造业和服务业的繁荣,从而吸引了大批农民工来厦务工,为厦门的发展奠定了基础。湖里区是厦门经济特区的发祥地,是国家信息技术产业基地的中心,集装箱吞吐量居全国第六位,是中国十大港口之一,是厦门岛对外交通的重要枢纽。① 根据2010年全国第六次人口普查公布的数据,湖里区总人口93.1万,其中户籍人口22.4万,外来人口70.7万,外来人口数量在厦门六个区中最多。湖里区作为农民工的集中聚居地,农民工随迁子女教育问题突出。② 集美区、同安区作为厦门农民工的聚集地,其子女就学面临着一系列问题。集美区面积为2259平方千米,下辖集美街道、杏林街道、侨英街道、杏滨街道,以及灌口和后溪两镇。据2010年统计资料,户籍人口为20.64万人,外来人口22万人,2013年,新开办3所公办幼儿园,增加学位810个;新开办2所小学,改扩建3所中小学,增加学位4230个,符合条件的进城务工人员随迁子女接受公办义务教育比例达91.5%。③ 同安区是厦门市最大的行政区,现有土地总面积658平方公里,辖6个镇、2个街道办事处、7个农林场、81个行政村、44个社区居委会。人口71万,其中外来人口37.6万。④

通过学校—班级—学生三个层次的调查来考察教育过程中家庭文化资本与学校文化的关系对学业表现的影响,在小学阶段,笔者从厦门的集美区和湖里区分别选择两所小学、一所中学,再分别从各个学校选择同一个班级的学生进行分析,其中重点选择QX学校的四五班进行实地调查和研究。初中阶段选择SZ中学的初三二班,进行资料收集和分析,同时为了进行横向比较,与JZ中学进行比较,以便分析学校等级及其强化学业表现的策略对于农民工子女学业表现的影响。选择集美区QX学校和SZ中学进行实地调查的原因见第二章第二节。本书共选择调查样本55名,其中,小学生34名,初生中21名。样本情况见表1-1、表1-2。

---

① 资料来源:http://www.114huoche.com/zhengfu/XiaMen-HuLiQu。
② 2013年8月,湖里区因外来工子女一年级入学超过学位需求,无法按照积分入学的原则电脑派位到公办学校,教育局要求外来工子女就学,发生外来工堵路事件(http://fj.qq.com/a/20130827/014835.htm)。
③ 资料来源:《厦门统计年鉴》(http://www.stats-xm.gov.cn/2014/main0.htm)。
④ 资料来源:http://www.xmta.gov.cn/zjta/qqgk/zqyg/2011 07/t20110722_ 80858.htm。

表1-1　　　　　　　　访谈小学学生基本情况

学校	性别	生源地	父职及文化水平	母职及文化水平	居住类型	排行	编码
QX学校四五班，该班女生占1/4	女	本地城市	技术工人，中专	企管人员，高中	买房	独女	QXSHL
	男	本地城市	国企工人，中专	工程管理，高中	买房	独子	QXSYZ
	男	本地城市	国企工人，高中	房东，初中	自建房	独子	QXSWZ
	男	外地农村	开店，三年级	开店，初中	租房	独子	QXSCGX
	男	外地农村	工人，高中	工人，高中	租房	独子	QXSWC
	男	外地农村	工人，小学	摆摊，中专	租房	独子	QXSWWJ
	男	外地农村	餐厅管理，初中	干洗店老板，初中	买房入住	独子	QXSSB
	男	本地农村	幼教，中专	幼教园长，中专	买房入住	长子	QXSJN
	男	外地镇上	开诊所，卫校	带孩子，小学	买房入住	老小	QXSRJF
	女	外地农村	电工/司机，中专	服装厂工人，初中	租房	老大	QXSYYY
	女	外地农村	服装工人，小学	服装厂工人，小学	租房	老二	QXSXZY
	女	外地农村	送货员，初中	超市上货，小学	租房	老大	QXSZT
	女	外地农村，孪生姐妹	在泉州做石材，高中，离婚	服装厂工人，高中，离婚	租房	老大	QXSWX
	女				租房	老二	QXSWQ
	男	外地农村	模具工人，小学	服装厂工人，高一	租房	老二	QXSPH
	男	外地农村	烧烤店，初中	烧烤店，小学	买房未住	老二	QXSXSJ
	男	外地农村	伞厂工人，初中	带孩子，小学	工厂宿舍	老大	QXSCYH
	男	外地农村	水电工，小学	带孩子，小学	买房入住	老大	QXSGWQ
	男	外地农村	婚纱厂，初中	带孩子，小学	租房	老大	QXSZKW
	男	外地农村	电子厂，高中	打零工，小学	租房	老大	QXSZZH
GX小学六四班	女	外地农村	石材销售，高中	普工，初中	租房	老大	GXSLY
	女	外地农村	装修，初中	普工，初中	租房三间	老大	GXSLHQ
	男	外地镇上	教师，大专	教师，大专	租房	独子	GXSJS
	男	外地农村	普工，中专	企业财管，中专	租房	独子	GXSDQ
	女	外地农村	建材销售，小学	化妆品销售，初中	租房	独女	GXSLQ
	女	外地农村	司机，小学	摆地摊，小学	租房	长女	GXSWLL
	男	外地农村	建筑工，小学	摆地摊，小学	租房	长子	GXSZL
	男	外地农村	送快递，初中	清洁工，小学	租房	长子	GXSXY
	女	外地农村	货车司机，初中	带孩子，小学	租房	长女	GXSSW

续表

学校	性别	生源地	父职及文化水平	母职及文化水平	居住类型	排行	编码
XC小学六六班	男	外地农村	企业普工，中专	卖福彩，中专	买房未住	独子	XCSFTH
	女	外地农村	大专，工人	小学，普工	租房	长女	XCSCML
	男	外地农村	司机，高中	小学，做木雕	工棚	老二	XCSYJY
	女	外地农村	给人拉砖，高中	工厂普工，小学	租民房	老三	XCSXWH
	男	外地农村	包工头，小学	带孩子，小学	租民房	长子	XCSHJF
	女	外地农村	装修工，初中	开超市，小学	租民房	长女	XCSJL
	男	外地农村	批发商，小学	开超市，小学	租民房	长子	XCSWRS

表1-2　　　　　　　　访谈中学学生基本情况

学校	性别	生源地	父职及文化水平	母职及文化水平	居住类型	排行	编码
JZ中学初二四班	女	外地镇上	开饭店，初中	帮工，幼师毕业	租套房	长女	JZSYXP
	男	外地农村	建筑工，小学	洗脚工，小学	租套房	长子	JZSHS
	男	外地镇上	医生，大专	物业管理，初中	买房	独子	JZSDF
	女	外地农村	包工头，初中	怀孕在家，小学	买房	长女	JZSCY
	男	外地农村	普工，初中	普工，小学	租房	独子	JZSCW
SZ中学初三二班	女	外地农村	普工，小学文化	打零工，小学	租房	长女	SZSKS
	女	外地农村	个体户，小学	种菜，小学	租房	长女	SZSCBL
	女	外地农村	司机，初中	种菜，小学	租房	长女	SZSWYX
	女	外地农村	开摩的，初中	工厂普工，初中	租房	长女	SZSLSS
	女	外地农村	种菜，小学	种菜，小学	租房	长女	SZSZSP
	女	本地农村	父逝，母改嫁	种菜，未读书	自建房	独女	SZSCSH
	女	外地	企管，高中	普工，初中	租房	长女	SZSLR
	男	外地农村	收破烂，初小	普工，小学	租房	老二	SZSLXL
	男	外地农村	西安打工，初中	普工，小学	租房	老大	SZSLHR
	男	外地农村	普工，初中	普工，小学	租房	老二	SZSHF
	男	外地农村	铝厂普工，小学	带孩子，小学	租房	老大	SZSLBY
	男	外地农村	砖厂上班，小学	砖厂上班，小学	租房	老二	SZSZZJ
	男	外地农村	建筑工，初中	临时工，小学	租房	老大	SZSHQ
	男	外地农村	工人，初中	包装工，初中	租房	老二	SZSKBB
	男	外地农村	装修，小学	食品厂普工，小学	租房	老大	SZSLJL
	男	外地农村	普工，小学	摆摊，小学	租房	老大	SZSYWJ

三 方法论的问题

本书拟在研究方法上运用比较研究法、生活史研究法以及个案拓展法。

1. 在选择个案时尽量注意代表性的问题，注意农民工子女与非农民工子女的比较。将拉鲁对美国工人阶级和穷人家庭子女教养方式的研究与我国这方面的研究结合起来，在比较分析后总结、借鉴经验。同时将农民工子女与当地学生进行比较，以留守儿童为参照，分析城市化、工业化背景下，农民工家庭文化资本的传递与子女学业表现的关系。从家庭语言、生活技能、知识诱导、教养方式以及家庭精神等身体化方面，比较家庭文化产品的种类与质量。研究农民工家庭与非农民工家庭在文化资本传递上的差异性和一致性及其背后因果机制，并进一步探索农民工子女学业发展的微观机制。

2. 生活史研究。生活史被定义为一种着力于再现个体一生或者某一阶段生活经历以及这种生活经历所反映出来的特定历史背景下的个人、组织以及社会主题的研究方法。[①] 它是通过洞察个人生活的现实与过程所进行的研究，它非常重视知识获得的个人生活根源、关注个人经验、情绪、价值与所知的关联。就本书而言，生活史研究的首要优点在于它有利于揭示农民工及其子女城市生活经历的历时性、复杂性和多层面性，以提供一个更为"真切"的局内人视角。否则，抛开农民工的生活轨迹来谈其家庭文化资本与子女学业发展的问题，很难获得其解释效度。

3. 个案拓展法。所谓拓展个案法，就是一种通过参与观察，将日常生活置于其他地方和历史性情境中加以考察的研究方法。它通过四步层层递进的拓展（从观察者拓展到参与者、时间和空间上的拓展、从过程拓展到力量、拓展理论），拓展个案法够很好地落实反思性科学的基本原则，使得干预、过程、结构化和理论重构成为可能。当然拓展个案法也有缺陷，那就是它会受到四种"权力效应"（支配、沉默、客体化及标准化）的限制。[②] 对拓展个案法而言，参与者与观察者之间的对话为

---

① Goodson, I. F., *Studying Teacher's Lives*, London: Routledge, 1992.
② ［美］麦克·布洛维：《公共社会学》，社会科学文献出版社2007年版。

收集数据提供了依据。本书拟在运用个案拓展法深入地参与到农民工随迁子女的生活世界当中。从家庭生活的参与观察，从与农民工子女的对话到对家长的深度访谈再到对学校老师的深度访谈，全方位了解农民工子女的生活世界，了解农民工随迁子女既有对知识的渴求同时又表现出的学业不良乃至对知识的抗拒这种矛盾产生的原因，理解家庭文化资本与学业表现的因果机制。

第二章　社会结构的转型与农民工子女教育

　　以户籍制度为基础的城乡二元结构塑造中国居民身份的差异，户籍身份不同导致城镇居民与农村居民的"国民待遇"的悬殊。1949年后，为了限制农村人口流向城市同时实现农村支持城市建设的需要，1958年国家出台《中华人民共和国户口登记条例》，将居民的户口分为城镇户口和农村户口。前者享有就业、医疗、养老保险、住房、子女教育等方面的"国民待遇"，后者付之阙如。城乡二元结构的形成过程伴随着城乡教育发展的不平等，使得城市教育发展优于并快于农村教育。以城市为倾向的教育政策的后果，造成乡村、镇以及城市居民受教育机会的不平等。因此，2006年以来，为推进教育的均衡化发展战略，针对农民工子女的"入学难"问题，中央相关部门出台了"两为主"的政策。据此农民工子女得以进入城市公办学校就读。进城农民工随迁子女的教育政策的演变过程反映了城乡二元社会结构下社会阶层的再生产过程。教育既是积累文化资本的过程，也是一种资源消耗的过程。处于生计压力下的农民工，其家庭文化资本的匮乏，使得农民工传递子女的文化资本能力处于弱势地位，影响了子女在公办学校的学业表现。本章以厦门市的 QX 学校、GX 学校 SZ 中学为例，分析农民工子女教育的政策演进及现状，为后文分析家庭文化资本对农民工随迁子女的学业表现的影响提供总体性背景。

第二章　社会结构的转型与农民工子女教育

第一节　社会结构的转型与农民工子女问题的出现

一　城乡二元结构的松动与农民工流动

中国把从农业向非农产业转移的劳动力称为"农民工"①。这一群体的产生与中国社会结构转型密切相关。当我国从农业社会走向工业社会、从计划经济转向市场经济、从封闭式社会转向开放型社会时，农村劳动力开始进入城市务工经商。20世纪80年代社会结构的松动为农民工（农民）进城务工经商提供了机会。家庭联产承包责任制的实施，调动了农民的生产积极性，生产效率得以提升，与此同时人民公社开始解体，农民流动获得了可能性机会。另外，乡镇企业的快速发展，释放了非农就业机会。再次是始于1984年的城镇体制改革，放宽了对城镇个体经济发展的限制，并对城镇商业服务业进行承包制改革，引发了体制外就业空间的发育和扩大。② 伴随着社会结构的变化，催生了一个"农民工"群体。他们就地参与本地工业，实现了"离土不离乡"的非农化转变，但是中国当时广大农村地区没有像苏南那样有发达的乡镇企业，"离土不离乡"无法满足广大农村劳动力的非农化需求，于是出现了数以万计的"离土又离乡"的外出农民工。20世纪70年代末农民已开始外出打工，但直到1984年农村外出就业人数不超过200万③。进入21世纪，农民外流规模不断扩大。据国家统计局农民工统计监测调查，截至2008年12月31日，全国农民工总量为22542万人，其中在本乡镇以外就业的外出农民工数量为14041万人，占农民工总量的62.3%；在本乡镇以内就业的本地农民工数量为8501万人，占农民工总量的37.7%。④ 2018年

---

① 李培林、李炜：《农民工在中国转型中的经济地位和社会态度》，《社会学研究》2007年第3期。
② 王春光：《农民工群体的社会流动》，载陆学艺《当代中国社会流动》，社会科学文献出版社2004年版。
③ 劳动保障部课题组：《关于农民工情况的研究报告之三：农民工就业服务和培训问题分析及对策建议》，《中国劳动保障报》2005年9月1日。
④ 国家统计局：《截至2008年末全国农民工总量为22542万人》，《中央政府门户网站》2009年3月25日，http://www.gov.cn/gzdt/2009-03/25/content_1268173.html。

我国农民工人数达到了2.86亿，较去年增长了1.7%。其中本地农民工人数为1.14亿，外来务工人数为1.71亿，随迁子女的人数超过2000万。目前农民工举家外出趋势明显，与配偶、子女共同流动的农民工约占外来务工者总数的60%，农民工人口流动已经进入以家庭化迁移为主要特征的阶段。[①] 在此背景下，农民工子女在城市融入过程中的教育问题越发受到关注。目前农民工随迁子女教育权利得到了较好的保障，上学难的问题有所缓解。

一方面，农村改革以后广大内陆省份的剩余劳动力有待转移；另一方面沿海地区的乡镇企业和三资企业的蓬勃发展，造成当地劳动力的短缺，对其他地方的农村劳动力产生了需求，所以，农村劳动力的"异地转移"的"离土又离乡"现象也就不可避免地出现[②]。当初，大量农村流动人口的异地转移模式是实现经济利益诉求的，他们的目标是沿海乡镇企业和外资企业发达的农村地区，如苏南地区、珠三角地区、温州地区和杭嘉湖地区、福建晋江地区等，后来才有大量农民工转向城市。近年来，农民工的长期流动和家庭化流动的趋势更为凸显。根据国家统计局对全国农民工监测调查统计，2010年、2011年、2012年举家外出的农民工数量分别为3071万、3279万和3375万，农民工家庭迁移已经成为未来人口流动的主要趋势，其随迁子女教育问题也更加突出。

二 进城农民工的市民化问题

进入20世纪90年代，转向城市寻找就业的农民工开始超过去发达农村地区寻找就业的人数。根据国家统计局2013年抽样调查结果，外出农民工中，住户中外出农民工13085万人，增加124万人，增长1.0%，举家外出农民工3525万人，增加150万人，增长4.4%。[③] 但是现行的户籍管理制度，使得农民工的户口身份转变受到限制，因此农民工还不能彻底地从农业劳动者向其他阶层流动。从职业来看，"农民工"是工

---

① 杨永贵、邓江年：《家庭化流动对农民工城市消费的影响效应研究》，《现代经济探讨》2017年第9期。

② 王春光：《中国社会政策调整与农民工城市融入》，《探索与争鸣》2011年第5期。

③ 中华人民共和国统计局：《2013年全国农民工监测调查报告》，《国家统计局》2014年5月12日，http://www.stats.gov.cn/tjsj/zxfb/201405/t20140512_551585.html。

第二章　社会结构的转型与农民工子女教育

人或服务业职工,但从身份上看,他们依旧是农民。农民工是国家经济改革政策的直接受益者,同时也是国家经济发展尤其是城市经济发展的直接贡献者,他们在受益与贡献中提升着自己的生活水平。由于我国特殊的国情和长期以来城乡二元社会经济结构的对立,目前农民工在现行制度下仍然不能享受与城市居民同等的权益和待遇。对于农民工而言,他们未能享受到城市公共服务,除了收入的因素外,更深层次的原因是城乡二元分割、地区分割等制度和政策。① 截至 2012 年,我国常住人口统计的城市化率达到 51%,但是,具有非农业户口的居民比重只有 35%。② 这个数据表明,数以万计的农民工享受不到城市的公共服务,包括子女在城市的义务教育问题。农民工虽然可以在城市务工经商获得经济收入,但其享受城市公共服务的需求得不到满足,这自然带来"市民化"问题③。农民工的市民化不仅仅是其职业身份的转变和居住空间的转移,更是农民社会文化属性与角色内涵的转型过程和各种社会关系的重构与城市社会生活再适应的过程。④ 社会转型时期农民工流动的特征:人口流动不仅数量多、规模大,而且他们跨省区流动向东南沿海倾斜、向经济发达地区集中,往往从农村到城镇。他们从起初进入城市是为了谋求生计,常年在外务工经商为了获得更多的经济利益,到后来举家迁移就是为了在城市获得更好的工作生活。但是,由于户籍身份的限制,农民工的身份和地位与城市居民相比有着巨大的差距,即农民工享受不到城市居民所能够享受到的城市基础设施和各种社会保障与福利待遇。由于"农民身份",他们被当作"末等公民"生活在城市社会的边缘。这种"末等公民"身份限制了的农民工市民化水平,特别是与城镇居民相比,农民工在就业、居住、社会保障、子女教育等方面的权利待遇处于边缘化状态。而子女教育的权利是农民工随迁子女成功融入城市的关键。从张翼等人对农民工随迁子女受教育问题调研情况来看,辍学

---

① 韩长赋:《中国农民工发展趋势与展望》,《经济研究》2006 年第 12 期。
② 蔡昉:《以农民工市民化推进城镇化》,《经济研究》2013 年第 3 期。
③ 王春光:《中国社会政策调整与农民工城市融入》,《探索与争鸣》2011 年第 5 期。
④ 文军:《农民市民化:从农民到市民的角色》,《华东师范大学学报》(哲学社会科学版)2004 年第 3 期。

率达到 0.68%，毕业肄业率 0.53%；10.60% 的农业户口（农民工）随迁子女只能在打工子弟学校或私立学校入学。进入公办学校的农民工子女有 16.47% 被独立编班。① 农民工随迁子女的教育问题因其户籍身份导致"入学难"，而且在教育过程中由于家庭的流动性，学业延续的诉求难以实现。

三 社会转型中的农民工子女的教育问题

在原有城乡二元结构下，城乡义务教育体系呈现体制性断裂②，农民工携带子女自发地进入未经审批的流动儿童学校接受教育。20 世纪 90 年代初，广东开始出现民办农民工子弟学校。当时城市公办学校拒绝接收也无力接收流动儿童接受义务教育，农民工子弟学校的出现满足了广大农民工阶层子女教育的需求。到 2000 年前后，全国 14 周岁以下流动儿童约有 1400 万人。③ 截至 2009 年，中国农民工随迁子女数量达到 1400 多万。④ 由于受到户籍制度的影响，农民工在城市接受教育的问题凸显，如遭遇公立学校入校门槛、打工子弟学校无办学资格且条件差等，这些问题近年来受到社会各界的广泛关注。⑤

农民工随迁子女教育不仅仅是一个教育问题，更是一个社会、经济和政治问题，该问题关系到农民工工作的积极性、我国未来劳动力资源的发展，更关乎制度的公平公正和社会和谐稳定，逐渐引起了国家和地方政府重视与回应。2003 年以来，中央政府高度重视民生问题，强调教育公平，特别重视进城务工农民随迁子女接受义务教育问题，并出台了

---

① 张翼、周小刚：《我国流动人口子女受教育状况调查报告》，《调研世界》2012 年第 1 期。
② 邵书龙：《国家、教育分层与农民工子女社会流动：Contain 机制下的阶层再生产》，《青年研究》2010 年第 3 期。
③ 周潇：《劳动力更替的低成本组织模式与阶级再生产——一项关于流动/留守儿童的实地研究》，博士学位论文，中国社会科学院研究生院，2011 年。
④ 李菲：《流动儿童逾 2700 万》，《新华每日电讯》2010 年 11 月 21 日；车辉：《农民工随迁子女就读难凸现》，《工人日报》2009 年 12 月 3 日；柯进：《流动人口子女如何融入城市》，《中国教育报》（第二版）2010 年 12 月 13 日。
⑤ 徐丽敏：《农民工随迁子女教育融入研究：一个发展主义的研究框架》，博士学位论文，南开大学，2009 年；周潇：《劳动力更替的低成本组织模式与阶级再生产——一项关于流动/留守儿童的实地研究》，博士学位论文，中国社会科学院研究生院，2011 年。

一系列关于解决好进城务工农民有关问题的文件。① 农民工子女教育经历了最初的拒绝排斥,到有限接纳,到如今的基本融合等一系列艰难的历程,同时也是一个逐渐走向包容性发展的过程。根据国家的相关制度,各地政府也形成了本地关于农民工子女教育的治理逻辑和实践模式。从20世纪90年代初期至2013年,国家对打工子弟学校,也经历了一个从"限制、打压"到"不承认也不取缔"再到"部分承认甚至帮扶"的过程②。就厦门市集美区而言,1993年针对农民工子女的流入,自发形成15家农民工子弟学校,有些农民工子弟学校在办学过程中因为基础设施、师资力量、生源等方面的问题,或自发停办,或被教育局取缔,截至2013年9月,厦门市集美区存有5家比较规范的农民工子弟学校,依次是英贤学校(侨英校区)、英贤学校(杏林校区)、康德学校、安仁学校和杏美学校。

第二节 农民工随迁子女的教育问题

一 农民工子女教育的城市化

(一)农民工的市民权诉求

从市民权的视角看,对于那些从农村流动进入城市的农民流动者(农民工)来说,问题不仅仅是暂时缺乏由国家提供的维持日常生计所必需的条件,关键是没有城市户口,农民工根本无"资格"(ineligible)享有城市中的市民权利,被排斥在城市居民所享受的与生俱来的"自然

---

① 2003年9月30日,国务院办公厅转发教育部等六部委《关于进一步做好进城务工就业农民工子女义务教育工作的意见》中规定:"进城务工就业农民流入地政府负责进城务工就业农民子女接受义务教育工作,以全日制公办中小学为主。地方各级政府特别是教育行政部门和全日制公办中小学要建立和完善保障进城务工就业农民子女接受义务教育的工作制度和机制,使进城务工就业农民子女受教育环境得到明显改善。"2006年3月27日颁布的《国务院关于解决农民工的若干意见》规定:"输入地政府要承担起农民工同住子女义务教育的责任,将农民工子女义务教育纳入当地教育发展规划。"教育部2007、2008年工作要点中都明确规定要"以流入地政府为主、以公办学校为主,保障进城务工人员子女平等接受义务教育"。2008年8月12日《国务院关于做好免除义务城市义务教育阶段学生学杂费工作的通知》正式发布,明确要求"切实解决好进城务工人员随迁子女就学问题",重申"两为主"原则。

② 周潇:《劳动力更替的低成本组织模式与阶级再生产——一项关于流动/留守儿童的实地研究》,博士学位论文,中国社会科学院研究生院,2011年。

权利"之外。① 虽然中央政府在解决农民工问题上"放权放责",但是国家层面整体不废除户籍制度的原则,只是敦促地方政府自行解决农民工问题,"保障农民工权益"。然而由于地方城市政府的自利自保倾向,其有限的户籍制度改革总是从自身的利益需要出发,因而不可能使"农民工权益问题"得到真正的解决。同时,"农民工"身份被建构和被认同认可,构成了现有"农民工"制度的合法性基础,而且影响了农民工的权利意识和利益表达行动。② 王小章认为,那种主张只要改变户籍身份,消除了城乡分隔的户籍制度,"农民工"就能获得某种标准的公民权或公民待遇的看法,是值得质疑的。在他看来根本就不存在所谓的标准的公民权,所以更不存在与户籍身份有着必然的、稳定的联系的标准公民权或公民待遇。③ 中国现行的以户籍制度为载体的城乡二元结构制约了农民工市民权诉求的实现,而农民工市民化也是逐步实现"国民待遇"的过程,其中保障农民工随迁子女的受教育权是促进农民工子女融入城市社会的有效举措之一。换言之,仅仅从排斥与承认角度,保障农民工公民权,不如从农民工的现实处境探讨如何保障农民工随迁子女的教育权利,并为农民工子女争夺在城市公平发展的机会,实现农民工子女的市民化的诉求更为迫切而又必要。

(二) 保障农民工随迁子女的教育权利

从农民工随迁子女群体的生存与发展境遇看,受教育保障权、居住条件保障权、最低生活保障权、医疗保障权和公共服务保障权,是他们实现社会融合所必需的"市民化"权利内容。④ 其中保障农民工随迁子女的受教育权利,是帮助他们融入城市主流社会的主要途径。义务阶段的农民工随迁子女在年龄上一般介于6—16周岁。近年来,农民工随迁子女平等接受义务教育的机会,即"有书读"受到的关注度较高,制度

---

① 王小章:《从"生存"到"承认":公民权视野下的农民工问题》,《社会学研究》2009年第1期。
② 陈映芳:《"农民工":制度安排与身份认同》,《社会学研究》2005年第3期。
③ 王小章:《从"生存"到"承认":公民权视野下的农民工问题》,《社会学研究》2009年第1期。
④ 韩世强:《农民工随迁子女的权利保障研究》,法律出版社2012年版,第3页。

供给的力度相当大,关键在于政府的执行。① "以流入地政府管理为主,以城市公立学校接收为主"政策不是一次性决策的产物,而是经历了长时间对问题认定、议题创立到政策制定和反馈的较长演变。② 从2003年国务院办公厅转发教育部等六部委的《关于进一步做好进城务工就业农民工子女义务教育工作的意见》,到2006年颁布的《国务院关于解决农民工的若干意见》,一致强调"流入地政府要承担起农民工同住子女义务教育的责任,将农民工子女义务教育纳入当地教育发展规划"。据此,教育部2007年、2008年的工作要点再次重申"流入地政府为主、以公办学校为主,保障进城务工人员子女平等接受义务教育"。因此"两为主"不是一例单项决策,而是涉及农民工子女如何接受义务教育的全方位系列"政策群"。从立法层面,2006年新修订的《中华人民共和国义务教育法》明确规定,国家对农民工随迁子女实施义务教育,与居住地儿童享受同等的"国民待遇",农民工随迁子女的义务教育由流入地政府负责,这从立法层面明确了农民工随迁子女义务教育的责任主体。根据国务院办公厅及教育部的政策规定,2006年厦门市政府及相关部门根据国务院办公厅转发教育部等部门《关于进一步做好进城务工就业农民子女接受义务教育工作的通知》及《国务院关于解决农民工问题的若干意见》精神,出台系列关于落实进城务工就业农民子女接受义务教育工作的文件规定③,公办学校在确保本市户籍适龄少年儿童按时入学接受义务教育的前提下,应尽力挖掘办学潜力,努力扩大接收进城务工就业农民子女就学的学校数量。凡经教育部门统筹安排进入公办学校就学的进城务工就业农民子女一律免收借读费。然而,"流动性"对流动人口数量急剧增加和分布相对集中的城市带来的压力十分巨大,由于地方政府执行新法是一项"没有新资源"的负担,流入地政府在利用既有资源执行新《中华人民共和国义务教育法》过程中往往会陷入资源困境。④

---

① 韩世强:《农民工随迁子女的权利保障研究》,法律出版社2012年版,第9页。
② 邵书龙:《国家、教育分层与农民工子女社会流动:Contain 机制下的阶层再生产》,《青年研究》2010年第3期。
③ 《厦门市人民政府办公厅关于进一步落实进城务工就业农民子女接受义务教育工作的意见》(厦府办〔2006〕285号);《厦门市教育局关于进一步规范农民工子女入学工作的通知》。
④ 韩世强:《农民工随迁子女的权利保障研究》,法律出版社2012年版,第10页。

2012年7月对厦门市农民工随迁子女教育的调查发现，有相当部分农民工子女无法进入公办学校读书，只能进入农民工子弟学校就读。由于农民工子弟学校的师资力量、基础设施、办学水平都比较低下，一些农民工随迁子女的家长担心孩子前途被耽误，只好将稍大一点孩子转回老家就读。2014年，集美区除集美小学、集美二小、曾营小学、厦门实验小学集美分校、康城小学等五所学校因户籍人口多，不招进城务工人员随迁子女外，其余的38所公办小学、5所民办小学最大限度提供新生学位。2015年乐海小学、杏东小学等学校也不再接收非户籍的外来工子女入学。但由于进城务工人员的适龄儿童数流动性大，难于预测数量，学位供给难于满足需求。对于那些未能如愿进入集美辖区内公民办校就读的进城务工人员子女，相关部门深感遗憾，他们希望不符合条件的家庭尽早把孩子送回原籍，确保适龄儿童受义务教育的权利。[①] J区2014年小学积分入学电脑派位空余学位5538个，其中公办小学学位4538个，民办小学学位1000个。进城务工子女申请人数有10000多人，也就是说有5000多人能够成功申请到学位，包括1000多人进入民办学校就读。

因此，农民工随迁子女在城市进入公办学校接受教育的机会弱于城市居民的子女。农民工子女因其父辈的"原有的经济生活基础"较弱，无论是入学门槛的设置，还是划片制度的实施，这使他们在流入地进入城市公办学校接受教育陷入"contain机制"[②]，导致他们只能接受边缘化的学校教育。虽然国务院和教育部要求各地政府以"两为主"（以公立学校接纳为主，以流入地为主）为依据，但是这一政策在地方上难以落实。但有些地方无法或不愿承担流入儿童的教育成本。各地优质教育资源持有量不同，优质教育资源是当地财政多年扶持的结果，是当地居民的独享利益，外来的农民工很少能共享。所以在制定接收农民工子女入学门槛的时候，地方政府会考虑其他地区的经验，唯恐降得太低，成为

---

① 资料来源：《集美区2014年秋季进城务工人员随迁子女小学一年级积分入学办法计算指南》。

② 即使"两为主"政策能够保障外来工子女在流入地接受义务教育的权利，但是流入地城市的优质教育资源优先向户籍常住人口子女开放，而且在入学方面除了积分入学，还要户籍证明和房产证明。邵书龙：《国家、教育分层与农民工子女社会流动：Contain机制下的阶层再生产》，《青年研究》2010年第3期。

汇流的盆地，从而造成难以承受的负担。①

如何保障农民工随迁子女"读书好"呢？从《中华人民共和国宪法》《中华人民共和国教育法》《中华人民共和国义务教育法》等确立的公民"受教育权平等"原则来看，"读书好"是指所有适龄儿童都应当无差别、无歧视、无缺陷地完成完整的义务教育学业，即不仅要实现就学机会平等，而且更需要强调整体上的学习过程平等②。问题是就学机会不平等必然导致学习过程的不平等。就农民工随迁子女知性和身性的软弱状态来看，即使进入城市公办学校就读，处于生计压力下的农民工对子女教育的卷入也显得力不从心。而且他们多数或在城乡边缘廉价房居住，或住临时工棚，开小饭馆、小商铺的白天开门做生意，晚上关门全家在铺内搭板睡觉。农民工子女如此的学习环境，与城里孩子相比，有着天壤之别。③农民工及其子女在城市的弱势地位，导致他们在城市早熟、自卑和失落，其心理也被边缘化，农民工子女总是自觉地把自己划为城市中地位较低的群体，并有这样的群体认同感，在这一群体中，自我封闭。

二　厦门市农民工随迁子女的学校教育

J区目前普通公立中小学外来工子女数量已经超过本地居民子女。在本书所调查的Q学校外来工子女数量比例基本达到90%、GX学校外来工子女数量比例基本达到88%，S中学（农村初级中学）外来工子女数量比例基本达到80%，这表明农民工随迁子女上学之路在经历了十年的困顿之后，终于得到了很大程度的改观和缓解。当前，农民工子女教育的入学公平问题正逐渐得以解决；但其发展公平问题的解决却显得相对滞后。④由于先天的家庭教育导致的文化资本积累不足，以及学校自成一体的教学体系决定了他们受到的教育并不平等。文化资本可以与经济资本、社会资本进行相互转化，渗透到学校教育的分类、选择与评价

---

① 杨继绳：《中国当代社会阶层分析》，江西高校出版社2013年版，第171页。
② 韩世强：《农民工随迁子女的权利保障研究》，法律出版社2012年版，第13页。
③ 杨继绳：《中国当代社会阶层分析》，江西高校出版社2013年版，第172页。
④ 林宇：《家庭文化资本与农民工子女成就动机内驱力》，厦门大学出版社2011年版，第47页。

过程。至此，学校不仅以知识场域的形式出现，而且作为知识场域与社会权力的一种表现形式存在于社会中，成为文化再生产的重要场所①，而这些不平等主要通过学校教育体系以及教育实践者得到体现。从学校教育体系上看，布迪厄认为学校课程设置是建立在其筛选分类的基础上的，学校不是存在于真空之中的，而是与社会文化有紧密联系的，而且他反对鲍尔斯、金蒂斯认为的学校简单镜式地反映社会。他认为在强有力的经济和政治的影响下，学校是有一定自治权利的机构，能做出能动反应，学校使符合统治阶级的兴趣、价值观和品位的某些语言和教科书合法化，通过这种方式再生产文化的社会关系，即潜藏在文化背后的权利、利益关系。② 所以学校体系本质是使用特殊的语言结构、权威模式、类型的课程、测试和课堂实践。

（一）农民工子女的入学门槛

根据《厦门市人民政府关于进一步做好进城务工人员随迁子女义务教育工作的通知》（厦府〔2014〕65号），厦门市教育局出台《厦门市进城务工人员随迁子女小学积分入学办法指导意见（暂行）》，对于外来工子女的教育诉求按照积分入学的办法来应对。教育局为实施积分入学的办法，为外来工子女设置了入学的条件，需四证齐全。③ 实行积分制入学是应对农民工子女日益增长而采取的一项措施。积分制满分110分，分析其组成部分，不难发现，农民工家庭积分越高，其子女进入公办校的概率越大。农民工随迁子女入学积分构成：基础分30分＋实际工作生活积分70分＋附加分10分＝110分。另外随迁子女父母：一方作为主申请人，用以计算基础分和实际工作生活积分，满分100分；另一方作为附加分申请人，满分10分。基础分即要居住满1年以上，积分30分。

---

① ［法］布迪厄、帕斯隆：《再生产——一种教育系统理论的要点》，邢克超译，商务印书馆2002年版。

② 孙小红：《从文化资本到符号暴力——谈布迪厄的教育观》，《淮南师范学院学报》2004年第6期。

③ 随迁子女父（母）在厦门务工、连续暂住和最近参加我市社会保险的年限达1年（含1年）以上。其中，申请在思明区、湖里区参加积分入学的随迁子女父（母）在厦门务工、连续暂住和最近参加社会保险的年限要满2年；符合计划生育政策。随迁子女父（母）符合在厦门务工、暂住和参加我市社会保险的年限要求，虽违反计划生育政策，但已接受处理的，可视同符合基本条件。

实际生活条件分满分70分，包括暂住年限12分＋参保情况24分＋购房情况20分＋工作生活两一致9分＋计生5分。附加分根据暂住情况和参保情况来计算。① 同时农民工随迁子女要符合计划生育政策，计生证明将本次申请就学一年级的随迁子女分为一、二、三类。一类是符合计划生育政策生育的；二类是违反计划生育政策生育，但已接受处理的；三类是违反计划生育政策生育，未接受处理的。在满足这些条件的基础上，按照就近入学原则，根据居住片区和原有的生活基础实行积分入学原则。

"学校资源的配置主要根据常住人口数量，2013年起，集美一小、集美二小、曾莹小学、康城小学，实验小学灌口分校等学校，由于房地产开发的原因，学位紧张，该校原则上只接受截至申请时在学校招生片区内购置商品房的随迁子女入学申请，其余进城务工人员随迁子女应选择其他学校参加积分入学电脑派位"②。农民工随迁子女就读公办学校通常有这样一个过程：首先是一些公办学校本身存在本地生源不足的问题，而后才会被安排或主动接收农民工子女就读。事实上，很多本地家长希望孩子所在学校接受本地孩子作为同伴群体。如果班级过多接收农民工随迁子女，一些本地家长会想方设法通过转学或者择校的方式将其子女送入更高质量的学校接受教育。因此，农民工随迁子女很难进入质量较好的学校。只能进入城乡接合部的公立学校，当这些学校向农民工子女开放后，本地家长会想方设法为其孩子转学。倘若是中学，家长则会在孩子小升初时放弃派位而择校。本地学生的转出或择校使得原来本地生源不足的公办学校本地生源进一步减少，为维持学校运转③，学校必须招收农民工子女。于是，在城市公立学校系统中逐步形成了完全本地生源或以本地生源为主以及以农民工子女为主的两类公立学校的格局，后者在校生中农民工子女数比例通常超过本地学生，有的甚至高达90%。

（二）农民工子女教育分流

外来工子女教育从居住片区就开始分化，以J区QX学校教育为例进

---

① 暂住情况积分公式：（公安暂住数据计算到8月31日）÷360天/年×1分/年；参保情况积分公式：（社保缴交数据计算到8月31日）÷360天/年×1分/年。
② 对J区教育局副书记P的访谈（20141208）。
③ 学校的管理经费的划拨根据学生数，厦门市教育局规定，公办中小学每招一名学生，财政补助1260元。

行分析。QX 学校招收叶厝、浒井、东安居委会（同集路路西、含祥和雅筑）等户籍内学生、符合条件的进城务工人员随迁子女（部分）。重点学校位于中心城区，一般房价较高、租金较贵、生活设施齐全，农民工自身经济基础难以支撑，因而农民工多为选择城中村、城乡接合部，这里环境嘈杂、生活设施匮乏、房租低廉、居住条件简陋，而这类学校等级不高、办学质量差、师资水平有限，学校文化积淀薄弱。因而外来工子女进入哪一类的学校由其居住片区来划分，教育局在积分入学的原则下，根据其原有的生活基础对农民工随迁子女的教育诉求进行应对和满足。因此，家庭经济条件好、居住位置优越，社区环境较好的农民工子女，可以被划到优先的片区，从而有利于进入较高质量的学校。居住在边缘化的社区使得农民工随迁子女只能进入质量较差的公办小学，在小升初时，按照划片原则只能进入办学质量较差、学校等级较低的中学。QX 学校位于 J 区北部的城乡接合部。2014 年 QX 学校学生毕业生有 307 人，升初中只能进入第二片区乐安中学的 154 人、滨水学校的 153 人，而 J 区质量较高的 JZ 中学、厦门十中，这个学校的毕业生却没有机会进入。其实，在每年的小学招生之前，教育部门在为本地居民的子女留足学位的基础上，再进行划片，然后实行积分入学的原则，并且为外来工子女入学设置一些门槛，例如四证齐全。

表 2-1　　2014 年厦门市部分公办小学、初中招生划片一览表

所属片区	学校	招生范围	备注
集美区第一片区	集美小学	浔江路西自南向北与集源路交界处—集源路南自西向东与浔江路交界处—盛光路西自北向南至集源路交界处—诚毅路南自西向东与印斗北路交界处（含水产学院）等户籍内学生。	因学位紧张，该校原则上只接受截至申请时在学校招生片区内购置商品房的随迁子女入学申请，其余进城务工人员随迁子女应选择其他学校参加积分入学电脑派位。
	集美二小	浔江路东自南向北至集源路交界处—集源路北自东向西至盛光路交界处—沿盛光路东往北至诚毅路交界处（水产学院除外）—诚毅路北自东向西至同集路—同集路以东至乐海路、乐海路以南的本区户籍学生。	同上

续表

所属片区	学校	招生范围	备注
集美区第一片区	乐海小学	乐海路以北、同集路以东（泉水湾、古龙御景、海聚天下、集安广场等小区）凤林居委会、东安居委会部分（同集路路东）、天马种猪场职工子女等本区户籍学生、符合条件的进城务工人员随迁子女（部分）。	从2015年秋季，只接受截至申请时在学校招生片区内购置商品房的随迁子女入学申请。
集美区第一片区	QX学校	叶厝、浒井、东安居委会（同集路路西）（含祥和雅筑）等户籍内学生、符合条件的进城务工人员随迁子女（部分）。	本次调查学校
集美区第三片区	曾营小学	曾营居委会、纺织居委会部分（具体路界：文华路至高浦路以西、杏南路至杏北路以东）建昌花园和银杏花园等户籍内学生。	因学位紧张，原则上只接受截至申请时在学校招生片区内购置商品房的随迁子女入学申请，其余进城务工人员随迁子女应选择其他学校参加积分入学电脑派位。
集美区第四片区	康城小学	康城社区、前场社区（市尾、瑶山、石厝除外）户籍内学生。	同上
集美区第五片区	实小分校	灌口第一社区、灌口第二社区、黄庄居委会、双乐社区、上头亭居委会、铁山居委会及浦林村的潮瑶、刺林内、林坑、杜岱村4个自然村等户籍内学生。	同上
湖里区殿前街道	GX学校	社区的殿前社、中埔社、北站社区、神山社区等户籍内学生、符合条件的进城务工人员随迁子女（部分）。	本次调查学校
同安区滨海新城	XC学校	1. 潘涂社区三落里、前宅里、向东里、下栏里、四口灶；2. 洪塘头社区：霞阳一里、霞阳二里（孤单厝）、蔡店；3. 原乡园墅小区、海尚国际小区等户籍内学生、符合条件的进城务工人员随迁子女（部分）。	本次调查学校
集美区	JZ中学	集小、二小、乐海小学（3所）主要是集美街道户籍、同集路以东侨英街道户籍、暂住证为集美中学片区的非本市户籍学生。	本次调查学校
集美区	SZ中学	灌口中心、坑内、田头、双岭、李林、东辉、军民（7所公办）、润泽（民办）、安仁（民办）。	本次调查学校

59

(三) 调查的农民工子女学校概况

1. QX 学校

QX 小学位于厦门市集美区后溪叶厝村 178 号。QX 小学位于集美区北部工业区的侨英街道叶厝境内。集美区为传统的农业区，1989 年和 1992 年杏林和集美两个台商投资区建立后，集美区工业异军突起，推动全区经济快速发展。集美区下设四街（杏林、集美、侨英、杏滨）。两个乡镇（灌口镇和后溪镇）。侨英街道境内原为农村，随着开发区的建设和发展，侨英境内耕地已被全部征用，农业已从国民经济中退出，实现了从农村到城市、农民到市民的历史性转变。但是并未完全成功地城市化，侨英街道的霞梧、叶厝、东山、浒井等城中村就是一个特例。由于没有统一的规划和管理，环境脏乱、人流混杂、治安混乱、基础设施不配套、游离于城市管理体制之外，其主街道两旁矗立着高大的楼房，这些楼房并不是那些都市中较现代化的建筑物，多是私人拥有的楼房，很多房东以非法出租的形式得到利益。放眼望去，这些楼房的墙面上都贴着住宿、房屋出租等字样的广告牌，拐进小巷内，依然能见到不少类似的标志，高大的楼房内有很多用于出租的小房间。QX 小学附近的租用房较多且廉价，很多外来务工人员选择租住在这里，他们的总体生活水平较低。2009 年在校学生规模 1400 人，2014 年 QX 学校空余学位有 252 个[①]（2014 年被确认为"集美区中小学科技教育基地校"）。现在该校每个年级有 7 个班级，每个班级 45 名学生。一共 42 个班级，约 1900 名学生，外来工子女比例占到 90% 以上，成为"农民工子弟学校的代名词"。按照集美区教育局小学划片招生、积分入学的原则，该校主要招收外来工子女。学校附近工厂较多，例如电子厂、服装厂以及 TDK。农民工多在附近的工厂、企业就职，从事低端技术的工作。

GX 中心小学。GX 小学位于殿前的城乡接合部，处于次偏远地区，交通不便，周边环境较差，留不住优秀教师。现在，青年教师超过教师总数的一半。刚从高校毕业的新教师居多，虽然他们拥有热情，拥有闯劲，但经验不足，缺乏骨干教师的示范与引领。目前，学校拥有 34 个教

[①] 来自 2014 年集美区教育局关于小学积分入学电脑派位空学位情况公示，可以接受 252 个外来工子女。

学班，学生1700多名。学校外来工的子女比例为88.3%，现在有34个班级，一至五年级各有6个班级，目前六年级有4个班级。① 随着班级数的扩容，教师缺编数越来越大，婚育高峰期来临，教师的稳定性也越来越差，每年光找代课老师保持教学稳定也成了学校一项中心工作。师资力量的匮乏，尤其是缺少名优教师的辐射，阻碍了青年教师成长和学校发展。农民工一家三四口人挤在窄小的出租屋里，学习条件差。农民工随迁子女家庭教育的缺失影响其学业表现，因为大多数农民工家长忙于生计，对子女关注的时间少，教育参与处于忽略或失语状态，影响了子女的学业表现。大部分学生的学习、行为习惯差，给学校的管理及教学质量的提升带来了困难。

同安 XC 小学是一所同安区直属公办小学，学校位于环东海域金都海尚国际与恒亿尚品湾两个楼盘之间，面朝大海，背靠同安区美林中学，毗邻滨海西大道与 BRT 交通枢纽站，环境优美，交通便利。学校的硬件建设②按照厦门市较高标准来配备各种教学设施③，学校设计最大规模为36个班。④ "2013年9月开始办学，主要招收本地农村学生和外来工子女。学校80%的学生为外来工子女。学校现有学生400多名，服务片区主要有潘涂社区中三落里、前宅里、向东里、下栏里、四口灶5个社区，洪塘头社区中霞阳里、孤单厝、蔡店3个社区，海尚国际小区、原乡园墅小区，潘涂社区周边外来务工人员随迁子女等。由于学校刚开办1年多，他们大部分都是从民办学校或老家转过来的，生活习惯和行为习惯与本地孩子相比有很大的差异，他们大部分都需要一个学期的适应期。这个学校是新学校，主要培养孩子的学习习惯和行为习惯，成绩教育是孩子学习的一部分，毕竟这些孩子大多数是新转学的，对他们习惯的培

---

① 对 GX 学校原教务主任 Z 老师的访谈（20140330）。
② 学校校园占地面积 30983.31 平方米，建筑面积 13404.53 平方米，共建有5栋教育教学用房，其中2栋四层教学楼，1栋四层辅助教学楼，1栋六层行政办公楼，1栋二层体育馆（含食堂）等。
③ 配有多功能会议室、多媒体教室、计算机室、电子阅览室、音乐室、舞蹈排练厅、实验室、科技活动室、劳技室、图书馆、室内体育运动馆等，普通教室配备2600流明的液晶投影、一体化多媒体电子白板绿板组合设备。室外配套塑胶运动操场、篮球场、排球场、塑胶器械区、跳远区和掷铅球区等，环境优美，设施齐全。
④ http://www.ganji.com/gongsi/21264151/。

养是关键,至于成绩我觉得只要孩子综合素质上去,能全面发展就好了。现在孩子早熟,班里学生因为学习不好厌学、家长批评几句就离家出走9天。有些学生不想学习,早恋现象比较突出。这种风气影响其他学生的学习心思。再说在同安的小学中,我们学校从硬件上来说是一流的,学校景色漂亮,交通便利。大部分老师都是新毕业的专职老师,在自己的专业岗位上教书,不能兼职。这比其他学校的师资好一些,但是新老师缺乏教学经验。"①

SZ中学系农村初级中学,位于灌口镇SZ村,现有27个班级,其中75%的学生是外来工子女。SZ中学属于农村学校(集美原有两个农村学校,一个是SZ中学,一个是后溪中学,现已并入杏南中学)。由于校舍面积不足,办学层次提升困难。1993年SZ中学因为外来流动人口增多而建校,1999年以前学校教师以中专、大专为主,1999年以后教师以本科为主(含进修),教师的职称结构以中低级为主,目前高级职称的教师6人,无特级教师。正式编制教师50多名,编外教师27名。目前班级情况,初一10个班,初二9个班,初三8个班,初一招生516人,初三403人,初二462人。按照中考招生制度的要求,学生有三年完整学籍,并且家长三年连续年缴社保。但有些学生由于其家长在厦门没有连续缴社保,初中毕业后他们不能参加中考。因此他们在上完初二时就转回老家了,每个班约有5名学生属于这种情况。还有一些家长觉得这里教学质量不高,在孩子上初三的时候,他们回老家读书参加中考。SZ中学的生源,大部分是小学在这里读的学籍生,还有一部分是民办小学安仁学校的毕业生,SZ中学每年拿出50个名额招收民办学校的毕业生。这些民办学校的生源学习成绩很差,行为习惯和生活习惯较为糟糕,升入中学以后,学习依然不好,也给学校管理和班级管理带来困难。SZ中学部分"后进生"都是小学时候成绩不好的,尤其是民办小学的学生,进入初中以后,他们上课听不懂,作业都难以完成。针对这种状况我们老师找他谈话,做一些心理咨询与辅导,因材施教。在教学方面,学校采取措施,分为A型和B型教学②(具体内容见第三章第一节)。

---

① 对校长助理Z老师的访谈(20141129)。
② 对S中学教务主任XL老师的访问,2014年12月1日。

JZ中学是由爱国华侨陈嘉庚先生于1918年创办的一所中学，历史悠久，被誉为"中国名校"。JZ中学系福建省首批重点中学、省一级达标学校、省文明单位、省素质教育先进校、省德育基地、省校园安全先进校。被尼克松总统誉为"世界上最美丽的学校"。JZ中学的生源主要有集美小学、集美二小、乐海小学3所学校，招生片区主要是集美街道户籍、同集路以东侨英街道户籍、集美中学片区的非本市户籍学生。每年投入百万引进名师，师资雄厚，现有教职工255人，其中特级、高级教师近90人，省级以上学科带头人和骨干教师30多人。还常年聘请外籍教师和著名专家、教授上课、讲学。多年来，高考中考成绩不断突破，高考上线率100%，本科上线率超过90%。① 该校办学历史悠久，教师教学经验丰富，学校的学风比较浓厚，文化积淀扎实，办学质量较高，其他学校暂时不能与之相比。② 学校广纳贤才，面向全市招生，面向全省招生，面向海内外招生，培养适应社会、顺应时代、面向未来的接班人和建设者，现有在校生3200多人。受党中央、国务院委托，2005年起在全省首办"新疆内高班"。每年中考成绩为集美、海沧两区第一名。教师队伍来自全国21个省、市、自治区，高级教师从1999年的21人发展到2008年的90余人；其中，硕士学位从无到有，发展到今天的20余人，69人研究生课程班结业；特级教师从2人发展到4人；现有省级学科带头人7人，市级学科带头人7人。2人被评为厦门市首届杰出教师，1人被评为全国模范教师，1人被评为全国巾帼建功优秀。③

---

① 资料来源：http://baike.haosou.com/doc/6790494.html。
② 对教育局副书记P的访谈。
③ 资料来源：http://baike.haosou.com/doc/6790494-7007107.html。

第三章 农民工子女学业表现的感知与评价

学校教育针对对象群体形成一套统一的标准,为了实施明确的制度标准强化对纪律的约束,而家庭针对孩子的个性需求,是更加感性的生活世界,直接指向生命的自然状态。① 因此,学校是实施专业性教育的场所,以传递知识与文化为社会设置的方式,以整体性的标准规训学业表现,而家庭教育侧重于亲子互动中的个体性、针对性和细致性,因为在家庭生活中,不同家庭在情感能量、文化知识及时间精力上的差异影响着子女的学业表现。本章着重从农民工随迁子女学业表现的感知、学业评价以及家庭教育实践等方面,分析农民工随迁子女的学业表现问题。

第一节 农民工随迁子女学业表现的感知

在中国,父母的社会经济地位与子代的学业发展的关系较为紧密。家庭文化资本对子女学业表现的影响及对学生的评价主要依靠标准化的考试成绩,以及父母投资于孩子的学习监管、孩子的学习习惯形成和信念等因素。因此本节从学习成绩入手,分析农民工随迁子女学习成绩的分化,并对影响随迁子女学习成绩的作业完成情况,学习习惯问题及学习信念的差异进行分析。

---

① 刘谦等:《家庭教育与学校教育互动的文化机理初探——基于对北京市农民工随迁子女教育活动的田野观察》,《教育研究》2012年第7期。

一 学习成绩的分化

（一）考试分数

小学阶段学校文化课多为基础知识，50%①以上的农民工具有初中文化程度。因此，多数农民工具有一定的为子女辅导学业的能力，所以农民工随迁子女在小学阶段还能跟得上课程进度，大部分能够及格。但进入高年级以后，学生成绩分化逐渐明显，部分学生存在一定的偏科现象（见表3-1）。从语文、数学和英语的单科成绩和综合成绩衡量，能够区分出成绩优秀（90分以上）、成绩良好（85分以上）、成绩中等（75—85分），成绩差等类型（75分以下）。综合成绩三科90分以上的同学有QXSSB、QXSYY、QXSJN、HHP、XCZ、WX；三科85分以上者有QXSDHL、QXSGWQ、QXSZT、QXSZKW、ZYQ、FY、DJH、ZXK。部分学生单科成绩不理想，从语数外成绩来看，五年级语文低于75分者有（平均分83.5分）QXSZZH、QXSCGX、QXSRJF；语文基础知识满分60分，低于45分为成绩较差者，例如QXSZZH、QXSCGX、QXSRJF。数学不及格者有QXSCGX、QXSXPH、QXSRJF、XJY。英语低于75分者有QXSCGX、QXSRJF、SSJ、LTT、ZXJ、CYF。

从表3-1整体成绩来看，如果三科优秀（QX学校以90分以上为优秀）视为优等生，那么在调查的学生当中有QXSJN（第1名）、QXSYYY（第2名）、QXSSSB（第6名）；语数两科在75分以下视为差等生，包括QXSXPH（第41名）、QXSCGX（全班倒数第二）、QXSRJF（全班倒数第一）等；介于差等生与优等生之间的学生视为中等生，包括QXSWJ、QXSLYZ、QXSZWZ、QXSGWQ、QXSZT等。

初中学生的学习成绩两极分化比较明显，多数人的语数英等成绩不能及格。初二（下）期末考试，语文、数学、英语满分为120分（初三

---

① 2012年4—8月，笔者进行了实地调查。本次调查涉及厦门市湖里、同安两区，发放问卷400份，回收问卷339份，回收率为84.8%。在农民工的学历构成中，初中学历176人，所占比例最大，为51.9%，中专或技校学历29人，占8.6%，高中学历59人，占17.4%，大专及以上学历18人，5.3%，小学文化者52人，占15.3%。（由于四舍五入，相加不为100%）（参阅孙文中《厦门市农民工子女家庭教育问题分析及其启示》，《贵州师范大学》（社会科学版）2013年第3期。）

表 3-1　QX学校五（5）班① 12—13 年（下）、13—14 年（下）和 14—15 年（上）期末成绩

学生编号	语基			作文			语文			数学			英语	排名
	三下	四下	五上	三下	四下	五上	三下	四下	五上	三下	四下	五上	五上	五上
QXSDHL	67	63.5	53	29	27	35	96	90.5	88	87	81	90	98	12
ZYQ	68	66	52.5	28	25	37	96	91	89.5	85	89	97	93.5	7
QXSLYZ	69.5	60	52.5	23	19	35	90.5	79	87.5	92	71	80.5	85.5	27
QXSZWZ	67.5	57	55	25	19	31	94.5	76	86	79.5	71	78.5	88	28
QXSGWQ	61.5	56	54.5	23	21	34	84.5	77	88.5	90.5	95	92	88	17
QXSSSB	67.5	64.5	56	25	26	36	92.5	90.5	92	90	90	98	92	6
HJL	63.5	61	46	26	27	34	89.5	88	80	79	71	70	80	37
QXSXZY	66.5	62	53	25	24	28	91.5	86	81	62.5	58	71	80.5	35
YQ	69.5	66	55	28	29	35	97.5	95	90	81.5	64	80.5	87	24
SSJ	60.5	54	53.5	24	20	26	84.5	74	79.5	69.5	79	87	72	31
QXSZT	68.5	65.5	51	30	30	36	98.5	95.5	87	92	84	92	99.5	8
QXSCYH	65.5	59.5	52	23	27	34	88.5	86.5	86	87.5	67	75.5	93	26
QXSZZH	65.5	44	44	23	18	28	88.5	62	72	65	44	81	79.5	36
LJ	68	59	52	24	27	35	92	86	87	97	59	81	90	23

① 按照学术规范，文中涉及的学生姓名、学校名称皆做了匿名化处理。QXSHL，其中 QX 表示被访谈对象的学校名称，S 代表学生，HL 表示学生姓名被处理化的简称。下同。

第三章 农民工子女学业表现的感知与评价

续表

学生编号	语基			作文			语文			数学			英语	排名
	三下	四下	五上	三下	四下	五上	三下	四下	五上	三下	四下	五上	五上	五上
LXL	68.5	62	53.5	24	25	30	92.5	87	83.5	86	94	99	88	15
LTT	68.5	63.5	50	24	22	35	92.5	85.5	85	75	54	69.5	74	38
HHP	67	62	55.5	36	23	39	93	85	94.5	80.5	78	92	90.5	11
QXSSWC	**67.5**	**51.5**	**51.5**	**25**	**22**	**35**	**92.5**	**73.5**	**86.5**	**78.5**	**87**	**81**	**93**	**22**
ZXJ	63.5	55.5	54.5	24	23	34	87.5	78.5	88.5	85.5	68	76	72.5	32
FY	68	57	54.5	25	26	34	93	83	88.5	85	76	90	88	20
DJH	60	49.5	52	23	24	34	83		86	86	92.5	96	90.5	14
XY	61	55	44.5	26	23	31	87	92	75.5	84	85	68	84.5	39
XJY	63	63	41	27	29	34	90	94	75	60	40	50	75.5	42
QXSYY	**69**	**66**	**55**	**30**	**28**	**38**	**99**	**94**	**93**	**98**	**91**	**100**	**96**	**2**
QXSWWJ	**70**	**67.5**	**48.5**	**24**	**29**	**35**	**94**	**96.5**	**83.5**	**91.5**	**90**	**99**	**96**	**9**
WJ	68	57	46	18	26	34	86	83	80	84.5	79	91	92.5	21
LY	70	63.5	54.5	25	23	33	95	86.5	87.5	91.5	76	89	98	13
QXSCGX	**63.5**	**50**	**34.5**	**15**	**18**	**29**	**78.5**	**68**	**63.5**	**81**	**55**	**59**	**75**	**43**
CKZ	64	52.5	45	18	18	27	82	70.5	72	79.5	39	70	84.5	40
QXSJN	**70**	**65**	**58.5**	**24**	**27**	**39**	**94**	**92**	**97.5**	**96**	**87.5**	**100**	**94**	**1**
ZCY	66.5	55.5	54.5	23	23	33	89.5	78.5	87.5	85	82.5	90	91.5	16

续表

学生编号	语基 三下	语基 四下	语基 五上	作文 三下	作文 四下	作文 五上	语文 三下	语文 四下	语文 五上	数学 三下	数学 四下	数学 五上	英语 五上	排名 五上
LZ	66	51	54	25	25	35	91	76	89	94	78	71.5	96.5	25
XXK	67	60.5	53.5	26	20	35	93	80.5	88.5	96	83.5	100	98.5	3
WX	69	65.5	55.5	29	27	35	98	92.5	90.5	99	92.5	98	98	4
WQ	68	63	51.5	28	30	33	96	93	84.5	90	87.5	98.5	100	5
XCZ	68.5	57.5	59.5	25	23	32	93.5	80.5	91.5	89	92	92.5	93.5	10
YYX	65	55	51	24	24	30	89	79	81	73	54	68.5	86	33
WYB	68.5	53	49.5	24	21	32	92.5	74	81.5	93	75.5	84	77	30
QXSZKW	**68.5**	**65**	**51**	**25**	**20**	**34**	**93.5**	**85**	**85**	**85**	**82**	**89**	**94.5**	**18**
QXSXPH	**67**	**58.5**	**50.5**	**24**	**24**	**32**	**91**	**82.5**	**82.5**	**73**	**49**	**47**	**84.5**	**41**
ZST	69.5	65.5	54.5	27	25	30	96.5	90.5	84.5	93	85	92.5	90.5	19
YZX	63	58.5	42.5	23	22	30	86	80.5	72.5	93	75.5	87	92	29
QXSRJF	—	转进	8	—	—	**28**	—	—	36	—	—	**25**	**27**	**44**
CYF	—	转进	55.5	—	—	30	—	—	85.5	—	—	88	61	24
XSJ	**59**	**55**	转出	**24**	**24**	—	**83**	**79**	转出	**82.5**	**56**	转出	转出	—
LZW	68.5	59.5	—	25	27	—	93.5	86.5	—	80	83	—	—	—
DQ	68.5	转出	—	20	—	—	88.5	—	—	92.5	—	—	—	—

备注：加粗为被访谈学生的成绩，该表系 QX 学校期末考试成绩，其他同学的成绩用作参照。各科满分 100 分。三年级语文平均分 91.25 分，语文基础知识平均分 66.56 分（满分 70 分），作文平均分 24.7 分（满分 30 分）；数学平均分 84.95 分。五年级语文平均分 83.5 分，语文基础知识平均分 50.45 分（满分 60 分），作文平均分 33 分（满分 40 分）；数学平均分 82.6 分，英语平均分 81.8 分。

满分 150 分），在数学、英语和物理方面，大部分农民工子女学生不能及格，甚至连一半分数都达不到（具体见表 3-2）。农民工随迁子女在英语、数学、物理等学科成绩不理想，可能是因为到了初中阶段，这些学科需要一定的智力基础，而学生原有基础差，初中阶段的英语、数学、物理等学科的知识较为深奥，需要一定的智力基础。部分初中学生本来小学基础不够牢固，到了初中阶段学习日益吃力，他们由此丧失了学习兴趣，再加上家长根本不懂这些知识，在学习上无法辅导和帮助孩子，督促孩子学习效果不理想。此外，也有学校师资力量差有关。例如 SZSLBY、SZSHF、SZSLHR、SZSCSH 等人学习成绩较差。该班英语成绩较差，访谈学生中英语及格的人较少，只有 SZSLXL、SZSZSP、SZSLSS、SZSCBL 等人及格。物理成绩整体较差，多数人不能及格，只有 SZSLXL、SZSZSP、SZSLSS、SZSCBL 等人能够及格。该校学生成绩普遍不理想，除了班级学习风气较差、学生基础差外，也与师资水平有较大关系。如该班物理任课教师是刚毕业的大学生，还未找到理想工作临时在 SZ 任教。该老师缺乏教学经验，班控能力较差，目前正在准备教师招考考试，如能通过就会跳槽。[①] SZ 中学编制外教师占到三分之一，他们既缺乏教学经验，又因没有编制，使得他们缺乏职业忠诚度，不能安心在此工作。编外教师，不仅教学工作量多，而且他们的工资和福利都低于相同等级的教师，导致其产生了相对剥夺感，他们的精力和时间倾注在教师招考考试准备上，所以他们对教学工作的投入很有限。

表 3-2　　SZ 中学初二年级 2 班第二学期期末考试成绩

姓名	成绩名次	政治	语文	数学	英语	物理	生物	历史	地理	体育	音乐	美术	备注
WFM	1	86	102	107	109	94	92	100	93	23	100	良	806
SZSISS	**2**	**72**	**104**	**103**	**95**	**86**	**94**	**99**	**97**	**20**	**100**	**优**	**770**
LYH	3	81	96	103	94	90	96		96	15	90	优	770
HYX	4	84	96.5	102	95.5	75	95	98	83	25	100	优	754
SZSLR	5	84	96	90	96.5	76	98	100	91	21	100	优	752.5

① SZ 中学教务主任 XL 老师的访谈（20141201）。

续表

姓名	成绩名次	政治	语文	数学	英语	物理	生物	历史	地理	体育	音乐	美术	备注
CY	6	78	102	107	84.5	84	89	98	81	23	100	优	746.5
ZJM	7	80	95	107	94.5	78	92	100	82	17	80	优	745.5
SZSIXL	8	77	88	104	79	86	93	98	89	17	缺考	及格	731
CH	9	72	93	93	90	76	85	88	74	18	缺考	良	689
ZSY	10	71	89	78	86.5	67	86	98	88	18	100	及格	681.5
LYQ	11	65	89	81	77.5	80	90	86	92	11	60	优	671.5
SZSZSP	12	73	88	81	80.5	70	91	89	86	17	100	及格	670.5
LJR	13	79	91.5	82	77	65	80	96	79	17	90	优	666.5
LRJ	14	73	87	73	80.5	54	87	92	87	17	0	良	650.5
LT	15	61	90	105	54	72	89	91	77	11	缺考	及格	650
CM	16	76	79	72	61	68	82	96	86	18	缺考	及格	638
SWX	17	67	80.5	78	48	76	96	90	89	13	缺考	良	637.5
CXS	18	77	89.5	69	66	58	80	97	78	20	90	优	634.5
YXB	19	69	83	88	60	79	74	90	76	15	90	优	634
SZSCBL	20	79	96	90	77.5	79	91	99	90	18	100	优	629.5
HCM	21	79	92	91	80	75	93	95	95	22	100	及格	627
LJL	22	58	87	98	51	70	89	67	86	11	缺考	优	617
SZSHQ	23	60	74	95	63.5	59	78	72	89	14	100	优	604.5
SZSZZJ	24	56	84	73	48.5	58	87	84	79	24	缺考	优	593.5
FZA	25	56	79	105	51.5	62	72	87	81	13	10	良	584.5
WJJ	26	63	79	73	60.5	48	80	81	85	14	0	优	583.5
WJL	27	66	87	77	63.5	42	78	71	82	14	缺考	及格	580.5
CZH	28	56	83	68	60.5	41	72	97	61	20	60	优	558.5
KBB	29	55	77	66	51.5	63	89	53	78	14	0	优	546.5
SZSLHR	30	64	82.5	66	42	46	71	70	77	15	缺考	及格	533.5
SZSWJ	31	62	64.5	64	43	36	78	76	69	14	缺考	及格	506.5
SZSWYX	32	58	86	73	34	34	74	78	81	14	100	优	498
SZSLBY	33	62	80.5	61	28.5	46	69	68	60	22	缺考	优	497

续表

姓名	成绩名次	政治	语文	数学	英语	物理	生物	历史	地理	体育	音乐	美术	备注
SZSHF	**34**	**52**	**80**	**57**	**39**	**34**	**61**	**90**	**71**	**12**	**缺考**	**优**	**496**
WYY	35	54	74	55	48.5	37	74	54	63	18	100	及格	477.5
DZP	36	51	71	50	41	27	52	88	68	16	缺考	良	464
WSY	37	54	63	51	33	38	54	87	55	17	99	良	452
LQQ	38	64	80	28	39.5	18	54	48	55	20	0	良	406.5
SZSCSH	**39**	**51**	**73.5**	**43**	**33**	**35**	**62**	**42**	**51**	**10**	**50**	**优**	**400.5**
LXL	40	32	61	32	26	24	50	84	67	13	缺考	良	389
FLB	41	41	53	58	32	23	42	60	57	15	缺考	良	381
BXK			92	104	84.5	77	—	—	—	—	—	—	别班转进，信息不全
SZSKS		—	90	67	77.5	64	—	—	—	—	—	—	别班转进，信息不全
WJB		—	82	77	42	68	—	—	—	—	—	—	别班转进，信息不全
LXY		—	73.5	48	57	47	—	—	—	—	—	—	别班转进，信息不全
SZSGTF		—	26	9	35	16	—	—	—	—	—	—	别班转进，信息不全

备注：语文、数学、英语满分 120 分，及格分 72 分。语文、数学、英语平均分分别为 82.8 分、76 分、62.5 分。政治、物理、生物、历史、地理满分 100 分，及格分 60 分，平均分分别是 65.8 分、58.7 分、84.3 分、78.6 分。政治、历史在中考成绩计算折合成 25 分制，即考满分者 25 分，中考分数＝实际考分乘以 25%。体育满分 25 分。本班 30 个外来工子女（转出或辍学两人，学校教务处称开学以后无法联系到这些学生），16 个 ST 本地的学生，父母多为农民，以种菜谋生。SZ 学校生源较差、师资力量不强，学生转学或流失过多，班级学生整体人数减少。原先八年级（9）班学风较差，因学校管理需要班级被拆，学生转进其他班级。黑色加粗标注的学生为接受访谈的学生。

（二）根据学习成绩的年段排名实行 A/B 班分轨教学

学校为了在整个教育体系内，应对升学考试、教育主管部门的检查和考核达标要求，以及格率、合格率和优秀率衡量学生的学业成绩。到了初中阶段，学生的学习成绩分化日益明显。少数学生能够继续保持优秀成绩，他们被视为学校有希望的"升学"者。学校对于这些有潜力考上高中的学生，给予重点培养。SZ 中学初三年段（如三 2 班）为了保证一些学生顺利考入高中，采取了 A/B 层次的分班教学模式，将年段 200

名以内，有望考取高中的学生，根据自愿报名的原则分配到 A 班（参考学习成绩，特别是数学和英语成绩，如果不及格就被迫分到 B 班）；针对成绩 200 名以外的学生，班主任通过与学生及其家长谈话沟通的方式，并联合其他任课教师做学生的思想工作，让他们分到 B 班。A 班教学知识点多，教学内容较难，教学进度较快，而且任课老师利用中午休息时间和下午自习课给学生辅导、答疑，以督促学生学习。B 班的教学内容比较简单，知识点较少而且教学进度慢，作业和练习较少。分到 A 班的同学有 WFM、LSS、LXL、KS、LR、ZSP、CBL、LYH 等人。WXY、HQ、CSH 等数学不好，ZZJ、HF、LHR 等英语不好虽然报名 A 班，但为了体现公平性，还是把他们分到 B 班。①

表 3-3　　　SZ 中学初三年级 2 班第一学期期末考试成绩

姓名	语文	数学	英语	三科总分	物理	化学	政治	总分	年段排名
WFM	122	126	124	372	93	89	96	650	1
SZSLSS	**112**	**118**	**125**	**355**	**87**	**74**	**90**	**606**	**6**
LYH	120	106	110	336	82	74	96	588	17
BXK	112	109	108	329	88	75	77	569	32
HYX	104	109	111	324	72	74	86	556	42
SZSLR	119	103	116	338	68	63	83	552	45
LYQ	105	102	95	302	76	85	76	539	59
SZSLXL	**106**	**108**	**85**	**299**	**82**	**79**	**78**	**538**	**61**
CM	113	106	87	306	81	65	86	538	61
SZSCBL	**117**	**112**	**93**	**322**	**70**	**62**	**82**	**536**	**64**
CY	113	95	91	299	62	63	82	506	96
WJJ	105	106	97	308	71	59	62	500	105
CH	102	93	93	288	66	62	72	488	117
ZSY	105	95	96	296	62	57	71	486	119
LT	90	91	92	273	78	68	66	485	121
SZSZSP	**106**	**105**	**92**	**303**	**61**	**50**	**69**	**483**	**124**
CXS	104	89	76	269	71	61	81	482	126
SZSKS	**122**	**92**	**82**	**296**	**51**	**59**	**75**	**481**	**128**
HCM	103	98	71	272	72	61	64	469	153

① 对 SZ 中学教务主任 XL 老师的访谈（20141201）。

续表

姓名	语文	数学	英语	三科总分	物理	化学	政治	总分	年段排名
LJR	111	103	67	281	66	52	69	468	156
LQQ	104	97	78	279	64	57	68	468	156
YXB	99	94	68	261	75	63	63	462	166
LJL	102	112	54	268	68	73	51	460	172
LRJ	105	104	63	272	67	59	54	452	188
SXW	113	85	43	241	67	66	75	449	190
LXY	103	98	73	274	60	50	61	445	195
KBB	94	91	64	249	64	65	66	444	197
WJB	101	96	77	274	52	60	57	443	199
SZSZZJ	96	91	54	241	69	63	66	439	208
SZSHF	90	97	82	269	71	49	46	435	221
FZA	107	98	61	266	56	49	60	431	225
SZSLBY	96	88	74	258	51	42	57	408	255
SZSHQ	85	99	63	247	65	52	39	403	267
WSY	92	85	53	230	44	55	64	393	277
SZSWYX	99	97	47	243	49	34	55	381	289
LXL	74	93	71	238	50	22	62	372	300
WYY	99	90	55	244	47	27	52	370	303
SZSYWJ	91	84	38	213	39	52	57	361	309
SZSCSH	91	69	56	216	28	51	63	358	315
SZSLHR	94	83	48	225	42	33	56	356	321
SZSGTF	77	84	73	234	49	20	41	344	329
FLB	66	84	43	193	38	39	54	324	341
DZP	89	63	41	193	36	30	51	310	344

备注：初三下学期，根据年段排名和中考情况，年段前10名内有望可以考取厦门外国语中学（外国语中学针对 SZ 中学实行定向招生，每年分配10个招生指标），年段前50名，有望考取集美中学，年段前90名，可以考取厦门十中。① 这些学校是福建省一级达标学校，因而仅仅从学习成绩的指标来看，年段前100名的可以视为优等生。年段前190名的可以考取杏南中学、灌口中学及乐安中学，这些学校为福建省二级达标学校。年段100—200名之内视为中等生。200名之外的学生，基本上很难考上高中，仅从学习成绩方面，这些学生可以被看作差等生（见表 3-3）。

---

① 对 SZ 中学班主任 Z 老师的访谈（20140919）。

（三）优秀率、及格率与合格率

为保障大多数初中生能够顺利毕业，部分学生升入高中继续学习，控制辍学[①]和降低"隐性辍学"[②]现象的发生，各个学校按照教育局公布的中考总分均值、毕业会考合格率、全科及格率、单科及格率、总分优良率、三年巩固率以及德育质量七大指标，在平时的考试中，以这些指标相互衡量和比较兄弟院校之间的差距。SZ中学的办学整体水平在厦门排名较为靠后，在这些指标的评比中，SZ中学无论是"优质校"还是"进步校"均榜上无名。[③]

除了班级学生成绩外，还可以从SZ中学初三上学期期末考的及格率、合格率及优秀率等指标衡量农民工随迁子女的成绩。从全校来看，语文及格率为72.21%、优秀率为13.29%、合格率为83.69%，数学67.98%、34.44%、81.27%，英语57.40%、27.49%、80.36%。进入初三后，尤其是英语和数学及格率、优秀率降低，甚至低于同样是农村初级中学的HX中学。根据分数分布情况，中学生成绩两极分化的特征比较明显。全校语文均分为100.28分，及格率81.79%，优秀率4.20%。全校数学均分为90.27，及格率59.66，优秀率2.52%。全校英语均分为74.96分，及格率21.17%，优秀率4.20%。全校物理（后来换了副校长来担任这个学校的物理学科教师）均分为57.15分，及格率47.34%，优秀率9.24%。全校化学均分为55.39分，及格率43.70%，优秀率10.08%。政治均分70.37分，及格率79.27%，优秀率30.81%。

HX中学全校语文均分为96.03分，及格率73.92%，优秀率为3.76%。数学均分为91.70，及格率54.57，优秀率为29.30%。英语均分为82.36分，及格率45.70%，优秀率13.98%。物理均分为79.46分，及

---

① 即中考科目十科中两门及以上缺考或0分均视为辍学。
② 通常意义上，教育部门将三科总分低于80分的情况视为"隐性辍学"。
③ 2012年厦门市初中质量奖26所"优质校"名单，厦门一中、大同中学、厦门五中、厦门六中、双十中学、厦门九中、厦门十一中、湖滨中学、松柏中学、观音山音乐学校、海沧实验中学、北师大海沧附属学校、翔安一中、马巷中学、集美中学、厦门十中、乐安中学、同安一中、启悟中学、第二外国语学校、东山中学、美林中学、湖里中学、蔡塘学校、五缘实验学校、湖里实验中学。4所"进步校"名单：厦门二中、竹坝学校、新民中学、厦门三中。

格率81.72%，优秀率62.10%。化学均分为66.16分，及格率63.71%，优秀率39.52%。政治均分为67.08分，及格率68.55%，优秀率33.06%。六科综合均分482.79，及格率64.70%，优秀率27.96%。

SZ中学和HX都是农村初级中学，SZ中学六科综合均分448.42分，及格率55.49%，优秀率10.18%，而HX中学六科综合均分482.79分，及格率64.70%，优秀率27.96%。整体上而言，SZ的成绩低于HX中学，尤其在物理、化学和英语学科上，无论是及格率、平均分数以及优秀率，SZ中学与HX中学存在很大差距。这主要是由于两个学校教学质量、办学水平、师资力量和生源质量不同造成的。从师资力量来看，SZ中学编外教师占到三分之一，HX中学被XN中学兼并，师资状况得到较大改善，编制外教师数量不断下降，编外教师由2012年17名下降到2014年10名。SZ中学生源中，外来工生源占到本校学生的75%，而HX中学的外来工生源在50%左右。

二 作业完成的差别

对于中小学学生来说，完成作业是教育过程中非常重要的一个环节，通过让学生完成作业能帮助学生巩固和延伸所学知识，加强学生对知识的深入理解，提升学生的学习技能，培养学生独立学习的能力和对学习的责任心。因而，学生作业完成的主动性、作业完成的正确率和做作业态度、作业完成效率都对学业成绩有着较大影响。大多数农民工家庭子女多、居住环境差，父母文化程度低，造成农民工子女缺乏完成作业的条件。但是，成绩优等生能积极克服不利条件，完成作业；中等生受环境影响较大，而差等生完成作业情况较差。

（一）优等生对不利因素的克服

QXSJN作为优等生，其成绩较好，学习积极主动，作业自觉完成。QXSJN是四五班班长，学习成绩班级排名第一。他学习主动、作业认真完成，经常得到班主任及任课老师的好评。"每天放学回来，就去写作业，吃完饭，看课外书，完成作业后就让我们检查，如果我们家长比较忙，尤其遇到数学不会的时候，他就主动给老师打电话，向老师请教。"① 大多数底层农民工子女家庭学习条件不好,但是他们能够有效克服不利条件的影响,按时完成作业。QXSSB 成绩是第六名,"我爸在大学餐厅做餐饮管理,早出晚归,我妈在打理干洗店,很少回家,没有时间检查我的作业情况。但是我爸妈对我要求很严,我一回家就自觉按时完成作业,我姑姑家开了晚托班,我经常去姑姑家写作业,要姑姑帮我检查和辅导作业"②。当家庭环境较差,对孩子的学习施加消极影响时,这些优等生及其家长能够注意这些问题,成功利用自身努力和良好习惯,克服完成作业的外部干扰和不利因素。例如 QXSYYY 成绩是第二名,"家里租房,房子拥挤,她学习写作业的时候,容易受到妹妹的干扰,妹妹经常找她要笔或者作业本,她教妹妹认字、看漫画,或者给妹妹讲故事,然后妹妹就去看书或自己玩,这样 QXSYYY 就能够安静地做作业了。"③ GXSLHQ 是六(四)班班长,成绩优异,学习认真。"孩子比较自觉,她的作业都要在星期五晚上完成,周六她带弟弟,我可以去上班。写作业的时候她比较专注,我们家长也不开电视。有时她弟弟偶尔跟她打闹,她比较懂事,就停下来哄哄弟弟,然后又去写作业。孩子作业不用我们操心,有一次,她跟着她爸去工地,她爸在干活,她找一块木板在上面写作业,写完作业自己就睡着了。"④可见,当家庭环境有利于孩子学习时,具有自觉性的孩子能够展现出较好的学业表现,当家庭环境施加负面影响时,这些优等生能够克服消极环境的干扰。因此,家长提供的学习环境、对孩子学习严格要求与子女为父母分担家庭责任"道德化"思维的相互影响有助于优等生对于不利环境的克服。

(二)中等生的作业情况

农民工家庭大多是多子女家庭,其子女完成作业时候缺乏安静的学习环境,而且多数农民工在城乡接合部租房,这些地方拥挤嘈杂,家中没有多余的地方供他们写作业和学习。尤其是写作业的时候,或受到弟弟妹妹的干扰,或父母不自觉地影响。中等生完成作业的情况主要存在

---

① 对 QXSJN 爸妈的访问(20141124)。
② 对 QXSSSB 的访问(20140326)。
③ 对 QXSYYY 及其爸爸的访问(20141208)。
④ 对 GXSLHQ 妈妈的访问(20140330)。

以下情形：

1. 受家里环境影响较大

农民工家庭子女多、空间小、条件差，孩子完成作业的环境较差。QXSZT 是课代表，成绩中等偏上。她妈妈白天经营小杂货店，晚上开麻将馆，同时帮外来工洗衣服赚钱。根据实地观察，家庭环境不好是她们不能专心写作业的原因，一方面，她爸妈虽然重视子女成绩，但没有起到榜样作用，如她妈妈一回家就开电视，或者常常用电脑看电视剧，孩子回来也跟着看电视，尤其是热播的宫廷剧；另一方面，家里的小书桌被弟弟用着，QXSZT 和她妹妹趴在床上写作业，有时两人还聊天，耽搁了写作业。此外，隔壁房间里打麻将的声音很吵，妹妹在她写作业的时候，经常过来找她说话，谈论热播的宫廷剧剧情，所以造成她既想看电视，但又不得不完成作业的不专注情绪。

QXSXZY 成绩中等偏下（班级排名 35），与 QXSZT 家庭相似，家里有兄弟姐妹三人，父母经常加班到很晚回来，姐姐读初三要上晚自习，妈妈会在放学时把弟弟接到厂里，她自己回家煮饭吃，晚上经常一人在家，感到孤单和害怕。她做作业容易分心，写得慢，有时作业完成不好又没人帮助，担心老师批评，自己一个人在家哭，我去家访的那个晚上就遇到了这个情况（下图是截取她的作业）。有时候，QXSXZY 姐姐回家看电视或者弟弟回家开电脑玩游戏，声音较大，导致她经常作业写不完，为这事多次哭鼻子，但是她还能尽量完成作业。

2. 写作业受到干扰

（1）多子女家庭

QXSCYH 成绩中等（班级第 26 名），与父母住在伞厂的宿舍，卧室只有一间，而且房间非常狭小，"孩子写作业的时候，经常受到妹妹的干扰，妹妹过来抢他的笔和作业本，若不给的话，妹妹就又哭又闹，吵得他根本完不成作业，因为作业没法在家完成，孩子第二天到学校就得匆忙完成作业，没有时间思考，这样作业是以应付的心态、敷衍潦草去完成的"[①]。我家访的时候，他告诉我，数学作业经常不会做，他妈听了大吃一惊，以为孩子上了晚托班，作业应该会做，却不知孩子经常在晚

---

① 对 Q 学校 QXSCYH 家长的访问（20140405）。

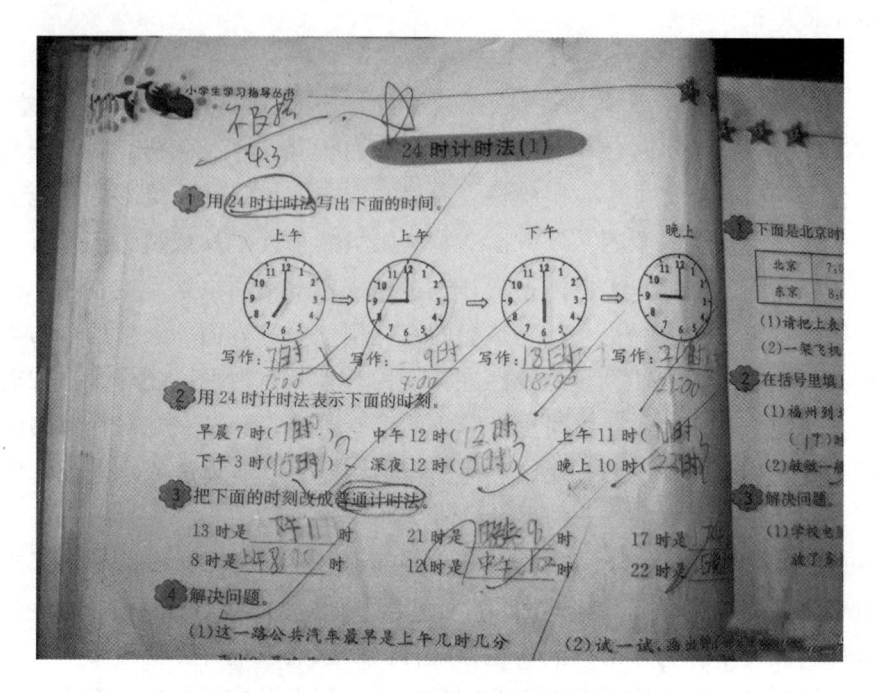

图 3-1 QXSXZY 的数学丛书（不及格）

托班抄他人作业，我和他们说话的时候，他妹妹过来要他抱，并且把本子和笔抢走了。班主任 W 老师评价农民工子女家庭作业完成情况，"班里部分外来工孩子的作业完成情况较差。多子女家庭住的地方比较狭促，写作业的时候，孩子们之间相互说话、吵闹，他们本身比较贪玩，一玩起来就没心思写作业。加上家长工作忙，没精力督促孩子学习，造成他们的作业没法完成，或者作业书写潦草，以应付的心态来对待作业，有的甚至到了学校抄同学的作业"[①]。

QXSGWQ 成绩中等偏上（班级第 17 名），因他弟弟经常生病，一家人的精力都在弟弟身上，父母没有精力督促他学习和完成作业，给他报了晚托班。"去年开学一个月，我天天陪他，亲自给他辅导作业，老师还表扬他进步很多，后来他弟弟经常感冒、生病住院，我就没办法检查辅导他作业，成绩又降下来，就送他去晚托班。即使去了晚托班，他还

---

① 对 Q 学校 W 老师的访谈（20141208）。

是不想写作业，经常出现错误，而且拖欠作业，班主任多次打电话询问关于孩子作业的事情，还让我去签责任书。孩子经常给老师写保证书，但写过保证书，过段时间就忘记了。"① 学生作业完成状况较差，在于家庭环境的影响，他们在家容易受到环境的干扰，养成了拖欠学业的习惯，这种习惯的形成是一个长期的累积过程，是家人、父母以及周围环境共同造成的，并对学生成绩有很大影响。

（2）独生子女家庭

农民工独生子女家庭，孩子容易受到父母不良生活习惯的干扰，例如 QXSWWJ、GXSLQ 等人。QXSWWJ 原是一个非常聪明、听话懂事、学习自觉、认真完成作业的孩子，成绩第九，但是在父母及其周围环境影响下，慢慢养成了拖欠作业的习惯（前文老师提到），但他妈妈对此未有察觉。家访的时候发现，他家学习条件太差，家里没有看到任何书籍，家里堆满了妈妈要卖的衣服，他妈妈到晚上 10 点多才回家，爸爸经常在工地不回家，很少过问他的学习和生活。QXSWWJ 父母关系不好，经常吵架、打架，处于即将离婚、暂时分居的状态，爸爸爱喝酒，经常喝醉不回家。QXSWWJ 在他写作业的时候，他妈妈经常带上朋友或同学在家聊天或者开电脑看电视剧，声音吵，干扰他作业，再加上他家附近的台球馆从早到晚一直放音乐，声音很大，使得他没法写作业，他就玩电脑。他觉得妈妈文化很少，不会辅导他功课，甚至还得抽出学习时间去帮妈妈卖衣服。虽然 QXSWWJ 学习非常聪明，但是其父母关系不好，对他学习和生活关心不够，导致他缺乏学习动力，学习上有点自暴自弃。有时班里同学抄他作业，他先故意做错，等同学抄了以后，再偷偷擦掉改过来，上课的时候，老师会批评那些抄他作业的同学，他觉得这很好玩，自己有时也拖欠作业。

（三）差等生作业情况

1. 作业完成质量差

成绩差等生 QXSCGX（班级倒数第二），住房狭小，与爸妈同住一间出租屋，餐桌也是书桌，是他写作业的唯一地方。父母早出晚归，也很少陪他，他在老家上到一年级之后转到 QX 学校，作业几乎不会写。在

---

① 对 Q 学校 QXSGWQ 家长的访谈（20140409）。

语文方面，生字词较多，作文表达很差，经常用拼音代替生字词，而且错别字较多，语文书也被他撕了几页。数学成绩更糟糕，经常不及格，数学作业几乎不会做，为此，老师让其家长去学校签订"责任书"。于是，她妈妈就给他报了晚托班，自从上了晚托班，CGX 作业拖欠的情况少了，但是学习成绩没有好转。在晚托班，老师把作业的过程与答案写在黑板上，让学生抄写。如果抄错了，老师再帮助学生检查和订正。周末经常睡到快吃午饭的时候。实地观察发现，CGX 将作业本从中间撕掉几页折手枪。我环顾了整个房间，家里没有什么纸张可以让他折手枪。由于不能及时完成作业，他经常被老师批评。[①]

农民工子女在完成作业的时候经常分心，边看电视边写作业，甚至只顾看电视，把写作业的时间耽误了。这个时候快晚上 10 点多了，他们的作业或者不做，或者从书上随意抄答案，或者第二天到学校抄同学的作业。总之由于分心，一些农民工子女的作业完成质量较差。例如 QXSXPH 写作业的时候，他爸在一旁边抽烟边看电视，他也跟着看电视，家长也没有制止；或者为了节省时间看电视、玩电脑，作业就敷衍了事。他到了学校，经常抄袭同学的作业，作业并未经思考，遇到不会的问题，也没机会请教家长，更不会请教老师，结果并未达到温故知新的目的。如此下去，学校老师布置家庭作业的目的及意义不复存在了。

2. 经常拖欠作业

QX 学校英语教师 C 在班级群里的一段话表明，差等生拖欠作业的情况较为普遍。"元旦三天英语作业只有四道题，下午英语课上我亲自检查，发现有以下 6 位同学没完成：XPH，ZXJ，SSJ，WWJ，WYB，ZWZ，其中 XPH 和 ZXJ 说是没带，但是据组长昨天检查，他们一个字都没写，SSJ 有写，但是书写很潦草，没一道题的答案是正确的，应付了事。最近这段时间 XPH、ZXJ 还有 ZWZ 经常会出现不按时完成作业的情况"[②]。虽然老师在群里点名批评这些学生，但是他们依然我行我素。批评无效，老师只能启用"高压"手段，让家长签订"保证学生按时完成作业"责任书。W 老师在家长会多次批评 XPH 拖欠作业，要求其家长配合，督促

---

① 对 QXSCGX 及其妈妈的访问（20140323）。
② 资料来源：Q 学学五五班英语 Y 老师在班级 QQ 群的消息。

孩子按时完成作业，但是其家长经常不去参加家长会，要求家长签订的"责任书"没有落到实效，W老师这样告诉我，"对于双差生（学习差、习惯差）我们会降低要求，比如 RJF、XJY、XPH 和 CGX，我们也不能像其他学生那样去要求作业"①。

3. 因寒假作业拖欠领不到课本

开学时候，学校要求学生完成寒假作业并交上去才能领到教材。一个多星期过去了，仍有差等生 QXSCGX（倒数第二）、QXSXPH（倒数第四）和 HJL（第37名）等人因没有完成寒假作业而没拿到教材。开家长会的时候，QX学校 Y 老师和 C 老师就学生没拿到教材的事情，点名批评了一些学生家长。Y 老师说，"开学时，有 ZXJ、SSJ、CKZ、XJY、QXSXPH、ZZH、ZKW、HJL、LYZ、QXSCGX 没有完成寒假作业，后来有同学陆续完成并交上来。到现在还有三位同学 QXSCGX（第43名）、ZXJ（第32名）、HJL（第37名）寒假作业没有交上来，他们的课本没领，请这三位同学家长留下来，说明原因并督促孩子尽快完成寒假作业"②。此外，英语寒假作业也被拖欠，C 老师描述，"刚开学时，班上有7个同学因拖欠英语寒假作业没有拿到课本。后来有的补做交上来了。开学一周多了，QXSCGX、QXSXPH 的课本仍然没领，请家长留下说明原因，并督促孩子完成寒假作业"③。在 QX 学校五五班有少数同学因拖欠寒假作业没有拿到课本被点名批评，对这些拖欠寒假作业的学生，其家长一般回家后会对其批评教训。

QXSXPH 爸爸当听到英语老师和数学老师的点名批评并要求留下的时候，他感到惊讶，"我孩子让我在这个班级出了名，不简单！我并不知道孩子寒假作业的事情，我问他假期作业完成没有，孩子给我说都写完了。原来他给我撒谎，等我回去再收拾他"④。就孩子寒假作业的事情，QXSCGX 妈妈在家长会之后与孩子发生了争执。CGX 妈妈："你连书（课本）都没拿到怎么上课？""一个寒假这么长时间，你都干啥了，不写寒假作业？"

---

① 对 Q 学校 W 老师的访谈（20141208）。
② QX 学校五五班家长会上 Y 老师的发言（20150306）。
③ QX 学校五五班家长会上 C 老师的发言（20150306）。
④ 对 QXSXPH 爸爸的访谈（20150306）。

CGX："你就知道让我写作业，你怎么不在家陪着我？"

CGX 妈妈："你寒假作业没写完，你怎么不给我讲？"

CGX 狠狠地瞪了他妈妈一眼，很不耐烦地批评他妈妈，"我不想写。你就知道要我学习，从早到晚除了学习就没别的。老是送我去晚托班和补习班，像坐牢一样"①。

这时，CGX 妈妈感到震惊，孩子居然对她有这么多不满，以不写寒假作业的方式表示不满，因为拿不到课本他妈妈在家长会上被批评。寒假作业的事情表明，一些农民工家长对于孩子教育失语与忽视，孩子有时用撒谎或者不写作业的方式，对家长表示不满。总之，从农民工子女学生的作业情况来看，反映了他们学习习惯的养成问题。

三 学习习惯的差异

孔子曰："少成若天性，习惯成自然。"就是说小时候养成了怎么样的习惯，长大后就会成就怎么样的品性。习惯是能通过后天获得的，具有稳定的行为倾向。叶圣陶先生也说过："教育是什么，就是要养成良好的习惯。"农民工子女由于生活背景的特殊性，因此对他们来说培养良好的学习习惯显得更为重要。根据布迪厄的观点，家长在培养孩子学习习惯方面负有主要责任，家长是孩子的第一任老师，孩子的习惯的形成也都是父母身体力行、言传身教的产物。良好的学习习惯是学会学习、取得学习进步的有效保障。

（一）优等生的学习习惯

实地调查发现，优等生能够主动学习，按时复习和预习，认真完成学校老师布置的课堂作业和课外作业，诸如访谈中的 QXSSSB、QXSJN、GXSLY、SZSLXL、SZSLSS、XCSCML。他们一般放学就会自觉完成作业，然后才去吃饭，之后再去看课外书或做其他事情，学习的事情很少需要家长过问。SZSLSS 的学习经历，可以解释学生自觉学习习惯的形成过

---

① QX 学校五五班家长会之后对 CGX 和他妈妈的观察（20150306）。CGX 妈妈告诉我，她以前不舍得惩罚孩子，自从孩子到了厦门之后，她因为忙着店里的事情，给孩子报了补习班。这次寒假作业的事情，她回到家，老公狠狠地揍了孩子一顿。星期六下午和星期日上午补习数学，下午补习英语，每天晚上补习两个小时的语文（主要在晚托班完成）。

程。"孩子小学的时候就养成了自觉学习的习惯。她自学能力很强,自己看课外书、独立完成作业,从小养成了良好的学习习惯。学习自觉,孩子自己制订学习计划,把握学习过程,能够自觉完成作业。我们对她的期待就是希望她能考上最好的学校,她自己定的目标就是考进外国语中学。我们是外来的,孩子只能作为定向生参加中考,选择的学校很少,最好的学校也就是外国语中学。她知道,每个班级最多有1到2个学生能够考进去。她现在朝着这个目标在努力。从小她就很懂事、听话、学习用功。她每天作业写到很晚,之后还要写一些额外作业,为班级做一些手抄报,参加征文比赛,曾经获得年级三好学生的荣誉称号,初一的时候学习成绩在年段第一,初二有所退步,现在孩子学习又知道努力了,每学期都是三好学生。读初三了,她课外书看得少了,与考试相关的学习资料她才去看。平时孩子有些心里话和学校生活的话题,只要我们家长有时间和精力就陪着她,一打开话题,她还是愿意讲的。陪她聊天,我们家长也是有很多收获的。"[1]

(二) 中等生的学习习惯

根据实地调查资料,中等生的学习习惯可以分为家长提醒型和家长督促型。

1. 家长提醒型

有些孩子平时的学习,一方面需要家长授业解惑,对家长有一定的依赖;另一方面在学习上又具有一定的自觉性,对学习本身有一定的兴趣。像 QXSYYY、QXSWWJ、QXSSWC、GXSJS、GXSDQ、SZSHQ 等学生,他们在学习方面本身具有很强的兴趣,但自身在学习方面可能有粗心,或不能静心,容易受到周围环境的干扰,自我控制能力需要家长的提醒和强化。"孩子平时上学回来就写作业,看书和听读英语。只是她有时学习的时候不能静心。我每天晚上,或陪着孩子学习做作业,给她讲解一些数学难题,她做完以后我会认真检查孩子的作业。有时我与孩子一起预习。她能自觉地学习,写完学校的作业,遇到不会做的题目会停下来思考,或借助课本或上网查找。孩子有时写作业要看电视,我在的话就会制止她。她觉得如果没有我的监督,她学习就会下降。她有些

---

[1] 对 SZ 学校 SZSLSS 及其妈妈的访谈 (20141014)。

题目不会做，会问我。"① 她爸爸认为教育孩子重点是培养孩子自觉学习的习惯，到了初中以后家长没有能力也没有知识辅导孩子，那些物理、化学、代数、几何、生物等学科，只要有了扎实的学习基础和良好的学习习惯，凭着孩子的自身努力完全可以攻下的，但是孩子目前在学习上对家长有一定的依赖性，四年级上学期的时候，家长想尝试放手，让孩子自学，那个时间段孩子的成绩有所下滑，后来家长反思，又每天抽出时间辅导孩子课业，孩子成绩又提升许多。

2. 家长督促型

这类学生学习自觉性不够，缺乏学习的主动性，而且完成学习习惯较差，需要家长和老师经常督促，学习效果不够理想。他们对课堂的学习没有兴趣，相反对于课下无组织的课外活动积极性很高，每到课外活动和课余时间，学校操场上和学校周边的摊贩边，学生很多。每天下午的自习课都安排任课教师进行辅导，也是监督学生学习。虽然 Q 学校和 SZ 中学这样安排以期望学生把更多的时间和精力投入学习，但是学生对学习时间的把握并没有因此而提高。他们有时在学习上缺乏独立思考的习惯，对家长和老师有一定的依赖心理。诸如 SZSLHR、GZSLQ、QXSZ-KW、QXSGWQ 等学生。

"他作业不能独立完成，而且他比较磨蹭，非得我在后面训斥几下，他才肯去做。我这个孩子比较马虎，作业不够认真，很粗心，需要家长在后面帮他检查督促才能完成。"② "这个孩子依赖性很强的，平时比较懒散，作业还是那样磨蹭不做，每天我都要后面督促，喊他几次他才去写作业。孩子以前作业去晚托班写，现在不去了，我给他买了家教机，他不会的可以查一下家教机。"③

"他回来之后，要看电视。我在做饭，我要他学习和预习，他好像没听到一样。时间长了，他就变成这样，看书的时候还在看着电视。"④ "孩子做作业太慢，学校的作业都要做到很晚。平时他妈妈下班之前，孩子作业很少做完。他总是边写作业，边看电脑。有时他没有打开电脑，

---

① 对 QXSYYY 及其家长的访谈（20141129）。
② 对 SZSLHR 妈妈的访问（20140919）。
③ 对 QXSGWQ 妈妈的访问（20140913）。
④ 对 SZSZZJ 爸爸的访问（20140922）。

他弟弟也会去打开电脑玩。两个人经常一起玩电脑。"① 这类孩子学习不能专心,如果没有家长在旁边督促,他们就会把心思放在玩的事情上,学习习惯较差,需要家长在背后督促。他们在完成作业时缺乏独立思考的习惯,对家长有一定的依赖心理。

(三) 差等生的学习习惯——依赖他人型

这类学生在学习上悟性不高,作业的完成还得依赖他人帮忙,或者被送到外部的辅导机构。在学校可以请教老师,在家父母不能帮忙辅导造成了他们学习上的障碍。结合 QXSCGX 的故事,我们分析这类学生的学习习惯。

QXSCGX 是个 11 岁的孩子,学习成绩不好,语文方面生字词不会写,作文经常用拼音代替生字词,而且错别字较多。其父母开店(无限极店)经营健康饮品,每天早出晚归,没有时间管教孩子,也不重视孩子的学习。他妈妈希望学校老师能够认真教孩子,但是他的学习一直很糟糕,老师多次打电话要家长去学校。后来他妈妈为了让孩子完成作业,就送孩子去晚托机构。其实 QXSCGX 从内心不认可他爸妈,觉得他们对他关爱不够,以前还把他送回老家。长期父母关爱的缺失导致他性格内向、比较自卑,而且在老师眼里属于"坏孩子"。"孩子身上毛病蛮多,学习习惯较差,作业不能完成,学习跟不上,上课听不懂,还有班里学生也不喜欢这个孩子。他经常有小偷小摸的行为,班上有同学的钱经常不见了。我们班级从学校图书馆借的课外书放在教室书柜里让大家相互借阅,但是神不知鬼不觉地就被这孩子拿走了。甚至,孩子还从实验室拿走那些仪器和药品。"② 当然,他妈妈也承认自己孩子身上坏习惯多,"这个孩子不知道在学校表现怎样,在家他不听我话。有时晚上看电视看到快 11 点,我不让他看电视他还给我顶嘴,回家也不写作业,懒死了"③。

QXSCGX 学习习惯的形成与其家庭环境、生活经历有关。该生刚从农村到城市来,经历着一个过渡期和适应期,巨大的城乡差异造成其接

---

① 对 QXSZKW 爸妈的访谈 (20140410)。
② 对 W 老师的访谈 (20140430)。
③ 对 QXSCGX 妈妈的访谈 (20140323)。

受的学校教育缺乏系统性,所学知识没有衔接好,基础差,留守的经历使得他与父母亲子关系不好,来到父母身边后,父母经营店面闲暇时间少(特别是晚上和周末更忙),也没有在家陪他或者辅导他学习,自然而然地他没有形成良好的学习习惯。即使他重上了一年级,但他目前的学习跟不上老师的进度,每天上课听不懂,上课走神,经常不写作业或者错误太多,因为这些这个孩子经常放学被老师留下写作业,或者要求家长去学校签订"委任书"。为此,尽管父母给他报了晚托班和午托班,甚至周末也给他报了补习班,但该生学习习惯较差,作息没有规律(晚睡),对学习有抵触情绪。据实地观察和访谈,他的父母认为学习不好没关系,以后只要能够挣到钱就好了,孩子对学习成绩也满不在乎,没有形成对学习的兴趣,更没有主动学习的意识。很多差等生对学习有抵触情绪,也没有形成良好的学习习惯,如 GXSZL、SZSLBY、SZSYWJ、SZSGTF 等人。

总之,优等生对学习比较认同,养成了自觉学习的习惯,其学习态度比较积极,学习时能够克服周围的干扰。中等生相对而言,一方面对学习有一定的上进心,追求学习成绩的进步;另一方面如果没有家长的督促或陪伴,他们又比较贪玩,学习热情没有优等生强烈,其学习既要家长的提醒有时也需要家长的督促。差等生学习完全依赖别人,学习态度较差,学习非常被动,对学习有一定的抵触情绪,而且他们的学习习惯较差。

四 学习信念的差别

"信念"表现为社会对一定的观念体系的信奉和遵行,它一般以观念的形态出现。学习信念是学习过程中所信奉和遵行的准则。信念(doxa)是经由社会内化而在行动者心中形成的对社会世界的不容探讨、不容挑战的社会准则和价值的接纳,它是对"世界是什么模样"的不假思索的观念,并且构成了个人和社会群体未经批判的实际经验。[①] 因为信念是自明的,所以理性无法超越它,它往往在理性之外发挥作用。而这个世界的持存,则是理性所无能为力的,而必须借助理性之外的力量,

---

① [法]布迪厄:《实践感》,译林出版社2012年版,第246页。

这便是信念。布迪厄指出,当惯习与生成它的场域相遇,行动就呈现为"信念状态"①。对于农民工随迁子女来说,学习信念包括他们对学习本质、学习过程、学习目的及学习动机等方面的认识。学习信念是学生努力学习、获得学业表现的最主要影响因素之一。学习信念的形成受学习经验、教师评价、家庭文化等因素的影响,同时,学习信念在很大程度上会对学生的学习态度和行为方式产生重要影响。

(一)优等生的学习信念

1. 知识改变命运

SZSLSS 进入初三被分在 A 班,是班上的课代表,班级排名第二。"从幼小时起,妈妈要我好好学习,否则就得打工。我如果考不上重点高中的话,就很难考上重点大学,以后在城市就只能是一个打工者,不能成为城里人。我爸妈经常对我说,'知识改变命运',他们就是由于文化程度低,只能在城市打工干体力活,所以把希望寄托在我身上,要我好好读书。现在我妈经常要加班,晚上 9 点多才回来,爸爸开摩的,每天早出晚归的。我给自己定了目标,一定要考上外国语中学。我在这边参加中考,最好的高中之一就是外国语中学。这个学校分数高,每个班级最多 1 到 2 个能够考进去。我朝着考上外国语中学的目标而努力,经常每天作业写到 10 点多,然后复习当天学习的课程并预习第二天的课程。我以前参加征文比赛,获过奖,为班级做一些手抄报,我喜欢看课外书,并写读书笔记。现在初三了,学习压力大,课外书看得少了,只看与考试相关的学习资料。爸妈尽力给我创造学习条件,尤其是我妈,她虽然工作辛苦,但是她还是抽出时间和精力陪着我,与我谈心,在很大程度上我是因为不想让家人失望而尽自己最大的努力去学习的。"② 该生成绩优秀,一直处在年段前 10 名,每年获得"三好学生"荣誉称号,参加作文比赛经常获奖,初一年段第一,初二有所下降但能维持在年段前 10,初三成绩提高了,她现在就希望考上外国语高中。尽管父母在学

---

① 社会世界既存在于身体之中,亦存在于制度之中,它以二重性的形象存在和出现。社会世界在这里呈现为一种象征性秩序,这种象征性秩序借助居于场域的行动者对场域确定秩序的一种信念式顺从。

② 对 SZSLSS 的访谈(20141014)。

习方面不能给她太多的帮助，但是她有坚定的信念和目标，明白学习要靠她自己的努力，并为实现该目标而坚持不懈。实际上，SZSLSS的父母从小就给她灌输"只有读书才能出人头地、改变命运"的信念，SZSLSS接受了这种思想，内化为自己的学习信念，这促使她明确了学习目标，因而学习更有动力，学习自觉、认真刻苦。

2. 考上重点大学、出人头地

GXSLY是班上的课代表，班级排名第二。"我爸爸没考上大学，他希望我能考上重点大学。在我爸看来，只有我考上重点大学，将来才能出人头地。他因为没有上大学，在城市生计不稳定。将来我要考一个好（重点）大学，不然没有活路。考不上好大学肯定会在城市过得很辛苦。现在大专也好考，但读出来文凭没啥价值，我至少考上本一（重点）大学，将来成为金融企业家。我从小就开始上各种培训班，这次（期中）考试，数学考了99分、英语几乎满分，我比较擅长英语。在我爸爸眼里，我比较乖，在老师眼里，我是个好学生。"① 该家长非常重视孩子的学习和特长的培养，从小就对她有较高的期望，给她报了舞蹈特长班、英语辅导班，由此投入了大量的金钱和时间，GXSLY从幼儿园开始学习舞蹈，每个学期三期，每期学费600元；三年级报了英语班，每学期要950元。平时她爸妈带她去书店，经常陪着她学习，检查和辅导她的作业，而且与孩子聊天时，也会让她树立"努力学习、考上重点大学"的信念。这表明，家庭文化资本以潜移默化的方式影响着孩子，子女继承家庭文化资本需要家庭的长期投资，作为这种投资的结果，那些优等生学习信念明确、比较"早熟"，并获得了较好的学业表现。

（二）中等生的学习信念

1. 努力学习为的是能住楼房

QXSZT来自河南信阳，学习成绩中等偏上，最近学习进步很快。父亲在集美北区的工业园区开三轮车送货，母亲先是烧开水卖、然后卖水果、收破烂，曾经打理小店和麻将馆，由于生意不好，最近到超市上班。QXSZT在老家出生待了几年，到了4岁的时候随父母来厦门。过来之后，她读了民办幼儿园，然后进入公办学校读书。问她为什么来城市这所学

---

① 对GXSLY的访谈（20140330）。

校上学,她说:"我爸妈觉得,这个学校离我们住的地方比较近。他们没空接送我上学。"QXSZT 非常喜欢集美的生活,她作文中就曾写道:"爸爸妈妈给了我一个温暖的家。我在树荫下,鸟声啼鸣的环境下长大,在这里处处可见花草争奇斗艳、鲜花怒放的情形。夜晚是多么宁静,晚上出去透透风,空气格外清新。爸爸妈妈时常带着我出去玩。这里没有激烈的争吵,每个人都和谐相处,让我心里感到了一股温暖。这里的同学都挺好的,学习我没觉得是负担,我已经习惯了这里的生活。"QXSZT 将来的打算是,"爸妈供我们三个孩子读书不容易,希望我们三个都有出息。只要我们能够考上大学,爸妈会尽量供应我们读书。我知道只有好好读书,能够考上大学才有出路,才能在城市过上体面的生活,住上楼房,不然就得像我爸妈那样干体力活。我们老家,很多孩子跟着爸妈来厦门了,但是读书不好,没能考上高中和大学,只能跟着爸妈卖菜或跟着爸妈送货,我爸妈说以后我不能像他们那样,工作不稳定,挣钱很辛苦。"

QXSZT 的经历在农民工子女中具有一定的代表性,属于"穷人孩子早当家"的类型。家中有妹妹和弟弟,跟随在城市打工的父母而流动到城乡接合部的公办学校上学,但她似乎对目前城市生活的认同度较高,与曾经留守在家和被送养的妹妹相比,她是比较幸福的,能够跟随爸妈进入城市,并幸运地进入公办学校,这是很多农民工子女所羡慕的生活,城市繁华世界让她能够开阔眼界,即使一家人蜗居在两间出租屋内,但她对这种寄人篱下、漂泊不定的生活并无太多抱怨,相反她渴望能够住进商品房小区,有自己独立的书房。所以为了这个目标,爸妈经常鼓励她,努力学习,成绩好了考上大学,以后可以住进楼房。因此她有自己的理想——"好好读书,才能有出息",将来在城市过上体面的生活。来到城市以后,他们的有出息的理想就是好好读书,将来考上大学,这样以后可以找到体面的工作——住上宽敞的楼房(能买得起房子),社会地位能够得到承认。她父母,虽然没有高深的学问,也没有足够教育子女方面的知识,也缺乏吸取知识的兴趣和信心,但他们寄希望于"孩子好好读书将来有出息",他们觉得这个社会还是有学问比较好,不管将来从事何种行业,有知识的人还是受欢迎的,那些没有知识的人后来都会被社会淘汰的,因此他们把希望都寄托在子女身上,希望子女好好学习。

2. "不再像父辈那样打工"

JZSHS 来自湖南永州,他父亲读到(小学)三年级,母亲没读书(当时为了在家照顾妹妹,就没上学)。他父亲在建筑工地打零工,他母亲在洗浴城做洗脚工,一家人经济收入较少但开销多。他从一年级到四年级在老家读书,由他奶奶带着(后来奶奶去世了),五年级的时候转到集美一所学校。JZSHS 母亲来集美比较早,后来 JZSHS 和弟弟过来之后,他爸爸才来这里打工。JZSHS 在这里生活了 5 年多,他明显表现出喜欢城市的生活。"原来在老家的时候,成绩不好,妈妈知道情况后就把我接过来,来了之后她又给我报了英语补习班。厦门比老家好多了,老家没有这边好吃的东西多,零食也多,景色也漂亮,我也去了很多地方玩。学习条件也比老家好,我都不想回去了,在这边生活习惯了,回老家没意思。""其实爸妈因为没有文化,在城市打工吃尽苦头,妈妈总是每到晚上去洗浴中心上班,爸爸经常要加班,工资不高,有时没活的时候就挣不到钱。我和弟弟在这里读书,要花钱的。""我妈告诉我,只要我能好好读书,能读到哪就供到哪,最好一直能读下去,不要像他们没有文化,只能在城市里打苦工。爸爸觉得我妈妈太迁就我,认为让我上补课班花钱太多,而且不值得。我爸说在这里打工辛苦,只能靠体力挣钱。我觉得我妈妈更辛苦,我常常告诉自己,我必须好好学习,排名要进年段前 100 名,考上重点高中,不然对不起妈妈。她这么辛苦挣钱,还给我报补习班。反正我会努力学习,目标就是上大学,希望再也不回家乡,将来有份令父母满意的工作。"① 城市对这些像 JZSHS 的农民工子女而言是极具诱惑力的。由于小时候在老家留守,他们向往城市生活,"城市有宽广的马路,超市有许多好吃的零食,好玩的地方多,来到城市令他们眼界一新"。四年的城市生活,JZSHS 已经适应这边环境了。学校环境优雅,老师知识渊博,这里气候适宜,冬天不像家乡那么寒冷(他老家在湖南永州)。城市的种种"好处"使得像他这般的农民工子女已经将融入城市视为自己努力的方向,作为他们追求梦想的地方,并努力成为一个真正的"城市人"。虽然他们都被称为"农民工子女",但这

---

① 对 JZSHS 的访谈(20140623)。

个身份其实是外界赋予的,并不是由自我认同所形成的。他们习惯了城市生活,不想再回去过乡村生活,他们不想成为父辈辛苦打工的继承人,他们愿意接受城市的生活方式。

(三) 差等生的学业信念

1. 不一定考大学才有出路

JZSCY 是一个来自四川简阳的女孩,15 岁,学习成绩中下等,而且偏科严重,英语、数学和物理不及格。父母文化程度较低,父亲是包工头(从 1995 年就来这里打工),小学毕业,她妈妈怀孕辞职在家,小学三年级文化。家里经济条件还算可以,已经买房。上幼儿园大班的时候,才从老家过来,小学在 JX 小学读书,后来直接升入 JZ 中学。"平时爸妈只会告诉我,学习要靠自己,要我好好读书将来考上大学。但是他们只是嘴上说说罢了,对我的学习也不是很重视。我爸老说工地上的工人没有考上大学,照样赚钱。我这个成绩肯定没有希望考上重点高中,考个普通高中就可以了。我觉得三百六十行,行行出状元,也不一定非得考上大学才有出路。我对自己考大学没有寄太多的希望。我们班上的学霸,学习很棒,人家父母就是教师,从小就会读书,从小学到初中学习成绩一直很跩(好),就是平时不会的,爸妈也能帮忙辅导。班里也有一些学渣,讨厌读书,上课基本上不是睡觉,就是讲话,作业都是抄同学的。我既不是学霸也不是学渣,属于中间路线的那种学生。我经常抄同学作业,但语文我都是自己完成,我数学和英语不好,我没有毅力学好它们。""我想过要考上大学,到了初中以后,我成绩掉下来了,目前数学和英语较差,我也想坚持努力学习,但是没有毅力,我爸老说我天生不是读书的料,这让我很生气……"

JZSCY 在班里属于"混日子"的那种学生,这类学生并没有把学习当回事,在他们的信念里,"不一定考大学才有出路",所以他们的目标不是取得优异的学习成绩,而是成绩差不多就可以,父母虽然既希望孩子考上重点高中然后上个好大学,但是父母的想法并没有被孩子认同,成为孩子的学习动力。因而他们在学校不把学习当回事,于是抄同学作业的事情就没有自责心理,甚至心安理得。JZSCY 爸爸在集美已经买房,但是他自身文化程度不高,并没有随着家庭经济条件的改善而重视孩子的学习。1995 年 JZSCY 爸爸来厦门在建筑工地从小工做起,然后做技术工,现在是包工头。她的爸妈在城市打工挣钱的同时,忽略了家庭文化氛围的营造,他们觉得学习是孩子自己的事情。这样的家庭生活给她植入一种家长不重视孩子学习的印象。这类家长在城市经济上的成功并未有效转化为对孩子学习氛围的营造。当然她爸妈也希望孩子能够考上大学,每当她爸妈要说她学习的事情,她总是以"知道了"应对爸妈的"啰唆"。在这种家庭生活环境中,即使她爸妈把知识改变命运的道理告诉孩子,但是她爸爸又觉得孩子将来不是"上大学"的料,这种对子女的教育感知影响了孩子的学习劲头,因而她对爸爸产生了不满之情。正如艾琼所指出,农民工家长把希望寄予子女身上,希冀子女好好读书考上大学改变命运,但是因其文化程度较低,没有对其子女采取科学的教育方式[①]。随着农民工子女在城市生活的延续,他们即将步入人生的十字路口,尽管他们原本希望上重点高中考大学,但是他们发现这个目标难以实现,便逐渐失去了远大的生活目标,甚至觉得读书也没有用,也不能赚钱。

2. 以后再来城市打工

QXSXPH 来自江西赣州,三年级的时候从老家转到这个学校,该生成绩较差,班级里倒数。QXSXPH 家里条件比较差,爸爸工作不稳定,只要能够赚到钱,就会不停地换工作;妈妈在服装厂打工,经常加班。父母经常在打工城市搬家,从海沧到同安最后在集美,总算安定下来,经济条件稍微转好,父母又把他们兄弟两个接出来。在谈到他求学经历的时候,他的话语似乎带些无奈,他在城里上的民办幼儿园,读小学的时候没有被公办学校接收,一二年级时被送回江西老家,有两年多留守儿童的经历,到了三年级 QX 学校肯接收 QXSXPH,再加上他爸妈觉得把他丢在老家不放心,他又被接回城市读书。

农民工子女从小跟随父母在城市过着漂泊不定的生活,就读民办幼儿园,读小学时进入不了公办学校,只能回老家读书,过一段时间又从老家转入这边的公办学校,作出这种选择往往出于现实的无奈,长期流

---

① 艾琼:《从乡野的主人到城市的边缘人———项进城民工子女教育的人种志研究》,载丁钢主编《中国教育:研究与评论》,教育科学出版社 2005 年版,第 208 页。

动、转学经历是其学业表现不佳的主要原因之一。为了让子女接受更好的教育，尽管家里经济不好，父母还是把两个孩子从老家接到城市上学，省吃俭用供孩子读书。来回转学的经历极大地影响了孩子的学习成绩。更重要的是，孩子到了城市父母身边后，父母没有及时调整孩子的行为习惯。"爸妈没有时间管我的学习，我学习基础差，老师也批评我不认真，我也不喜欢做作业，经常趁父母不在，就溜出去玩。我爸妈在老家建了房子，等钱挣够了就回去，到时候我也得回老家读书，但我很喜欢城市生活，老家一点也不好玩。如果考不上高中，我就来这边（厦门）打工。"①

显然，农民工子女与其父母最大的不同在于：他们是在城市的环境中长大的，既接受了城市的生活方式，也接受了城市的价值观和人生目标。童年的城市经历在农民工子女的身份建构中有着特别的重要性：那些只有城市记忆的孩子，尽管处在城市社会的底层，但他们毕竟是城市社会化的大环境所塑造出来的（他们也通过家庭社会化继承了一定的"乡土性"，但已经相当微弱了）。从这个意义上讲，他们无疑是城市中的孩子，也可以是说城市化的孩子。②而这些城市化的孩子，从小跟随父母历经波折，似乎较早经历人生的坎坷与艰辛。这些经历造就他们的心性和知性的软弱状态，使得他们更为敏感。这表明，农民工子女都有想要融入城市的迫切愿望，在一定程度上可以说，在城市长大的孩子更倾向于认同城市，他们对于城市生活有着真实的体验和感受。

第二节　农民工随迁子女的学业评价

教师对学生学业评价的最终目的就是对学生进行引导、选拔和分类，使他们进入学业体制为他们提供的各种"框架"中③。通过一种学业评价建构出一种学业等级的间隔，以此促进间隔的再生产。但是正是这些

---

① 对 QXSXPH 的访谈（20140625）。
② 熊易寒：《城市化的孩子：农民工子女的身份生产与政治社会化》，上海世纪出版集团2010年版。
③ ［法］布尔迪厄：《国家精英——名牌大学与群体精神》，杨亚平译，商务印书馆2004年版，第197页。

间隔无时不在地构成了社会结构。目前考试是学生学业评价标准的主要手段,而考试内容呈现出精密编码的特征,学业评价标准往往需要以城市经验和阅历作为背景,显然,农民工子女受生活阅历的局限,在学业表现中处于不利地位。实地调研发现,"聪明""活泼""机灵""贪玩""骄傲"这些词被老师慷慨地赋予城市学习成绩较好的儿童,而"勤奋""吃苦耐劳""胆怯""迟钝"则通常用来描述底层的农民工子女。"(我们班上一些农民工子女)原来跟人打交道很胆怯,性格上胆小自卑。在交往方面的主要问题有,孤独、害怕参加活动,自卑感强。现在通过我们的教育,学生变得很大胆、大方、自信。他要融入这个城市,那么在言行举止方面就要改变,就要学会做文明人"[①]。

一 成绩等级与学业评级

(一) 优等生与差等生的评定标准

好学生与坏学生的判断标准主要依据学习成绩、思想品德和行为习惯。好学生学习成绩在班级前几名,作业认真完成,并且从不拖拉和拖欠作业。在行为习惯上,好学生平时上课遵守纪律,按时到校,按要求穿校服佩戴红领巾,衣着整洁,又尊敬师长、懂礼貌。平时在班级表现积极,愿意为大家服务,有集体意识。而坏学生,学习较差,作业不认真,经常拖拉拖欠,又比较调皮捣蛋,经常违反学校纪律,衣着不整洁、不卫生,经常忘记穿校服或者没有佩戴红领巾。在道德品质方面,我们要求孩子必须诚实,好学生比较诚实守信,但是坏学生经常撒谎。还有学生经常有小偷小摸行为,实验室的实验器材和药品经常被他们顺走,还有学校图书馆的藏书被学生顺回家,CGX 做过这事,但他不承认。这个学生学习差、不写作业,品质也很差,家长也不过问。在小学阶段,我们教育学生时,忽略了学生的心理健康。另外,班级中往往那些成绩好的学生能够说到一块,而成绩差的经常扎堆在一起,他们有的在一个兴趣小组,有的相互家离得比较近,也有的下课经常在一起打闹。他们基本上就这样成了好朋友。[②] 2013—2014 学年三好学生有 QXSJN、QX-

---

[①] X 小学 H 老师对学生心理咨询辅导记录 (20131210)。
[②] 对 W 老师的访问 (20141208)。

SSSB、ZYQ、WX、WQ。当时评三好学生,要学生投票。学生没有从综合方面衡量,他们以为成绩好就是三好学生,没有考虑学生为班级做的贡献。

"我觉得 W 老师对我孩子有偏见,她认为我孩子卫生习惯差,老是强调孩子经常弄脏班级的地板,乱扔纸片、包装袋之类的垃圾。孩子比较愿意听老师的话,但是又我觉得老师对她不够关注,每年的三好学生都是 QXSJN、QXSSSB、ZYQ、WX、WQ 那些学生。QXSYYY 每个学期成绩能够占据班级一二名,但三好学生评比没她的份,三年级时 G 老师经常表扬我孩子,经常给孩子奖状和表扬信。现在换了 W 老师,怎么连个奖状或表扬信不给我家孩子,你给了我孩子,那是对孩子的肯定和激励,我孩子也希望能够得到老师的关注和表扬。"[①]

学校关于学生学业评价与家长的对孩子的评价有时不一致。一些农民工家长关注孩子的学习成绩,忽略了行为习惯和道德评价。例如 QXSYYY 家长觉得其女儿成绩好,就应该评上"三好学生",但是班主任却没有给其孩子评定三好学生,访谈时他对孩子的班主任表示出一些不满。QXSYYY 家长埋怨 W 老师不会鼓励、表扬孩子,虽然她学习成绩第一,但老师没有像以前那样给孩子发表扬信、奖状。他觉得 W 老师对孩子有偏见,开家长会的时候批评孩子在课堂上讲话、不注意听讲。家长觉得老师因为孩子个人卫生习惯不好,就没有给孩子评三好学生,这是老师的偏见,对外来工子女的歧视。虽然孩子成绩较好,她也希望能够得到老师的关注和表扬。但是班主任觉得孩子的卫生习惯较差,经常乱扔纸片、包装纸,而且把书桌周围的地板弄得很脏,每次卫生检查,因为她的书桌周围不够整洁,都会被扣分。因为评比班级分数上不去,她不给班级争光反而影响班级集体荣誉,怎么能给她评选三好学生呢?老师的标准与家长对于三好学生的认识是不一致的。有时在家长看来,只要孩子成绩好,就是三好学生,但是老师在评定三好学生的时候,考虑既要成绩好,也要在班级里表现比较出色,尤其是对德育的要求比较高。同W 老师交流时,她说,"优等生比较勤奋,持之以恒,学习习惯好,主动学习,对学习有信心和兴趣,这种孩子不用老师和家长操心。他们勤

---

① 对 QXSYYY 及其爸爸的访谈(20141128)。

奋又比较听话，能够吃苦。在班级事务中比较积极，愿意为老师做事，具有集体观念，像 QXSJN、QXSSSB 等人，他们一方面成绩较好，行为习惯也不错，同时他们具有为同学服务的意识，思想道德表现比较好。他们父母打工挣钱艰辛，孩子能够看到并理解父母，比较懂事听话，好好学习。QXSYYY 成绩一直很好，但是卫生习惯很差，每天值日生刚刚打扫完卫生，她就把课桌周围弄得脏兮兮的，而且问她也不承认，经常撒谎。有时候这些外来工家长以为孩子成绩好就可以成为三好学生，其实现在学校提倡全面发展，要求全面衡量孩子的综合表现，成绩只是一个方面"①。下面结合 GXSLHQ 的个案，分析优等生的评价标准。

GXSLHQ 是一个 12 岁的女孩，来自福建武平，家中有弟弟，父母初中未毕业。母亲为普工，经常加班，爸爸是木工，从事装修行业，没有休息日。她 3—6 年级担任班长，性格偏内向，较文静，特长为画画、舞蹈，理想是考上厦门大学，成为一名律师。平时很懂事，学习也很自觉、很勤奋。平时妈妈上班的时候，都是她照顾弟弟。GXSLHQ 班级管理做得很好，生活习惯较好，生活自理能力较好，力所能及地帮助父母做家务。并获得了很多荣誉证书，如三好学生、良好习惯奖、才艺奖、作文比赛奖、小状元奖、征文比赛获奖等，为人谦虚，也比较有上进心。"妈妈上班的时候，我就帮着带弟弟，我会和他一起玩。GXSLY 是我学习的榜样，她成绩比我好，虽然我拿到市里的三好学生的荣誉证书，但我也不是很开心，我英语有时比班里的 GXSLY 成绩要差。她在班里经常拿第一，也不偏科。我会一直努力，爸妈希望我能考上大学。"②

GXSLHQ 是优等生的典型，她不仅学习好，而且善于帮助妈妈分担家务，同时班级管理能力也很强，学习上进心强。GX 学校六四班班主任 Z 老师这样描述优等生的情况，"优等生比较勤奋，持之以恒，学习习惯好，学习很主动，对学习有信心和兴趣，这种孩子不用老师和家长操心。父母打工挣钱艰辛，他们能够看到也理解父母，比较懂事听话所以好好学习。农民工子女大部分时间在学校度过，他们的父母经常加班，根本没有时间陪伴孩子，所以学生的很多行为习惯需要老师来培养。我注重

---

① 对 W 老师的访问（20141208）。
② 对 GXSLHQ 的访谈（20140331）。

培养学生的学习认同感，鼓励他们努力学习，像他们的学长一样考进厦门一中或者双十中学，那些优秀的孩子学习不迷茫，成天埋头读书，学习态度端正。像我们班的 GXSLHQ，不仅学习比较好，而且各个方面比较突出，班级管理能力很强，愿意为大家做事，去年被评为厦门市'三好学生'，所以优等生的标准是既要成绩好，行为表现也必须非常突出"①。

一般而言，教师对"好学生"的认定标准主要有聪明、智商高、学习好；"乖"、听话、规矩、守纪律；身体好、外貌好等。② 好学生的重要特征就是经常被关注，在教师看来，"好学生"不仅成绩突出，而且聪明听话、行为得体。在家长看来，"好学生"就是成绩较好，在班级中名列前茅，他们更重视孩子的学习成绩。从学生来看，好学生既要是老师眼中的"三好"学生，更要是父母心目中的"听话懂事"的孩子，还得在同学中有吸引力和威望，他们不仅是学霸，而且被老师表扬，成为班级同学学习的榜样。但是就实地调查来看，即使是"好学生"，他们身上也会有一些所谓生活文化。那些协调最低学习要求和发现学校漏洞的学生成为其他同学的榜样。"如果你能以最小的努力取得好成绩，而且还有时间游手好闲，那么你就是最棒的"（阿普尔，2012：111）。正如 QXSSSB 对老师的批评表示不服；GXSLY 虽然不想写作业，但是她担心老师批评，还是每天认真完成作业；初中生 SZSLXL，虽然老师认为他非常聪明，但是这个孩子还是比较贪玩（在第五章重点分析其行为表现）。

在初中阶段，学校为了保证升学率，重点培养那些有望考上高中的学生。"我们之前做了动员工作，给孩子进行心理辅导。同时学校还会采取保优的教学方式，针对每个班级前 5 名的优等生，老师会利用午饭后的时间，给他们单独辅导（每个任课老师包干到人），为了他们能够顺利考入重点高中，每天中午为他们辅导 1 个半小时。优等生学习习惯好，学习积极性强，小学的基础很扎实、家庭学习氛围好且家长又重视，

---

① 对 Z 老师的访问（20140416）。
② 顾辉：《教育：社会阶层再生产的预演——一项对 H 市两所高中的研究》，博士学位论文，上海大学，2011 年。

他们遇到不懂的能积极思考，主动向老师求助，老师再加以积极引导和辅导，所以他们成绩能够保持前列。"①因此，在班级的这些仪式中，一些学生得到了表扬和鼓励，一部分学生受到了歧视与压制。前者在这种互动仪式中，将正能量迁移到下次类似的仪式中。后者消极的情感能量也会积累到与此相似的情境中。当互动际遇的人们发生变化时，情感能量的分布可能会发生变化。但是在一个完全封闭的际遇中，人们无法摆脱个人情感能量较低的处境，抑或承认其他人较高的个体情感能量。②就农民工子女而言，他们所在的班级成员是固定的，在学校接受教育时所受到的情感能量是不一样的。优等生在每一节课受到的积极情感能量较多，而且换到另一节课中，前面的情感能量能够持续发挥作用。而差等生在每一节课受到的消极情感能量还没及时转移，可能又会受到消极情感能量，这种持续被排斥和压制的情感，导致其学业表现长期不理想。而中等生的情感能量可能在某科任老师的课堂中得到表扬，但是又会得到其他科任老师的压制或贬低，从而了影响了其学科的全面进步，进而影响了学业的综合表现。

SZ中学初三二班班主任ZC老师对于三好学生的标准，他这样看的，"三好学生的评定首先学习成绩要在班级10名以内，而且平时表现比较突出，不违纪、不迟到、不与同学打架或者发生矛盾，作业认真完成，杜绝抄袭。劳动比较积极。这些标准容易达到，我们班里三好学生有LSS、WFM、LYH、LR、HYX"③。可见，在教师眼中的优等生，不仅学习自觉，学习习惯较好，不会拖欠作业，学习态度较好，而且行为习惯和生活习惯能够符合学校的要求，他们在各个方面比较突出，能够全面发展。这一认知不同于农民工心目中的"成绩好就是优等生"的评价标准。家长觉得，只要孩子成绩好就理应成为三好学生。就像前文分析的QXSYYY的爸爸觉得班主任对他孩子有偏见，虽然孩子成绩一直在班里居于前列，班主任以孩子卫生习惯不好拒绝给予"三好学生"的荣誉评定。

---

① 对XL老师的访问（20141201）。
② ［美］兰德尔·柯林斯：《互动仪式链》，林聚任、王鹏、宋丽君译，商务印书馆2012年版，第204页。
③ 对XL老师的访问（20150309）。

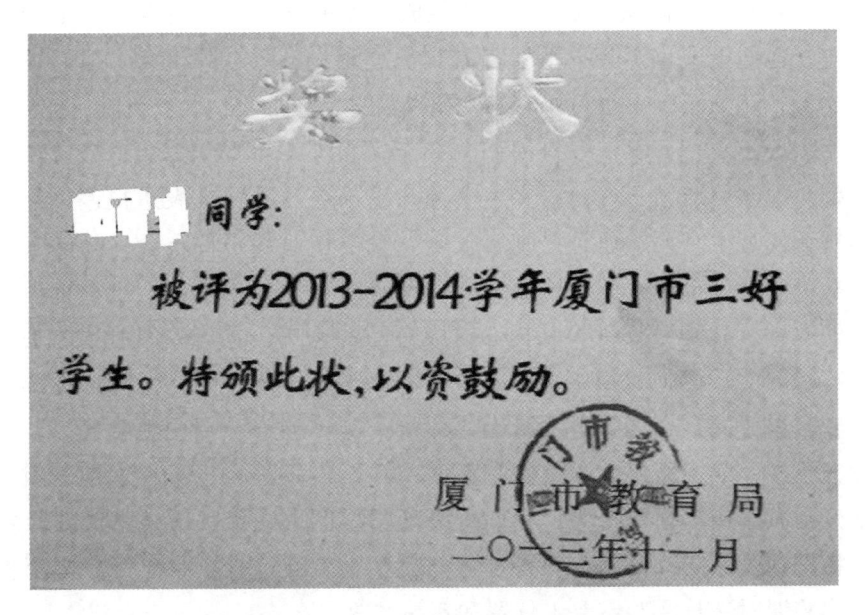

图3-2　GX学校LHQ的荣誉证书

(二)"双差生"的评定

与"优等生"相比,"差等生"的认定既有学习成绩差的事实认定,也与他们不够聪明、学习没上进心、缺乏家庭教育等特征联系起来,而且被给予思想品德差、缺乏纪律观念、学习懒惰、习惯不好等负面评价,并被贴上了"双差生""问题学生"等负面标签,他们还常常被称为后进生、学业不良学生、调皮捣蛋者和班级落后分子等。

多数"双差生"的父母没有时间和精力管教孩子、督促孩子学习,这些学生学习成绩比较差,行为习惯不符合学校的规训规范要求,很多家长一个人出来打工,把孩子带到厦门,子女又多,家长根本没有精力教育孩子。农民工家长对孩子的学习关注度不够,家长觉得读书没啥用,只要能挣钱就可以了,只要孩子认一些字,就可以了,这导致他们的孩子对学习不重视,把教育孩子的责任全部交给学校,这些"问题学生"缺乏好的家庭教育,更缺乏父母好的言传身教。一般而言,成绩差的学生,卫生习惯也不好,课堂纪律很差,他们的校服、书包很脏,座位附近很多垃圾。我一般从六年级教他们,前三个月严格要求他们遵守课堂纪律,并且对他们从严要求。① 这些成绩差的学生,比较自卑,由于成绩差,他们上课也不会举手发言,非常沉默,不听老师讲课。他们不重视学习,认为不读书也可以有其他出路。

　　QXSCGX,11 岁,来自河南。在老家读了一年级,二年级转到 QX 学校。他学习成绩不好,语文生字词几乎不会写,作文表达很差,经常用拼音代替生字词,而且错别字较多。数学作业几乎都不会,只能去上晚托班。他父母经营健康饮品,既没有时间辅导孩子学习,也不重视孩子的教育。其实 QXSCGX 从内心讨厌自己的爸妈,觉得他们对他的关爱不够,以前还把他送回老家。长期父母关爱的缺失导致孩子性格内向、比较自卑,而且在老师眼里属于"坏孩子"。"这孩子身上毛病蛮多,作业完不成,学习跟不上,上课听不懂,甚至班里学生也不喜欢他,因为他经常有小偷小摸的行为。我们班级从学校图书馆借的课外书放在教室书柜里让大家相互借阅,但是神不知鬼不觉就被这孩子拿走了,甚至他上实验课时还从实验室拿走仪器和药品。"②

　　当然 QXSCGX 的妈妈也承认孩子身上毛病多,在家不听话,有时晚上看电视到 11 点,不让他看电视,他还跟家长顶嘴,严重影响第二天的学习。他父母的生活习惯对他造成了深刻影响,他父母做生意非常忙,尤其在周末更忙,他们很少关注孩子的学习,孩子的午饭和晚饭都得他自己解决,孩子自己也很少主动学习。学校固定布置的作业只能完成 60%。实际上,QXSCGX 刚从农村到城市,对这个城市和学校不了解,经历着一个过渡期,没有形成良好的习惯。QXSCGX 的妈妈担心孩子今年不及格就没法上中学。即使上了中学,他目前的成绩也跟不上课,他爸爸一边对孩子比较宠爱,一边在行为中表明"孩子学习不好没关系,只要能够挣到钱就好了",这导致孩子对待学习更加敷衍甚至无视。

　　GXSZL 是一个 14 岁的学生,来自江西,父母只有小学文化,弟弟和妹妹也在这边读书。他成绩较差,而且总想逃避学习。"爸爸平时去工地干活,妈妈除了摆地摊卖衣服还得照顾我们,我学习很差,作业都完成不了,上课听不懂,从一年级成绩就很差,到了三年级根本听不懂老

---

① 对 W 老师的访问(20141217)。
② 对 W 老师的访问(20140430)。

师讲课，也不愿听老师讲课。由于成绩差，没少挨爸爸的责罚，爸妈对我恨铁不成钢。学习的事情爸妈帮不上忙，而且他们也不会。每次考试不及格，爸爸不仅批评我，而且他还打我、骂我不争气。我对学习不感兴趣，在班级里成绩一直倒数，我平时回家就看电视，也不写作业，等到第二天到学校就抄一下同学的作业。爸爸经常说我是废物，根本不是读书的料。他只希望我初中毕业能够打工，认识一些字就好了。我没有上过幼儿园，从老家过来读一年级。上课老师提问，我也回答不上来，老师认为我学习能力很差，思维跟不上。我就是不想去做作业。在家里也经常与爸妈顶嘴，因为这事没少挨打。我现在对学习没有兴趣和信心，比较自卑。"①

从这里来看，"问题学生"不仅学习基础差、对学习不感兴趣，而且行为习惯也是问题，他们的家长想督促孩子学习，但又不知如何教育孩子。大多数父母文化程度低、工作辛苦，他们作业完成不了，父母又帮不上忙。"问题学生"学习效率不高，又爱看电视和玩耍，对学习没有信心，导致其学习越差进而越不想学习，形成了恶性循环。差等生的家庭一般较为复杂，父母与孩子见面少，电话沟通较少，他们学习没有自觉性。家长本身受教育程度低，文化素质不高，造成孩子的行为习惯也很不好、有时脏话连篇。

二 班级组织资源占有的差异

对于中小学生来说，学生在班级组织中的角色地位及其组织资源的占有情况反映着该生的学业表现和教师的评价。一般来说，学习成绩与学生担任班干部（在班级中的地位）有着密切的关系。成绩优秀的学生往往优先受到老师的看好，被任命为班干部，以这种方式组成的班委往往是成绩优异的学生。此外，皮格马利翁效应也说明，教师任命班干部往往付出了积极的情感，显示了对学生的偏爱，这也直接激发了学生的学习动机，在班干部应树立榜样的心理作用下，学生的综合表现尤其是在学习成绩、管理能力等方面也得到了提高。由于中小学生心理还不够成熟，他们往往渴望得到别人尤其是教师的认可。若能够担任班干部的

---

① 对 GXSZL 的访谈（20140330）。

学生，会极大地增强其自信心，并得到充分锻炼自我的机会，所以班干部在学生眼里是非常重要的。教师尤其是班主任对于班干部的考察、选择与任命是基于学习成绩和综合表现的，笔者结合实地调查资料来分析农民工子女在班级管理中处于何种地位。以 QX 学校四（五）班和 GX 学校六（四）班为例，分析家庭文化资本与子女在班级组织资源占有情况的差异。

表 3-4　　　　　　　QX 学校五（五）班学生情况

编码	性别	来源地	父职及文化水平	母职及文化水平	住房	班级任职	排名
QXSJN	男	外地农村	幼教，中专	幼教园长，中专	购房	班长	1
QXSYYY	女	外地农村	电工兼司机，中专	服装厂工人，初中	租房	临职	2
QXSSSB	男	外地农村	餐厅管理，初中	干洗店老板，初中	购房	组长	6
QXSZT	女	外地农村	三轮车送货，初中	超市上货，小学	租房	科代表	8
QXSWWJ	男	外地农村	工人，小学	摆摊，中专	租房	组长	9
QXSDHL	女	本地城市	技术工人，中专	企管人员，高中	买房	科代表	12
QXSGWQ	男	外地农村	水电工，小学	带孩子，小学	购房	科代表	17
QXSZKW	男	外地农村	婚纱厂，初中	带孩子，小学	租房	原组长	18
QXSSWC	男	外地农村	工人，高中	工人，高中	租房	无	22
QXSCYH	男	外地农村	伞厂工人，初中	带孩子，小学	宿舍	无	26
QXSLYZ	男	本地城市	国企工人，中专	工程管理，初中	买房	无	27
QXSZWZ	男	本地城市	国企工人，初中	房东，初中	自建房	组长	28
QXSXZY	女	外地农村	服装厂工人，小学	服装厂工人，小学	租房	原组长	35
QXSZZH	男	外地农村	电子厂，高中	打零工，小学	租房	无	36
QXSXSJ	男	外地农村	烧烤店，初中	烧烤店，小学	购房	无	40
QXSXPH	男	外地农村	模具厂工人，小学	服装厂工人，初中	租房	无	41
QXSCGX	男	外地农村	开店，三年级	开店，初中	租房	无	43
QXSRJF	男	外地镇上	开诊所，卫校	带孩子，小学	购房	无	44

表 3-5　　　　　　　　　GX 学校六（四）班学生情况

编码	性别	来源地	父职及文化水平	母职及文化水平	住房	班级任职	排名
GXSLY	女	外地农村	石材销售，高中	普工，初中	租房	科代表	2
GXSJS	男	外地镇上	教师，大专	教师，大专	购房	组长	5
GXSLHQ	女	外地农村	装修，初中	普工，初中	购房	班长	9
GXSDQ	男	外地农村	普工，中专	企业财管，中专	租房	科代表	12
GXSLQ	女	外地农村	建材销售，小学	化妆品销售，初中	租房	组长	29
GXSWLL	女	外地农村	司机，小学	摆地摊，小学	租房	无	34
GXSSW	女	外地农村	货车司机，初中	带孩子，小学	租房	无	36
GXSXY	男	外地农村	送快递，初中	清洁工，小学	租房	无	38
GXSZL	男	外地农村	建筑工，小学	摆地摊，小学	租房	无	42

（一）班干部的任命

教师在教学实践中，为了维持班级纪律和学校秩序，会从学生中选择和任命班级干部，组成班委会。学校是一个规训机构，其中布满权力治理的痕迹。① 公办学校存在明显的行政本位体征，它主要表现在学校内部的组织结构和管理行为上。在学校组织结构上，学校按等级制设计决策的来源和权力的分配；在管理行为上，学校要选择一些品学兼优、具备一定管理能力的学生协助管理班级。班主任在选班干部的时候，首先考虑成绩优秀，而且具有班级管理能力的学生。W 老师说，"选择班长，要求成绩优秀、具有管理能力和班级威望，又愿意为同学服务，因为班长每天要早去晚回。早上班长到校拿班级牌子在校门口，负责学生排队，每天必须提前到校，而且负责将班级排位放回原处。现在班长是 QXSJN，成绩一直优秀，综合方面表现比较突出，而且父母本身是教师，孩子个人修养较好。而有些农民工子女虽然成绩不错，但是在老师看来也有一些不足，比如 ZT 学习比较好，但嫉妒心强，没有集体观念，见不得其他同学比她富有。此外还有农村来的学生卫生习惯较差。QXSYYY 成绩较为突出，就是卫生习惯不好，如果选她作为班干部，她自己都不

---

① ［法］米歇尔·福柯：《规训与惩罚》，刘北成、杨远婴译，生活·读书·新知三联书店 1999 年版。

能把课桌周围收拾干净,怎么可能带领大家把班级卫生工作做好呢?还有 QXSWWJ,成绩凑合,但比较自负和自私,上课的时候,为了照顾那些成绩差的同学,我稍微多放一下课件,他就表现出很不情愿,在下面起哄。关于选谁做班干部,有时家长给我打电话,要我关注他们的孩子,给予他们孩子锻炼机会,我也想尽量照顾到每一个同学,但毕竟班级管理工作也要做好,我只能以学习成绩和综合表现来衡量。如果学生出现违纪,例如拖拉作业、不尽责、升旗时不穿校服等情况,我都会把他们更换下来"①。

除了班长,还有团支书、副班长以及生活委员等班委会干部。在 SZ 中学初三二班的班级干部中,ZC 老师在初一的时候就着力培养班干部,任命 LR 担任班长兼任团支书,该生学习好而且班级管理能力强,父母是教师,从小养成了自觉学习的好习惯,而且集体观念很强,每年都推荐她成为学校的优秀班干。副班长两名,ZSP 和 LXL,成绩优异,都能占到年段 60 名左右。以前 LXL 成绩较好,到了初三他有点叛逆,成绩下降了,考虑他在班级男生中的威望,老师还是让他继续担任副班长。WYX 担任劳动委员,每天要督促值日生和值日班委,负责教室的保洁工作,她卫生习惯较好,班级管理能力强,而且愿意为班级奉献精力,经常被老师推荐参评学校的优秀班干。劳动委员(值日委员)ZSP,宣传委员 LYH,体育委员先是 LBY(因离家出走被撤掉),后来是 ZZJ。HYX 担任班级生活委员,每天负责发放午餐补贴,每个学期征收班费并管理班费,这个职务要求学生具有强烈的集体观念,公正公平,能够团结同学,否则难以服众,有时做不好,还会出力不讨好。除了这些班干部,学习委员要求成绩最好,由 WFM 担任,该生学习成绩一直遥遥领先,经常在年段考第一。除了班委员成员,班级分 7 个小组,每个小组产生一名小组长,组长在本组内一定学习成绩最好,其职责除了督促组员完成值日任务、负责收发作业外,特别要督促成绩差的同学按时完成作业,甚至有时要给他们讲解不会的题目,帮助差等生进步。②

在班级中,一些学生因为成绩较好,表现突出,被老师关注,成为

---

① 对 W 老师的访问(20140430)。
② 对 ZC 老师的访谈(20150309)。

班级干部或课代表或大小组长（班级管理者），而一些学生或成绩不好，或行为习惯差，或违反学校纪律，或性格内向不善于交往，在班级中成为普通学生。前者与班主任及科任教师接触机会较多，占有班级的组织资源，他们在与老师和同学的接触中，交际能力、语言表达能力得到锻炼，而且还能与同学打成一片。后者没有这些方面的优势和机会，他们往往成为普通学生，甚至成为老师眼中的边缘学生。可以说，由于班级管理能力的分化，学生群体也在一定程度上存在分层，分层的依据在于对班级组织资源占有上的差异。[1]

表3-6　　　　SZ中学初二二班成绩排名及班级任职

编码	性别	父职及文化水平	母职及文化水平	A/B班	班级任职	排名
SZSKS	女	普工，小学	打零工，小学	A	组长	—
SZSCBL	女	杂货店老板，小学	种菜，小学	A	无	20
SZSWYX	女	司机，初中	种菜，小学	B	无	32
SZSLSS	女	开摩的，初中	工厂普工，初中	A	科代表、学委	2
SZSZSP	女	种菜，小学	种菜，小学	A	副班长	12
SZSCSH	女	父逝，母改嫁	奶种菜，未读书	B	无	39
SZSLR	女	批发，初中	个体户，初中	A	班长、团支书	5
LYH	女	本地生，父中专，财管	母中专，企管	A	生活委员	3
HYX	女	本地生，父高中，餐管	母初中，种菜	A	宣传委员	4
SZSLXL	男	收破烂，初小	普工，小学	A	副班长	8
SZSLHR	男	西安打工，初中	普工，小学	A	无	30
SZSHF	男	普工，初中	普工，小学	B	无	34
SZSLBY	男	铝厂普工，小学	带孩子，小学	B	体育委员	33
SZSZZJ	男	砖厂上班，小学	砖厂上班，小学	B	劳动委员	24
SZSHQ	男	建筑工，初中	临时工，小学	B	无	23
SZSKBB	男	面粉厂工人，初中	包装工，初中	A	组长	29
SZSLJL	男	装修，小学	食品厂普工，小学	A	无	22
SZSYWJ	男	普工，小学	摆摊，小学	B	无	31

[1] 顾辉：《教育：社会阶层再生产的预演——一项对H市两所高中的研究》，博士学位论文，上海大学，2011年。

（二）劳动委员

劳动委员（或值日副班长）是班委会的重要成员之一，尤其是中小学的卫生检查比较频繁，该职务责任比较重要。班主任在任命劳动委员的时候，首先考虑学习成绩和在班级中的模范带头作用，其需具有一定的威望和管理能力，并且要求学生性格外向、自信负责。劳动委员要经常负责教室和包干区的卫生，督促值日生做好一日三扫，并每天至少三次对教室和场地进行检查，做好保洁工作，并做好记录，定期组织卫生大扫除，确保本班教室和场地 24 小时保持干净、整洁，此外还要负责记录劳动出色与不认真的同学名单，并及时反馈给班主任。同时要负责领取、保管班级卫生劳动工具，如有损坏及时报告班主任。QX 学校 W 老师在任命劳动委员以后，因为学生学习成绩不理想而被更替。"班长选举后，接着还得选择主要的班委，例如劳动委员，小学阶段经常要大扫除，这个职务比较辛苦，必须具有管理能力同时也要有模范带头的作用，以前任命的 QXSLY 因为成绩下降被换掉了，现在劳动委员是 QX-SYYX"①。SZ 中学的劳动委员是 SZSZSP，该生学习成绩较好，在班级中比较有人缘，学习又认真，工作负责，得到同学和老师的好评，每天下午会带领同学进行大扫除活动。

（三）科代表

一般来说，学习委员和科代表是学习的优秀者，是班委的主要成员之一，学习成绩需在班级排名中居于前列才有威信。语数英三科科代表非常重要，成绩必须优异，其职责主要负责收发作业，以及督促其他学生按时完成作业。科代表由各任课老师选任，任课老师一般选择成绩突出，愿意为班级同学服务的人，他们经常还要帮助后进生，特别是那些不交作业的同学，要经常督促他们按时完成作业，监督他们每天把家庭作业抄回去，第二天再监督他们交作业。合格的科代表自身不能拖拉作业，或者作业质量做得较差。QX 学校五（5）班语文科代表是 HHP，数学科代表是 XXK，英语科代表是 ZYQ，他们担任科代表的单科成绩非常优秀，在班级排名前列。科代表每天要从小组长那里收发作业，并且将

---

① 对 W 老师的访问（20140520）。

没写完作业或拖欠作业的学生名单记下，交到任课老师那里。作为科代表，在老师和同学眼中，一般是该门课的学习成绩排名前列者，这会极大地促进其保持努力学习的求知欲，继续提高其学业成绩。

（四）小组长

在科代表产生以后，班级实施分组管理，全班44个人，每4人成为一个小组，产生小组长，4个小组产生一个大组，然后从4个小组长中推选出一个大组长。小组长必须成绩较好，语文具有背诵基础，检查其他同学的背诵和默写情况，大组长协助科代表收发作业，检查各个小组的作业完成情况和认真程度，同时还要负责管理小组成员的学习情况和自习。下午自习课中，如果有同学说话和抄袭作业，大组长就要管理，一旦发现就扣小组平时分。大组长不一定要成绩好，但要有管理能力而且愿意去做这些事，做事有魄力，而且还要人缘好、表现较好，认真负责。"以前我让QXSXZY做大组长，但是她比较胆小害羞，成绩不好，不擅长与人沟通，自己经常拖欠作业，不能服众，也收不齐作业，其他小组长都不愿意让她继续担任，我批评她，就把她更换成一名本地学生，该学生学习较好，在班里人际关系比较好，愿意为大家承担责任。语文小组长中，QXSSB做得比较好，他爸爸是集大餐厅经理，妈妈是干洗店店主，孩子本身从家长那里学到了一定的班级管理能力，QXSWWJ也是小组长，虽然他学习成绩好，但是他有点不愿意为大家服务。QXSZKW也做过小组长，但是他不够负责任，自己也因拖欠作业被换下。"[①] QX-SZZH在四年级第二学期由于学习进步，作业完成得较好，W老师任命他当小组长。他每天上学去得早，认真做作业，并帮助督促组内其他同学完成作业。这个小组长的角色令他神采飞扬，每天哼着小曲去学校，回家也有说有笑。但是一个暑假之后，他变得不爱学习了，加上五年级的学习难度加大，他考试成绩下降，经常作业完成得较差，还出现过拖欠作业的情况，组内其他同学向W老师打小报告，说他学习这么糟糕不适合做小组长，W老师没办法，只能把QXSZZH的小组长撤掉。其家长对于孩子新学期的表现也没有足够关注，没有及时鼓励孩子。

---

① 对W老师的访问（201401223）。

（五）班级管理人员的更替

对于部分学生来说，长期担任班干部会产生一种骄傲或者麻木心理，容易对工作不负责任或者自身成绩下降，原本担任班干部应发挥的正面效应变成了负面效应，因而就产生班干部的轮换及更替制度。QX 学校 W 老师说，"QXSGWQ 以前担任班级图书管理员，由于不负责任，班级经常丢失图书，因此被换掉。QXSCGX 本身学习不好，又撒谎还小偷小摸，根本没有机会做小组长或者班干部。QXSZT 做过语文科代表，她语文较好，但是数学成绩不好。QXSYYY 学习成绩一直较好，就是不爱卫生，我没有让她做主要的班干部，就让她负责收回执单（安全责任书、致家长的一封信）。QXSXPH 学习成绩较差，经常拖欠作业，在班级没有职务。QXSXSJ（已转走）比较懂礼貌也比较负责任，虽然他学习不好，但是获得了'优秀少先队员'的荣誉称号。QXSZWZ 任语文的大组长、QXSDHL 也是语文的大组长。QXSXYZ 目前没有职务，QXSKW 担任大组长，但他最近不写作业，学习不自觉，如果让他收其他同学的作业恐怕难以收好，我已经把他换掉了。小组长都是四个人学习比较好的，由小组成员共同推选出来的，大家还算比较满意"①。

学校制度、家庭因素、教师期望以及学生能力是影响学生地位分化的重要因素。教师基于学生的综合表现，往往对学生有一个预期的分类，如班干部/非班干部，并根据该认知对其进行学业评价，这影响了学生自身的自我评价以及同学之间的他人评价，进而奠定了学生在班级中的社会地位。可见，对中小学生来说，担任班干部对学生学业表现有着正向的影响。从班级三好学生评定、班干部的产生、科代表的选择、小组长的任命以及班级管理人员更替的分析中，不难发现，在学校的班级管理过程中，存在一种类似科层制的管理组织。成为班级干部除了要学习成绩优秀，还须具备与人沟通的能力，在同学中具有威望，遵守学校和班级纪律，具有集体观念，同时卫生习惯和行为习惯较好，深得老师和同学的信任。学生成为班级干部后，就有机会参加学校优秀干部的评定。正如福柯所言，学校是现代社会发展起来的一种规训机构。它行使的是一种规训权力，包括诸多手段、技术、程序、应用层次及目标。它是一

---

① 对 W 老师的访问（20140520）。

种权力"物理学"或权力"解剖学",一种技术学。它直接作用于人的肉体,既是一种控制性的力量,又是一种生产性的力量。① 现代社会秩序建立在对规则与纪律文化的普遍认同基础上,学校的重要功能是通过一系列的管理策略强化学生对现代秩序观念的认同,其中包含着对等级秩序的认同。

三 学业发展的分流

(一)考高中与上职校的差异

《厦门市2014年高中阶段各类学校招生工作方案》规定,非本市户籍进城务工人员随迁子女考生报考厦门市普通高中普通生(含定向生),应同时符合以下条件:(1)具有我市初中学校正式学籍且在学籍所在校有三年完整学习经历;(2)考生在厦就读初中期间,其父(母)在厦有合法稳定职业、合法稳定住所(含租赁)、在厦门市连续缴纳社会保险都应满三年。对于多数农民工来说,由于工作不稳定,他们的社保没有达到连续满三年的硬性条件,使得农民工子女初中毕业不能在城市参加中考。实际上,农民工子女由于频繁转学没有学籍,各类证件难办,隐形费用和设置的高门槛等原因,给其参加中考带来一定程度的限制,这种限制影响到教育结果的公平性。在SZ中学调查时发现,一些农民工由于社保中断,导致其子女不能在厦门参加中考。另外,厦门一中、双十中学、厦门六中另向其所在片区之外招收30名普通生,同安一中、翔安一中另向其所在片区之外招收50名普通生。因此,像SZ中学的学生考取上述学校的机会较少,因为这些学校指标主要针对学校所在片区:(1)厦门一中、双十中学普通生招生计划的55%指标面向思明/湖里片区公办初中学校招收定向生;(2)外国语学校普通生招生计划的40%指标面向集美/海沧片区公办初中学校招收定向生,15%指标面向思明/湖里片区公办初中学校招收定向生;(3)同安一中普通生招生计划的55%指标面向同安/翔安片区公办初中学校招收定向生。符合省一级达标学校普通生填报条件且初中阶段均在学籍所在校实际就读的应届考生可填报

---

① [法]米歇尔·福柯:《规训与惩罚》,刘北成、杨远婴译,生活·读书·新知三联书店1999年版。

定向生。SZ 中学不是福建省一级达标学校，该校考生包括农民工随迁子女在中考时可以报考的学校较少。在 SZ 中学调查时发现，一些农民工由于社保中断，导致其子女不能在厦门参加中考，例如 SZSHQ。

　　SZSHQ，16 岁，初三二班，来自河南息县，父母小学文化，职业不稳定，社保中断，导致他不能在厦门考高中。他学习刻苦勤奋，成绩在中等偏上水平。"我是临时工，他爸在建筑工地打工，我们没有缴纳社保，他还有一个妹妹在这边读三年级。孩子想在这边考厦门的高中，以后上大学。我激将他要好好学习，如果他学习不好，就得回老家或者初中毕业就打工，孩子说他想读书，不想去打工，我们希望孩子考高中升大学。我告诉孩子，学习要靠自己，再说我们文化程度低，没有能力来帮他、辅导他，导致他读书效果不好。我只能告诉他自己用心读书，他每天早晨定闹钟，起床就读书，比较勤奋，晚上也一直在做作业看书学习。为了考高中，孩子每天晚上学到十一二点。对于考高中需要什么证件，我和他爸都不懂。"① 虽然父母和孩子自身希望考高中升大学，但是其工作不稳定又没有社保，导致孩子不能在厦门考高中。正如他的班主任 Z 老师这样描述，"我班学生 SZSHQ，学习一直很刻苦，多次给我说想留在这里读高中考大学，据我所知他爸爸是建筑工，没有社保，这个学生只能回老家参加中考。像他这样的情况，差不多每个班都有五六名学生，如果要参加中考，只能回原籍。但现在转学非常麻烦，除非那边有接收学校出具证明我们才能放走学生"②。"很多学生由于父母在厦门没有缴社保，初中毕业他们不能在这里参加中考，所以他们在上完初二的时候就转回老家了，每个班至少有 5 名学生属于这种情况。还有一些家长觉得这里教学质量不高，在孩子上初二的时候就转回老家读书，在当地参加中考。"③ 可以发现，农民工随迁子女的异地中考、高考升学需求日益凸显，农民工希望子女能够留在城市接受义务后教育，但是厦门针对农民工子女的"四项条件"，即学籍 3 年、暂住 3 年、务工 3 年、社保 3 年，限制了他们当中的一些人在父母务工的城市继续升学。如果让

---

① 对 SZSHQ 家长的访问（20141004）。
② 对 S 中学初三二班班主任 Z 老师的访谈（20141008）。
③ 对 S 中学教务主任 XL 老师的访谈（20141201）。

这些农民工随迁子女回户籍所在地接受义务后教育并不现实，他们中的很多人可能因为无法在城市继续学业而彻底中断学业，过早地进入劳动力市场。①

部分无法在城市读高中的农民工子女被迫读职业学校。"孩子成绩太差，语数英三科加在一起还不能考到200分，排名在300名之外，根本考不上高中。孩子年龄太小，也不忍心让孩子打工。让他回老家复读继续考高中，孩子不愿意回老家，没办法，我们打算让孩子在这里读职业学校——工商旅游学校，学点技术再出来打工。"② 在家长看来，如果有其他出路，他们是不会让孩子进入职业学校的，家长认为职校教学质量差，学不到知识和技能，只能浪费钱和时间。所以厦门中等职业学校生源非常稀缺，招生都困难。农民工家长之所以重视子女升高中考大学而非读职校学技能，原因在于教育知识也是有分化的，高中课程知识是"理论主体型"，与大学课程相衔接的，而职校的课程为"技能主体型"的，是与大学课程相分离、为职业生活做准备的。③ 一方面，职校师资力量差、专业化水平低，办学条件滞后，教育质量不高，社会认可度低，造成很多农民工不认同职业教育；另一方面，受中国传统"学而优则仕"思想文化的影响，人们的教育观念根深蒂固，恢复高考后，人们更加重视升学教育而轻视职业教育，高等教育文凭成为人们进入精英阶层的敲门砖，职业教育受到大学学历的挤压，因此多数人宁愿子女升高中考大学而不是去读职业学校。在对 XN 中学校长访谈时，他强调"农民工子女如果考不上高中可以考职校，只要报考100%录取，因为职校生源不足。但是农民工很多时候不情愿让子女进入职校学习，哪怕子女能够考上较差的高中，他们也希望子女读高中考大学，有些家长为了子女能够进入质量较好的高中，他们在初一读完就让孩子转回家乡的学校，其目的是让子女考入家乡的重点高中，甚至分数不够时花钱也会买进重点高中"④。

---

① 杨娜：《社会排斥与农民工子女的教育公平》，《法学杂志》2010年第1期。
② 对 SZSYWJ 爸爸的访问 (201409013)。
③ 王后雄：《从社会学视角看弱势群体"差生群"生成原因及对策》，《教育科学》2005年第5期。
④ 对 XN 中学后溪校区分校校长 L 的访问 (20141222)。

(二) 转学问题

农民工流动频繁、职业不稳定，造成农民工家庭具有流动性，表现为他们经常搬家，频繁搬家让孩子的就学问题变得复杂，以下从买房的转学问题与未买房的转学问题来分析：

一是买房以后，子女转学主要有以下情形：（1）从边缘化的公办学校转到商品房小区的公办学校，像 QXSXSJ 的转学属于这种情况；（2）从民办学校转到公办学校，例如 QXSRJF 的转学属于这种情况。农民工在城市买房入住后，摆脱了暂住状态，成为常住人口，其随迁子女也变成本地儿童，享有合法的义务教育受教育权，其子女可以从民办学校名正言顺地转入公办学校就读，例如前文中的 QXSRJF，据其爸爸描述，"我孩子从莲岳学校顺利转到 QX 学校，因为买了房子，就没有像其他外来工家长那样为子女转学而找路子走关系，我不认识 QX 学校的人。我反复打市长热线电话，市政府分管教育的副市长接了以后，把这个事情转交给集美区教育局，等到 2014 年 8 月 19 日，集美区教育局教育科科长给我打电话，要我带上相关材料去办理孩子入学事宜，之后 QX 学校教导科张老师主动联系我，帮助办理入学手续，之前根本不理会我们家长"①。因为购房入住后，具有本地户口，QXSRJF 的家长在孩子转学事情上"理直气壮"，而没有遭遇其他外来工家长的"闭门羹"。而大部分农民工由于户口不在打工城市，教育部门以没有学位而不理睬其转学要求。正如 J 区教育局副书记说，"外来人口买了房子，有了户口，必须优先解决他们子女入学问题，不然他们会上访，或者打市长热线电话投诉。教育部门在教育资源的配置上，优先考虑本地常住人口，如果学位有剩余，可以按照积分制的原则，接纳外来工子女"②。本地常住人口因其户籍身份赋予其子女优先的义务教育的受教育权，一直在公办学校就学，可以优先从民办学校向公办学校转学。

农民工买房以后，为了提高子女的教育质量而进行转学，即从暂住区较差的公办学校向居住区教育质量较好的公办学校转学，例如 QXSXSJ 的转学属于这种情况。QXSXSJ 个是 11 岁的男孩，来自福建长汀，原是

---

① 对 QXSRJF 家长的访问（20140919）。
② 对 J 区教育局副书记 P 的访问（20141208）。

QX 学校四五班学生，其父母两年前在杏林购置商品房，2014 年年初交房。为了让孩子上学方便，QXSXSJ 的爸爸将孩子从 QX 学校转到杏东小学就学。"我们手续齐全，孩子转学比较顺利。让我欣慰的是，转学后，成绩逐渐有了起色，更加有礼貌和懂事，行为习惯变好。孩子转学以后，初中可以去厦门十中，如果在 QX 学校，只能去 LA 中学或滨水学校。我女儿初中在 LA 中学，那里老师教得不好，学风很差。所以为了孩子能够进一个好的初中，我就让孩子早点转到杏东小学。"[1] QXSXSJ 的家长因为当年差 4 分没有考取中专而耿耿于怀，"中考过去多年，我夜里多次梦到中考的情形，我总是想，要是自己多写点，多考 4 分，或许考个中专，我就不用出来打工了。我那些同学当时考上了，现在不是镇长就是书记，而我就是再能挣钱也只是一个打工的，回老家的话没有人家风光。十多年过去了，我还是忘不了中考失败的那一幕……我们尽量给孩子创造条件让他读书"[2]。从访谈中发现，有些农民工为子女教育积极创造条件，首先，把子女从家乡带出来接受教育，带在身边亲自管教子女、督促子女学习。其次，想办法把孩子转入公办学校。最后，挣钱买房，为孩子创造更加优质的教育条件。相对来说，经济上比较成功的农民工，其子女的学习机会和学习条件能够得到保障。

在城市没有购房的农民工子女的转学主要有以下情形：（1）民办学校转向公办学校，XCSYJY 属于这种情况；（2）从打工城市转回家乡学校，这类转学手续较为复杂，学校控制较严格，SZSHF 几次转回家乡，没有成功，只能继续在 SZ 中学就读。（3）从家乡学校转到公办学校，例如 JZSHS、JZSYXP、QXSXPH、QXSCGX 等人。相比之下，那些没有稳定工作、经济收入低廉、经常变更工作，在城市被边缘化的农民工，其子女的教育不能得到保障，频繁转学导致其学习成绩较差，特别是到了初中以后，由于农民工缺乏社保、无就业合同等原因，不利于孩子在城市接受优质教育和参加中考。下面以 SZSZZJ 的转学过程为例，分析父母的流动给子女教育带来的消极影响。

SZSZZJ，是一个 16 岁的来自四川永叙的初中生，父母文化水平不

---

[1] 对 QXSXSJ 爸爸的访谈（20140629）。
[2] 对 QXSXSJ 爸爸的访谈（20140408）。

高,职业不稳定,家中有弟弟妹妹。"我以前在海沧住,在建筑工地干活,或者给人家修路,主要是干体力活,后来在海沧砖厂干活。我们去哪,孩子也得跟着去哪,免不了换学校。孩子没有上幼儿园,从老家过来,在新安小学(海沧)读书,是一个民办小学,后来转到灌口小学,本来该上二年级,因考试没通过,就从一年级重读。原来那个民办学校的学生普遍不学习,我们担心孩子这样下去,会毁了孩子的前途,一年级的时候,他原来的同学喜欢打游戏,孩子喜欢跟着同学跑到游戏厅玩,我们那个时候打他,棍子打断也没效果,就给他转了学。这孩子学习自制力差,我希望他能够好好学习。"①

上初中以后,有些农民工子女在厦门上不了重点高中,其父母就希望孩子能够转回老家参加中考,但是这一转学过程会遇到很多限制。SZSHF 的经历具有代表性。SZSHF 是一个初三二班的学,15 周岁,成绩中下等,来自湖北黄冈。他父母觉得在厦门这个学校教育质量不高,担心影响孩子的前途,希望将孩子转回家乡的学校,但是多次转学都未成功。"我老家是湖北黄冈的,教育质量非常好,鉴于孩子目前的学习状况,我想让他转回老家,但是几次家乡学校都不接收,孩子回老家参加了几次考试,都没有考过线,老家的学校也就不愿意我家孩子回去读书。所以现在我很苦恼。在老家没有学籍,那边的学校也不接收了。虽然我们户籍是老家的,但是现在孩子学习不好,那边学校以现在插班生没有名额了为由也不接收。倒是有一个很差的学校愿意接收他,但是我也不愿意让孩子进那个学校,况且孩子从幼儿园就来这边,一直读到初中,听说老家学校老师很严格,管理太紧,他也不愿意转回老家。我老家那边的学校,现在不收插班生,如果成绩好,学校才愿意接收,否则就不接收,学校担心影响升学率。"②

(三)被退学与辍学

有些农民工子女由于学习成绩差,行为习惯不符合学校规范,给校方的管理带来困难,被迫退学的情况时有发生。在小学的低年级阶段,有些学生以劝退的名义不被接收。"一些外来工子女因为不适应学校规

---

① 对 SZSZZJ 爸爸的访谈(20141004)。
② 对 SZSHF 爸爸的访谈(20140919)。

章制度的约束，纪律较差，上课听讲极不专心，故意破坏纪律以引起他人的注意。如 JG 同学学习能力不足，多动，上课坐不住，排队站不住，有点暴力倾向，经常打同班同学，被学校劝退。H 同学曾被校方劝退，家长写了保证书，才被留下。还有学生上课注意力不集中，喜欢转来转去，影响其他同学上课，偷同学铅笔，学校要开除该学生，家长被问责。"[①] 而在初中阶段，尤其是初二、初三时候，一些外来工子女深知自己即使努力学习，也难以考上高中或考上比较理想的高中，于是他们就主动放弃了学习，平时玩电脑、玩手机，上课不听讲。一些农民工随迁子女虽然没有离开学校，但处于明显的隐性辍学状态，即学生虽然没有离开校园，但却处于一种"不在学状态"，没有学习的热情和动力，纯属在学校"混日子"[②]。据 SZ 中学 S 老师介绍，"我们学校只有不到二分之一的人能够升入高中，考入重点高中如外国语中学，每个班不会超过一个人，整个年段前十名才可能有机会考进。一般考进高中，绝大部分都是 J 区教学质量较差的 L 中学、G 中学、XN 中学"。那些无望升入高中的学生被编进 B 班，其教学质量和老师要求都比较低，学生学习劲头明显不足，多数 B 班学生待到初中毕业后成为二代农民工。

[①] 对 XC 学校 J 老师的访谈（20140608）。
[②] 尹志超：《辍学现象的三个转变：农村中学教育中的新问题——基于鲁东南 J 镇的调查》，《学理论》2010 年第 13 期。

第四章 家庭文化资本与家庭教育实践

如果孩子们……每晚回家,一个回到他有钱父亲的铺着松软地毯的画室,而另一个则回到其贫穷父亲或寡居母亲的不舒适的小屋,第二天他们还会像朋友和同伴一样回到(学校)吗?认为他们会一起回到学校的人对人的本性一无所知。

——转引自罗伯特·欧文《工人的辩护者》,1830年。

布迪厄指出文化资本的获得方式:第一种方式"在人们对此还未形成意识的早期就全面展开了";第二种方式"从较晚的时期开始,以一种系统的、速成的学习方式进行"①。文化资本的继承通常始于幼年时期,行动者从小在家庭生活的熏陶下开始习得父母的文化资本。在一种"自由的文化"的家庭氛围中,其言行举止都将成为孩子们竭力效仿的对象,所以通过耳濡目染的模仿行为,行动者继承其父母的文化资本并将其内化为自己的文化资本。相反在"匮乏的文化"家庭生活中,农民工子女习得适应学校场域的文化资本需要较大的代价,然而父母不合拍的管教方式影响了子女文化资本的移入。因此,文化资本的效果在不同阶层的家庭环境中有所变化,在较高社会经济地位的家庭,文化资本对学业表现的影响是一种再生产效应,而在底层家庭,文化资本对学业发展的影响是一种教育流动的模型。因为底层出身的儿童,文化资本的获得不仅仅是知识和技能的积累,它同时也意味着必须放弃原有的生活方

---

① 朱伟珏:《"资本"的一种非经济学解读——布迪厄"文化资本"概念》,《社会科学》2005年第6期。

式和价值观念,认同并接受支配阶级的文化惯习①。据此,本章结合实地调查资料,分析不同农民工的家庭文化资本状况及其家庭教育的实践,对其子女表现的影响。

第一节 农民工家庭的家长教育经历与文化资本

家庭文化资本涉及家庭文化背景、知识技能、性情倾向,语言能力、行为习惯,以及对书籍、音乐和美术作品的占有情况,鉴于目前农民工子女教育的辅导机构或晚托机构的盛行,笔者将影子教育(课外补习)作为家庭文化资本的外延,纳入家庭文化资本的范畴(见表4-1)。

表4-1　　　　　农民工子女家庭文化资本分类表

表现方式与表现方向	对内	对外
身体化的家庭文化资本	父母对子女的教育方式、教育期望、教育信念,父母与孩子的对话与沟通、家庭的语言习惯、阅读习惯、子女的学习习惯。	父母有助于子女发展的人际关系、父母的处世方式、子女的处世方式。
客体化的家庭文化资本	有物质载体的文化商品、文化耐用品、家长对子女学业的辅导、课外补课,课外辅导班。	以及通过具体活动展现的文化活动的参与、父母与老师的沟通、文化旅游等。
制度化的家庭文化资本	父母的教育文凭、子女的教育文凭、技能资格证书。	家族成员中对子女成长有影响的人的教育文凭等。

家庭是文化资本的始源,子女学业表现在很大程度上与早期家庭环境有关。与中上层的家庭相比,多数农民工子女家庭形成的文化资本(习性),如父母的教育理念和教育方式、子女的认知、求知欲、语言等,都处于劣势,农民工子女因缺乏对学校的认同和认知的解码能力,

---

① Mads Meier Jager, "Does Cultural Capital Really Affect Academic Achievement? New Evidence from Combined Sibling and Panel Data", *Sociology of Education*, Vol. 84, No. 4, October, 2011, pp. 281 – 298.

在与中上层家庭的学生竞争中,处于不利地位。中上层家庭文化资本较为丰富,能够创造"自由的文化",其家长在子女教育参与方面更为主动,采用较为平和的方式处理子女教育问题,能够得心应手,家长能够投入较多的精力、时间和金钱在子女身上。家长对子女的教育期待较高、教育信念较为合理,而且积极营造良好的文化氛围伴随子女的学习。而底层农民工家庭,他们更多地有着生计压力,对子女的教育参与处于被动地位、失语或忽略的状态。

一 农民工子女的家长的受教育情况

多数农民工家长成长于城乡二元结构下的基础教育不平等的社会环境中,当时基础教育资源明显体现着城市优先发展的倾向,无论是在教育的财政投入(见表4-2),还是资源配置、师资力量、课程设置等方面,城乡差距悬殊。在课程设置上,由于农村师资缺乏,只能保证语文、数学等主课的教学,对外语、计算机、音乐、美术等副课教学难以保证[①]。1983年教育部《关于进一步提高普通中学教育质量的几点意见》中,"农村的部分初中,由于目前缺乏师资,经县教育局批准,可主要开设好语文、数学、政治、农业基础知识等课程,其他课程可适当降低要求、删减合并或举办讲座"[②]。城乡二元结构下基础教育不平等的结果便是农村居民的教育水平整体低于城市居民(见表4-3)。农村居民未上过学的比例为9.56%,镇为5.56%,城市为4.21%,农村是城市两倍还多;接受小学教育的比例,乡村为46.00%,镇为30.15%,城市为23.90%。在中专、大学专科、大学本科的受教育程度的比较中,乡村远远低于镇和城市。比较全国15岁以上的文盲比例,发现乡村高于镇、镇高于城市(见表4-4)。在15—19岁、20—24岁、25—29岁、30—34岁年龄段,依然显示出,乡村的文盲比例高于镇、镇高于城市。

[①] 李淼:《城乡二元结构下的基础教育公平问题》,中国社会科学出版社2012年版。
[②] 余秀兰:《中国教育的城乡差异——一种文化再生产现象的分析》,教育科学出版社2004年版,第107页。

表4-2　　　　　1999年全国普通中小学生均教育经费支出　　　　单位：元

	生均教育经费支出		生均财政预算内教育经费支出	
	初中	小学	初中	小学
全国	1102.50	625.45	625.46	378.72
城镇	1423.85	841.11	811.69	515.27
农村	861.64	519.16	485.82	310.58
城镇与农村比	100∶60.5	100∶61.7	100	100∶60.3

资料来源：农业部农村经济研究中心编：《中国农村研究报告》，中国财政经济出版社2002年版，第616页。

表4-3　　　　乡村、镇以及城市居民受教育状况的比较

	乡村（人数725179200）		镇（人数154912145）		城市（人数256608948）	
	总人数	比例%	总人数	比例%	总人数	比例%
未上过学	69302646	9.56	8674839	5.56	11651951	4.21
扫盲班	16684699	2.30	1825202	1.18	2257394	0.88
小学	333589045	46.00	46706064	30.15	61318242	23.90
初中	260249024	35.90	60682923	39.17	101454660	39.54
高中	33070572	4.56	20315199	13.11	34588074	13.48
中专	8490973	1.17	8959320	5.78	21759321	8.51
大学专科	3248074	0.45	6176516	3.99	19560896	7.63
大学本科	522866	0.07	1546267	1.00	12081593	4.71
研究生	21301	0.000029	25815	0.02	836817	0.0033

资料来源：国家人口普查办公室、国家统计局人口和社会科技统计司：《全国2000年人口普查数据》，中国统计出版社2002年版，第593—632页，经统计测算与整理。

表4-4　　　乡村、镇及城市15岁及以上人口文盲比例的比较①

	乡村		镇		城市	
	文盲人口	比例%	文盲人口	比例%	文盲人口	比例%
总况	67445733	11.55	8393894	6.45	11152442	4.57

---

①　资料来源：国家人口普查办公室、国家统计局人口和社会科技统计司：《全国2000年人口普查数据》，中国统计出版社2002年版，第633—640页。

续表

	乡村		镇		城市	
	文盲人口	比例%	文盲人口	比例%	文盲人口	比例%
15—19 岁	846139	1.39	49765	0.34	56162	0.20
20—24 岁	1132255	2.11	79434	0.59	91444	0.33
25—29 岁	1797526	2.61	152263	0.87	198697	0.64
30—34 岁	2229173	2.87	208814	1.14	272064	0.87

资料来源：国家人口普查办公室、国家统计局人口和社会科技统计司《全国 2000 年人口普查数据》，中国统计出版社 2002 年版，第 633—640 页，经统计测算与整理。

2012 年，笔者在对厦门市农民工的调查时发现[①]，农民工家长的受教育程度中，以小学和初中为主（见表 4-5）。

表 4-5　　　　　农民工丈夫与妻子的受教育程度

受教育程度	您的受教育程度		您爱人的受教育程度	
	频次	百分比%	频次	百分比%
未受教育	8	2.4	24	7.0
小学	52	15.3	86	25.4
初中	173	51.0	154	45.4
中专或技校	29	8.6	20	5.9
高中	59	17.4	38	11.2
大专	18	5.3	17	5.0
总计	339	100	339	99.9

从表 4-5 看出，在农民工家庭中，就受教育程度而言，丈夫高于妻子。其中妻子在未受教育、小学选项中，后者比前者高出 4.6%、10.1%。在初中、中专或技校、高中的选项中，丈夫比妻子高出 5.6%、2.7%、6.2%。曾焕平 2010 年对厦门市湖里区湖里中学的调查时发现，农民工子女家长的文化程度低于非农民工子女家长。在未受教育、小学、

---

① 本次主要调查了三年级、四年级、五年级的学生家长。

初中的选项里，前者所占比例是7.1%、12%、42.8%，后者所占比例是0、4.3%、20%。从高中、大专、本科及以上来看，前者所占比例为38.1%、0、0，后者所占比例为47%、25.2%、3.5%。[①] 所以厦门市农民工家长的受教育程度低于非农民工子女家长的受教育程度。

笔者根据实地调查资料的发现，大多数农民工子女家长处于农村教育落后于城市环境下接受农村教育，这种农村教育使得他们文化资本积累较少。根据实地调查资料，农民工子女学生家长之所以受教育程度的种类和数量不如城市子女学生家庭，在于城乡二元结构下，农村教育机会的匮乏限制了农村居民接受教育的可能性。以下结合优等生家长、中等生家长及差等生家长的教育情况，分析早年的农村教育机会对其农民工家庭文化资本积累的影响。

（一）教育条件的限制

"我父母没文化，家里穷，当时父母连我的学费都交不起，我当时没有机会上学。我当时读书的时候，在班里能够占前3名，读小学一、二年级的时候成绩不好，到了三、四、五年级成绩比较好，初一还行，初二、初三成绩落下去了，比较贪玩。如果当时家里有人有点文化知识，能够管我一下，我也不至于成绩会落下去。我觉得孩子现在读书的条件比较好，我小时候和他们现在没法比。我小时候在农村，经常跑着玩，放学回家还要帮家人干农活。回到家根本没法学习。当时，学校老师天天喝醉，成天到晚打麻将，老师没有把心思放到教学工作上，而且学校大多数教师是民办教师，他们既要教书也要种田劳动。如果遇到农忙季节，老师经常不上课，让学生自学。到了初中，这种情况还是比较普遍，有些课程经常没办法开起来，比如英语，也都是哑巴英语教学模式。"[②]

从QXSSSB爸爸的受教育经历来看，农村教育师资力量较差，课程开设不全，老师不够重视教学工作，一些农村学校民办教师居多，造成农村教育质量普遍低下，影响了当时农村孩子进一步接受教育的机会。而且大多数农村家庭经济条件不好，无法支撑子女进一步教育。另外，

[①] 曾焕平：《农民工子女义务教育阶段教育公平的实证研究——以厦门市湖里中学为例》，硕士学位论文，华中农业大学，2010年。

[②] 对QXSSSB爸爸的访问（20140326）。

农村家长也不够重视子女的教育,当时一些孩子放学之后,要么随父母干农活,要么在村子里跟其他孩子一起玩耍。"就小孩子读书来说,跟我们那个年代是有差别的。我们小时候,主要学的是语文和数学,小学的很多课程都被剥夺了。农村的学校一些课程没办法开起来。我上学的时候,放学回来还要帮着爸妈下田劳动,放下书包就要去放牛、打猪草。"① 在当时农村环境下,至于孩子的学习成绩,家长的要求也不是过分严格。如果孩子能够考到60分,家长也会夸奖,"能够考及格,不错"。

(二)农村教育机会的匮乏

访谈的时候,多数农民工家长表示,由于子女比较多,家庭经济条件较差,家长往往将上学的机会留给较小的孩子,让较大的孩子帮忙带弟弟或妹妹。SZSLSS妈妈、GXSLHQ妈妈、JZSHS妈妈、XCSYJY妈妈、QXSXZY爸爸等人,就是由于在家排行靠前,把上学的机会留给弟弟妹妹,他们往往小学没有毕业或者压根没有上学,就在家照顾弟弟或妹妹。我们以SZSLSS的妈妈为例,分析农村教育机会的匮乏对他们的文化资本积累的影响。

"我以前学习还可以,小学考上了初中,家里农活比较多,妹妹要开始读书,我哥哥要去外地学手艺,父母年龄大了,家里农活缺人手,爸妈要我回来干活,我就很听话,不再读书了。再说那个时候,我们村子女孩子比我读书还少,那个时候爸妈说不要我再去读书,我就答应了。我在工厂上班,属于操作工,每天上班辛苦,我带过孩子到工地,让她看到我工作的状态,每天又脏又累,她看到我很辛苦,很懂事地告诉我,她会努力学习,以后不让我和她爸吃苦。"② QXZLSS妈妈由于当时家庭经济条件差,被迫辍学,从而放弃了继续求学的梦想。由于当时缺少这种机会,出来打工的命运就这样形成了,但是他们并没有把这种自身没能实现的梦想忘记,而是努力出来打工,为子女创造条件,希望子女能够考上大学改变命运。他们进入城市打工以后,自身也在不断学习,追求经济社会地位的变化。

---

① 对QXSSWC爸爸的访问(20140323)。
② 对QXZLSS妈的访谈(20141004)。

（三）缺少经济条件读书

"我从来没有看过书，现在很多知识忘记得差不多了。很多字见了认识，写不出来，提笔忘字。我上小学的时候，成绩不怎么好，上初中的时候英语不行，初一的时候英语还可以，到了初二就跟不上课了，在初二和初三的时候，我就不想学习了。假如我英语学得好，我也能考上中专的。高中考上了，家里没钱我就没去读。那个时候我哥哥在上高中，我家兄弟四个，老家穷得连饭都吃不饱，连个馒头都吃不上。我哥高中毕业考上了郑州的一所学校。父母从内心是想让我们读书的，但家里没钱，心有余力不足。我自己读书的时候，当时学校老师比较缺乏，音乐、体育、美术这些课根本没有开设，更不用说电脑了。当时开课基本是语文和数学。"① QXSZT 的爸爸，由于家里比较穷，加上哥哥读高中，使得他考上高中也没去读，他的经历与 QXSZZH 的爸爸有相似之处。"我上高中的时候，家庭经济条件差，爸妈年龄大了，当时外出打工的人比较少。有时学费交不起，我的哥哥帮我出学费。上高中要住校，吃饭在学校，他们也接济生活费。那个时候根本没钱去买课外书，如果有机会看到课外书，就会一直看，直到翻破，里面的好词好句记熟了自然也会灵活运用的。以前我的学习条件很差，只有教材和练习册，现在孩子学习条件好了，反而自己主动不去看书的。"② 父辈农民工读书机会的缺失，影响了老一辈农民工家庭文化资本的积累，同时限制了他们在城市的就业能力，影响了职业获得和经济地位的获得，这反过来影响了对子女教育的文化资本投入，进一步影响了子女的学业表现。

二 农民工家庭的文化资本

（一）身体化的文化资本

文化资本的概念旨在关注学校教育结构与儿童习得的家庭文化习性的亲和性，以及在此基础上的家庭卷入学业的差异。③ 行动者的习性主

---

① 对 QXSZT 爸爸的访问（20140405）。
② 对 QXSZZH 爸爸的访问（20141012）。
③ Loizos Symeou, "Cultural Capital and Family Involvement in Children's Education: Tales from Two Primary Schools in Cyprus", *British Journal of Sociology of Education*, Vol. 28, No. 4, July, 2007, pp. 473–487.

要来自客观机会的无意识内化的结果。对于儿童而言,早年的家庭社会化,能够将生活机会加以内化。习性(habitus)使行动者偏向于选择依据他们的资源于过去经验最可能成功的行为方式。[①]据此,布迪厄侧重于早期社会化的差异,他以家庭的文化资本不平等审视社会等级的再生产。"习性传达着一种在分层的社会世界中的恰当感与不恰当感"。因而,文化资本可以区分不同家庭在文化资源上的类型及性情差异。本章在使用文化资本的时候,侧重于农民工家庭的"城市生活所需的知识不及城里人多"[②]。据实地调查,多数农民工子女进入学校时,带着早年生活形塑的惯习、知识和技能等,只有当其习性与学校文化相匹配、被学校文化肯定并赋予合法化的价值后,这种惯习就转化为孩子的身体化文化资本。多数农民工子女基本都保持着家乡的方言、生活习惯、知识体系与思维模式,这些乡土文化在他们的日常生活中不可或缺,但是与学校所承载的城市主流文化存在一定程度的背离,这极大地限制了农民工子女形成与学校所要求一致的思维逻辑和行为习惯,不利于其在学校生活的学业表现,导致了农民工子女从文化资本的再生产到教育的再生产。本部分从教育认知、教育期待、教养方式、家庭学习氛围方面分析农民工家庭文化资本对子女学业表现的影响。

1. 父母的教育认知

农民工家庭的身体化文化资本对子女学业的影响,从父母关于教育的认知可得,包括对子女教育的态度(希望孩子能够考上大学,不再重复父辈的命运)和对自身教育的感知(当时没有条件读书,不然不会是现在的状态),这种对教育的感知嵌入他们的日常生活中,透过言传身教影响子女的学习态度、学业志向,最终形塑着子女的教育惯习。可以这样说,身体化的文化资本是一种习性,嵌入家庭生活内部,属于内生性资源,有助于将家庭文化资本成功传递给子女,成为子女的学业资本。就我们对农民工随迁子女家长的接触和调查而言,虽然多数家长没有时间和精力辅导孩子功课和指导孩子学习,但是他们普遍关心孩子的学习

---

① [美]戴维·斯沃茨:《文化与权力——布尔迪厄的社会学》(中译本),上海译文出版社2011年版,第123页。
② 费孝通:《乡土中国 生育制度》,北京大学出版社1998年版,第14页。

成绩，希望孩子能上大学，但是他们又认为孩子学习好坏及能否考上大学是与出身有关的。

一位开三轮车送货的农民工这样描述教育孩子的精力，"我们住在叶厝，附近都是工厂，我开三轮车帮别人送货，老婆①现在经营一个小杂货店，同时帮外来工洗衣服、打理麻将馆。我有两个女儿和一个儿子。我觉得读书和遗传有关系，我自己读书不行，现在我小孩也不怎么会读书的。我觉得孩子能不能上大学与遗传有关系，父母有正式工作的，人家的孩子考上大学非常容易，人家父母回家看书看报，每天坚持学习，能够带动孩子和督促孩子学习。我家没那个条件，但是我们还是希望三个孩子都有出息，至少有一个能够考上大学吧，三个都考上经济压力也太大。只要哪个孩子能够考上大学，我们就会尽量供应他（她）读书。我只想着孩子能够好好读书将来有出息。我觉得这个社会还是有学问比较好，不管将来做啥，有知识的人受欢迎，没有知识的人都会被社会淘汰的"②。QXSZT 爸爸希望孩子都能读大学，就对孩子的教育认知来说，认为知识比较重要，孩子若考上大学将会好的出路，同时他们也觉得孩子能不能上大学与家庭出身有关。因此他们平时教育孩子的时候，经常给孩子灌输"考上大学住楼房、考不上大学运垃圾"的思想，这种教育改变命运的信念使得 QXSZT 学习自觉，从未拖拉作业，父母不给买书，她就找同学和学校图书馆借书。但是父母在教育孩子的时候，经常把自己的生活磨难告诉孩子，把自身在城市的生活压力传递给孩子，正如她妈妈这样描述，"如果我看到孩子作业写得不好，我就给她撕掉，如果她不听话，我就会狠狠打她，如果她跑，我就打得她不敢动为止"③。

同样是多子女家庭，GXSLHQ 的父母在教育孩子的学习认知方面存在鲜明对比，她妈妈虽然受教育程度不高，但是她给予女儿积极的支持和坚定信念，让女儿觉得家长重视孩子读书，而且家长尊重孩子的想法和感受，很少惩罚孩子。"以前我没读几年书，刚上初一就不读了。当时条件不允许，我没有继续读下去。我对孩子目前的表现也基本满意，

---

① 2014 年下半年因杂货店和麻将馆生意较差，QXSZT 妈妈去新华都超市做上货员。
② 对 QXSZT 爸爸的访谈（20140405）。
③ 对 QXSZT 妈妈的访谈（20140405）。

不能要求太高,她三科都能到八九十分,我们已经知足了。因为我们家长也没有什么文化,毕竟我们不能给她辅导什么。她很懂事,学习非常自觉。平时我上班的时候,都是 GXSLHQ 带弟弟,承担照顾弟弟的责任,她学习和作业也不用我操心。我期待孩子学习更好,比如这次升初中,希望她能够考个实验中学。我以前听说过,双优生可以提前摇号。我们都关心孩子升学的事情,我希望她能够好好学习,考上大学。孩子的理想是考上厦门大学法律专业。至于她将来的职业,我也没有想那么多,主要靠她自己了。有时候等我加班回来,都晚上9点了,她每天还要去幼儿园接弟弟。"① GXSLHQ 妈妈觉得孩子懂事,体贴她妈妈工作的辛苦,帮助妈妈分担家务、照顾弟弟,她很少打骂孩子。她没有将自身的生活压力传递给孩子,从而对孩子实施严厉的教育方式。她对女儿的管教比较民主和温和,尊重孩子的意见。比如孩子同学过生日,她不像别的同学家长那样专断,说不能去就不能去。如果孩子跟家长商量,会尊重孩子的意见,尽量让孩子参加。孩子在老师和同学心目中,都是好学生,属于听话懂事负责的那种,被评为厦门市"三好学生"。

从两个家庭的对孩子的教育认知来说,他们都是多子女家庭,父母带着子女进城打工,他们都希望子女考上大学,改变命运。他们代表底层社会,对于考大学的认知非常有限,并且认为考大学的事情还是要靠孩子自己。这种对子女的教育认知,往往不是明确的传达,但是它通过家庭潜移默化地影响孩子对未来的选择和期望。

2. 父母的教育期待

父母的教育期待有益于催生子女的学业志向,进而影响到子女的学业表现。对子女教育目标的期待是推动人们进行各种教育实践的重要动力。尽管教育期待并不完全体现在学业期待上,但是,从家长对孩子的学业期待出发,可以更好地理解家长对于家庭教育活动的自觉程度。② 调查时,多数农民工都期望子女能够接受大专以上的教育,希望孩子考上大学,将来能有一份体面的工作,迫切希望子女可以通过教育来改变

---

① 对 GXSLHQ 妈妈的访谈(20140330)。
② 刘谦等:《家庭教育与学校教育互动的文化机理初探——基于对北京市农民工随迁子女教育活动的田野观察》,《教育研究》2012 年第 7 期。

家族的命运。在对农民工子女教育期望的调查中，89%的家长都希望子女能够达到大专以上的教育水平，仅有4.9%的父母认为子女接受初中以下教育。① 但是对子女的教育期待在向子女的学业志向转化过程中出现了问题，有些家长因为子女学习态度差降低了对子女的学业期待，表现出"恨铁不成钢"的心理，造成农民工子女在学业遇到困难的时候无法克服，成为学业发展的失败者。但有些家长持之以恒，给予子女强大的精神动力，他们成功地把对子女学业发展的高期待转变为子女的高学业志向，培养子女自觉的学习态度，从而使得子女学业发展比较顺利。

SZSLBY是一个16岁的男孩，现在在初三二班，成绩较差，比较懒散，玩游戏、玩电脑。他学习态度较差，在初二的时候因为成绩不好，他爸打了他一顿，为此他离家出走。他爸为了让他能够顺利初中毕业，给他买了2000多元的手机。

问："你为什么离家出走，爸妈没有让你在家好好复习功课、做作业吗？"

答："不想读了，在学校上课痛苦，又被老师同学看不起。我学不来，如果在家不去上学会被爸妈责骂，就不想在家，想早点出来打工了，还能赚点钱。"②

像SZSLBY这样的农民工子女学习成绩下滑的时候，他们不是加倍努力赶上，相反，他们认为自己学不来，于是在学业上主动放弃，成为老师和家长心目中名副其实的差生。据他爸爸描述，"孩子学习态度很差，作业基本不写，给他买的英语磁带，他说听不懂，我给他买的英语练习题，他不肯做，现在还是全新的。我本来希望孩子好好学习，考个高中、上个大学，将来有份稳定的工作。我对他是恨铁不成钢，每次考试以后，我对他既打又骂，他现在对学习无所谓。他给我说，'不要给我说这些，你当初不好好学习，没有资格要我好好学习'，指望他上大学是没希望了，我当时很生气，就动手打了他。他叛逆，骂不得打不得，他居然跑出去10多天不回家。这样就随他去吧，我希望他能够顺利初中

---

① 孙文中：《从文化资本角度看农民工子女家庭教育的缺失——基于闽南地区的实地调查》，《海南师范大学学报》（社会科学版）2013年第5期。

② 对SZSLBY的访问（20140913）。

毕业，如果考不上高中，至少也得上个职业学校，这么早进社会也是打工。他答应我，只要不让他考高中，职校他会去的，为了这个约定，我给他买个 2000 多元的手机。"①

该个案表明，父母对子女教育寄予很高的期待，他们希望孩子能够考大学改变命运，但是他们对于这一结果的期望并未转变为对子女学习过程的关注。离家出走并非偶然发生的事件，经过与教务处老师访谈后发现，SZ 自建校以来，这个学校每年有差不多 1 到 3 例的离家出走事件，大多从 1 个星期到 1 个月的时间不等，一般经历离家出走以后，他们在父母的寻找下回家，然后回校上课。学生离家出走情况的发生有以下情形：(1) 学习成绩比较好的，但是父母期望过高，管教过严，施压较多；(2) 学习成绩较差的，亲子关系紧张，在家庭和学校中得不到关爱，讨厌学习；(3) 犯了错误的，父母和老师责备，自感无法承担责任。②"离家出走"的背后折射出子女对家庭空间的权力密集的逃避。从 SZSLBY 个案本身来看，离家和离校是同时发生的，但是家庭给予他的是和学校同样的压力，学校的规训要求在家庭中得到了延续，甚至是升华。家庭空间中的规训和学校中是一致的，而学校的对于学业强化的要求，家长一般是不会违背的。家长维护学校的威严和秩序，进而在家庭中使用父母的权威加以控制和规训。③

SZSLBY 从幼儿园到小学一年级上的都是民办学校。小学时 SZSLBY 家长工作太忙，经常给孩子吃早餐的零花钱，SZSLBY 却把这些钱用来打游戏和上网，家长对这一过程并未给予足够的专注，即使后来发现，也都是以惩罚的方式希望孩子戒掉网瘾和游戏，但是 SZSLBY 的习惯已经形成，"有空他就玩游戏，打开电脑就上网"。换言之，底层农民工家长忙于生计，在子女教育过程中并未将对子女的教育期待转变为子女自觉的学习态度。子女学习态度不好，学习习惯较差，较低的学业志向，导致学业表现不佳。正如布迪厄所言，惯习的不同给个体以不同的文化技

---

① 对 SZSLBY 爸爸的访问（20140913）。
② 石艳：《我们的"异托邦"——学校空间社会学研究》，南京师范大学出版社 2009 年版，第 188 页。
③ 石艳：《我们的"异托邦"——学校空间社会学研究》，南京师范大学出版社 2009 年版，第 189 页。

能、社会关系、教育行为和其他文化资源；这些不同的资源随着个体步入社会，又可以被转化成不同形式的价值（资本）。在以后的人生中，也有可能形成新的惯习，但是这些新近习得的特质意向与童年时学到的那些相比则缺乏那种舒适（自然）的感觉①。

农民工家庭对子女的学业期待除了"恨铁不成钢"外，还有通过言传身教的方式成功转变为子女学业志向的，以一种"春风化雨"般的力量，形塑子女的学业追求，呈现出"功到自然成"的状态。我们以QXSSSB成长中，他爸爸如何引导、激励和惩戒孩子的经验故事，来分析这一过程。QXSSSB，12岁，五五班学生，成绩优秀，学习自觉，喜欢摄影，参加比赛获过奖（见图4-1），比较听话、懂事，在父母和老师眼里是一个很乖的孩子。幼儿园读了三年大班，从一年级至四年级每门课都是90多分。父亲来自安徽肥西，母亲来自福建莆田。"就教育观念来说，我觉得这个社会不能只有文凭，还必须有能力。平时孩子生活自理能力比较强，我们也培养孩子自觉自立的学习习惯，我希望孩子能够考上重点大学。孩子从小在学习方面也比较自觉。我觉得学习应该循序渐进，打好基础一步步来，不能提前也不能滞后。根据学习能力再进行额外的辅导，不能给孩子太多压力。到了一定年龄阶段，该学啥就学啥，家长老是想让孩子超前学习，岂不是拔苗助长。星期六、星期天，无论如何也得让孩子放松一些。作业写一下、课外书看一下也就可以了，让孩子适当玩一下电脑、手机，给他一些自由的时间。我觉得他这个年龄阶段，课本的东西能学透，其他基本上也就没啥问题了。我看到孩子经常拿着手机拍照，我问他为什么拍照，他告诉我他喜欢摄影。我为此给他买了5000多元的相机，假期带他出去旅游，给他提供拍照的机会。孩子在这个方面比较擅长，我们就引导他，鼓励他参加学校的摄影作品比赛，还获过一些奖项。"②

就家长对孩子的教育期待而言，多数家长对孩子有较高的教育期待，父母将孩子带进城市，本身希望孩子接受优质教育，期望孩子能够考上

---

① ［美］安妮特·拉鲁（Annette Lareau）：《不平等的童年》（中译本），北京大学出版社2010年版。

② 对QXSSSB及其爸爸的访谈（20150111）。

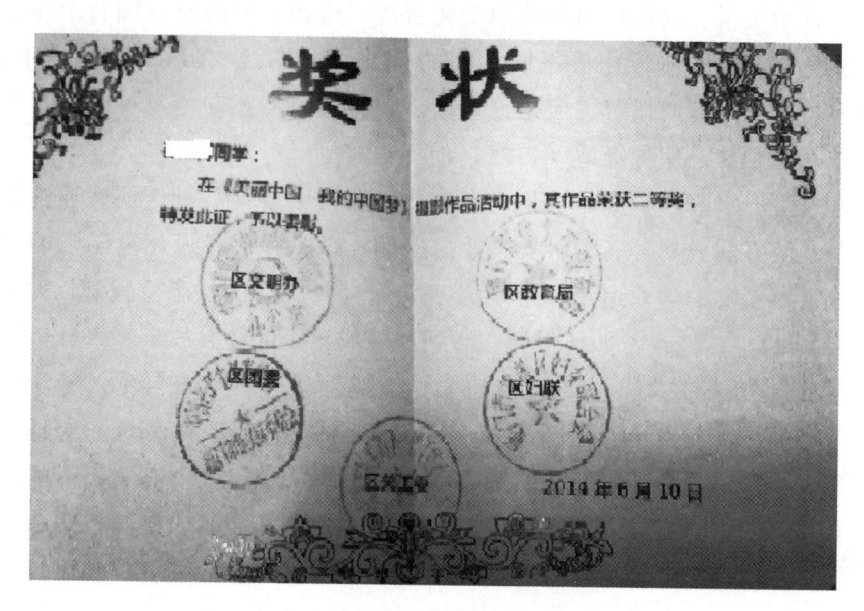

图 4-1　QXSSSB 的摄影作品获奖证书

大学，这符合家长"望子成龙"的心态，但是家长如何将这种教育期待转化为子女的学习态度，并形成学业志向，这本身与家长教育参与的情感能量有关。柯林斯认为，父母与子女的交往过程是关涉情感能量投入的过程，情感能量的支付可能导致积极的情感回报①。在家庭生活中，那些掌握了文化资本要求并遵从的农民工家长，会趋于在与子女的交往中倾注正面的情感能量，使其子女收到最为积极的情感能量。孩子将这种情感能量转化为学习动力。虽然期待本身不能直接带来子女学习成绩的提高，但是父母的期待"带有一种'隐蔽的强化作用'，它通过子女的知觉和投射两种心理机制，使他们或在自觉意识的水平上，或在自发无意识的水平上受到良好的激励"。质言之，父母对子女的教育期待是影响学生学业成绩的重要因素。家长关注孩子成长的心理变化，注意发现孩子的兴趣和爱好，适当培养孩子的兴趣和特长，形塑了孩子的惯习。当然家长要懂得学习是一个过程，要尊重孩子成长的规律，逐步培养良

---

① ［美］兰德尔·柯林斯：《互动仪式链》，林聚任、王鹏、宋丽君译，商务印书馆 2012 年版。

好的习惯和生活自理能力，这样的家长在教育孩子的时候采用的是一种协作培养的方式。

3. 家庭教养方式

地位较低的家长重视其子女对外部权力的服从、整洁和诚实；而地位较高的家长则强调好奇心、自我控制、思考和幸福[①]。在农民工子女的教育过程中，他们比城市儿童更少地感受到父亲的情感温暖，更多地感受到父亲的惩罚、严厉；同时，农民工子女感受的来自母亲的情感温暖也少于城市儿童，也比城市儿童感受到母亲更多的拒绝和否认。[②] 多数农民工家长强调"孩子的服从与听话"，这无疑给其与子女的沟通造成障碍，严重影响了孩子的学业与成长。由于多数农民工沿袭了农村的家庭教育观念，对子女管教过分强调服从、遵从权威，更倾向于严厉和专制，与孩子说理较少，语言比较贫乏，很少向孩子表示温情。下面以实地访谈和观察资料，分析农民工子女在教育过程中遭遇的家庭惩罚与语言暴力。

> QXSZZH，11岁，来自江西庐山，父亲当年差7分没有考取大学，母亲是小学文化。父亲是普工，经常加班，母亲打零工，经济收入不好。他还有一个5岁的弟弟，在幼儿园上大班。孩子学习成绩不好，对学习没有兴趣，做事比较磨蹭，他性格内向，不爱讲话，不招爸爸的喜欢。孩子上幼儿园的时候，他爸爸就经常辱骂孩子，上小学一二年级的时候打他较多。特别是在他成绩下滑的时候，他爸爸对他恨铁不成钢。孩子做作业太慢而且边写作业边看电脑。"我们希望他能够跟上班级的中等成绩，现在孩子数学都不及格，当然失望了。我说的话只要他能听进去，能记住我教他的一部分知识，就好了。目前孩子以学习知识为主，我希望他能够考上大学。可能我对他的期望值太高，反而让我失望"。"我也喜欢下象棋，如果我教他一下子教不会，我就着急，想骂他也想打他。我对他简直是失

[①] Kohn M. L., "Social Class and Parent-child Relationships: An Interpretation", *American Journal of Sociology*, 1963.
[②] 曾守锤：《流动儿童父母的教养方式及其对干预的启示意义》，《教育导刊》2009年第5期。

望至极,就用棍子打他,甚至让他一直跪着。没办法,我只能惩罚他,我想这些以后他长大会明白的。打他也是为他好,希望他能够学习好,看到他目前学习的样子,越想越生气。"①

现在孩子害怕与他爸爸沟通,惧怕他爸爸骂他、打他、侮辱他。他爸爸经常这样骂孩子,"这么简单的题不会做,真是个废物!"有时嫌弃孩子语言贫乏,作文太差,"我每个学期都会给他买作文书,就是不见他长进,连一句完整的话都不会写,词汇贫乏,不会学以致用。在语文方面,我告诉孩子,课本中的好词好句你在写作文中要灵活运用。但是他听了之后还是不会灵活运用。那些成语学了之后,根本没有记住,我看他真是个废物"。"在数学方面,我教了他多次,他就是不会灵活运用,我就想骂他打他,觉得他脑袋是木头脑子"。生活在被爸爸训斥的环境中,孩子作业中不会的问题,也不敢去问他爸,去问他妈妈,她也不会,孩子在家不怎么讲话,到了学校也不怎么讲话,上课不会的问题,也不敢去问老师,对学习失去了信心。QXSZZH爸爸表达了对教育的看法,"因为没有考上大学我觉得自己人生很失败,为此我希望孩子学习成绩能够好起来,考上大学,但是孩子目前的学习状况让我很伤心。我觉得孩子比较笨,每次考不及格我就打孩子。他不善于观察、思考,记忆力不好,脑子不开窍,而且学不进去"②。对于孩子的现状,他妈妈认为,孩子自卑内向、动作缓慢,与他爸爸的惩罚有关。"他爸爸打孩子的动作很大、声音很响,经常把扫把打断,他那个声音弄得整栋楼都能听到,孩子被吓得不敢出声,我就出来制止他这样。我觉得如果孩子能够考上大学是好事,考不上大学也没啥"③。

从QXSZZH挨打的故事中可以看出,孩子不理想的学习成绩,使得家长对子女的期待逐渐降低。父辈为子女"考大学过上好生活"的愿望因为子女不成器,让父母失望,他们开始对这种不争气的孩子进行惩罚和语言暴力,他们没有想到这种家庭教育方式对子女身心发展的影响。

---

① 对QXSZZH及其爸爸的访谈(20150505)。
② 对QXSZZH及其爸爸的访谈(20140505)。
③ 对QXSZZH及其妈妈的访谈(20141012)。

部分高中毕业未上大学的农民工家长，可能像 QXSZZH 爸爸一样对孩子的教育问题陷入了困境，对孩子的教育期望高，但是又往往因为孩子的成绩不够理想去惩罚孩子。农民工随迁子女的家庭教育中往往采取这种身体惩罚和语言暴力的家庭教养方式，采取一种简答化的处理方式。在农民工的心目中，"乖巧听话"才算得上是好孩子的标准，对于孩子的智力开发，兴趣培养，他们较少考虑。他们认为教育子女就是要管教要责骂，并不需要花太多时间去对子女进行平等的交流和沟通。由于农民工较低的职业地位、较少的升迁机会和物质酬报与权力、较差的工作条件，本身常遭受较大的挫折及较强的威胁感，他们对待子女也就更多地使用惩罚与拒绝的方式。① 而具有较高的文化水平和文化修养的家长，家庭的文化氛围也比较好，父母对子女的教育期望高，父母在对待孩子教养问题上采用温和、说理的说教方式，注重与孩子之间的交流，这与底层农民工的家庭形成鲜明的对比。在访谈的对象中，GXSJS、GXSLY、SZSLSS、QXSJN 等在学校的表现都比较突出，受到老师和家长的认可。

> 考试结束后成绩的高低没法改变了，我会如实地跟我爸妈说，把成绩单拿给他们看。如果考得不好，他们就会跟我一起看我做错的题目，一起分析原因，鼓励我下次继续努力，不要再犯相同的错误②。

GXSJS 学习成绩为班级前五名，他爸是一所农民工子弟学校的校长，妈妈是小学老师。他爸妈很少打骂他，他们经常陪伴孩子的学习。由于家长是教师，在家中他们更懂得孩子的需求和学校的要求，及时为孩子提供帮助。且他父母的文化水平也比较高，家庭家养方式比较温和，采用讲道理的方式来教育孩子，尊重孩子的想法。

4. 家庭学习氛围

良好的家庭学习氛围对子女的学习具有"润物细无声"的影响，家

---

① 王晓阳：《国外关于不同阶层家庭教养方式的研究》，《北京师范大学学报》（社会科学版）1993 年第 5 期。
② 对 GXSJS 及其爸妈的访谈（20140330）。

长的各种文化行为，如在家里学习、读书看报，去图书馆等无疑会给子女树立一个积极追求上进的形象，孩子自然也愿意读书学习[①]。拥有丰厚文化资本的家庭可以给孩子提供一种良好的文化熏陶，他们以一种不自觉的、耳濡目染的方式在他们的家庭环境中获取了知识，这就意味着他们能够无意识地获取适应学校的文化经验。但是大多数农民工子女家庭学习氛围较差，家庭文化氛围影响了孩子学习习惯，进而影响孩子的学业表现。

（1）幼儿园教师的孩子——积极为孩子营造学习氛围

QXSJN 成绩优秀，一直做班长，学习比较自觉，家长干预学习较少。每天起得很早，孩子 6 点起床，6 点半就嚷着要去学校，拿班级牌子，组织学生排队进校门。孩子晚上 10 点休息，作息时间很有规律。上学期期中考，语文 92 分，数学 87.5 分；学习成绩较好，这次语文考了 91 分，作文得了 28 分，数学 89 分（班里最高 92 分），英语 98 分。他爸爸，1975 年出生，中专毕业，会计专业。他妈妈，幼师毕业。毕业后来厦门做幼儿园老师。他们在集美开了 4 家民办幼儿园（浒井幼儿园、龙凤幼儿园、杏林幼儿园、灌口幼儿园）。QXSJN 的父母自身非常注重学习，从小就培养孩子阅读课外书籍的习惯和锻炼其班级的管理能力，家庭学习氛围浓厚，为其增长见识提供了良好的环境。为孩子配备了齐全的学习用品，如电脑、专用书桌、录音机、复读机、点读机，引导孩子使用电脑时不要玩游戏，"我从事幼儿园教育工作，每天能够抽出较多时间陪孩子，我本身也喜欢看书，从事这个工作也要看书，我自己要不断吸收知识，每天固定时间看电视、读书看报。平时有时间我带孩子去书店比较多。孩子在数学方面偶尔遇到不会的，他主动找他爸爸请教，我觉得现在新换的数学老师比较关注我的孩子，他每次回来总是讲数学老师水平高，手舞足蹈地夸耀老师。从幼儿园开始，我们就带他看百科全书，给他买书较多，有《查理九世》（整套不少于 10 本）、《哈利·波特》《卡罗大陆》（成套，20 本）。我们要说到做到，给孩子一个榜样力

[①] 顾辉：《教育：社会阶层再生产的预演———项对 H 市两所高中的研究》，博士学位论文，上海大学，2011 年。

量。给孩子鼓励,孩子学习会有更多的动力。"① 从家庭教育条件来看,手机、电脑、专用书桌、录音机、复读机、点读机,都给孩子配备了,每学期都会给孩子买不少于10本课外书,增加课外阅读知识,还买作文书、黄冈小状元。孩子寻求刺激的心理比较强烈,当他在电脑上玩恐怖游戏时,父母会制止他并劝导他少玩、多学习。

其实QXSJN爱学习,与家庭环境有关,他父母都从事幼教职业,经常要读书学习,孩子从小养成了自觉学习的好习惯。当子女开始学习读写之际,也是家庭文化习惯培养工作最为关键的一个时期。这个时期,父母对子女的文化教育工作和家庭里的文化氛围,对于子女的学校教育,对于子女的学习质量和效率,对于子女对其教师、同学和整个学校组织方面应有的正确态度,恰恰有重大的意义。在这一时期,书籍、报纸、戏剧电影、电视广播、博物馆展览会以及其他文化教育活动,能够帮助子女营造良好的学习文化氛围。② 因此,子女的文化教育应该尽早开始,营造良好的文化环境,使其子女在这种环境受到熏陶。

父母了解孩子喜欢学习看书。孩子书看多了,词汇量积累得比较多,又注意在写作文中灵活运用。孩子看书注意力集中,家长也不去打扰。其实家长的榜样作用与重视孩子学习对孩子的成长非常重要,要从小注意培养孩子良好的学习习惯。家长有文化,又从事这些教育行业,其能够有精力和知识投入孩子的学习当中,从幼儿园就开始抓孩子学习习惯的培养,QXSJN幼儿园的学习习惯、兴趣已经培养了,到了小学家长教育起来比较省心,能够通过家长榜样力量、言传身教,教会孩子如何学习,培养了孩子爱学习的好习惯。这种习惯的坚持使他对学习有浓厚的兴趣,有求知欲。加之他成绩好,老师的表扬与喜爱、家长的激励措施都得当,他学习有进取心。他父母的职业轻松,自由时间较多,而且父母的文化素养高,能够培养和引导孩子形成自觉自立的学习习惯。

(2)水管工的儿子——家庭学习氛围的缺失

QXSGWQ,11岁,四年级5班,父母文化水平不高,已在集美买房入住。语文成绩一般,作文差,基础没有打好。男孩子学习拖拉,做事

---

① 对QXSJN爸妈的访谈(20141124)。
② 吴式颖:《马卡连柯教育文集》(下),人民教育出版社1985年版。

磨蹭，做事不够认真。孩子上晚托和午托，每个月要 600 元。他妈妈觉得孩子在学习方面没达到父母的期待目标，语文至少也要达到 90 分以上。孩子学习缺乏自觉性。我们两个小学都没毕业，普通话都讲不来，教不了他，所以才送他去晚托和午托。他以前他很懂事，会告诉我们，他长大了在厦门 SM 附近买房子给我们住，一栋他自己住。他说现在居住的小区条件不够好、环境不好。家长从内心期望孩子考上大学。他爸总是告诉他，不读书不能挣到钱，有文化才能赚钱。也告诉他，爸爸没有文化，有文化也不会是现在的样子。① 这个孩子在作文方面有欠缺，老师要他写日记，他不知道要写啥（不会写）。在家庭生活中，他爸爸不爱讲话，孩子在家也变得不善于表达。他爸上学的时候，语文不好，作文更差，语言表达不好，也不爱讲话。所以一开始，这个孩子就不知如何写作文，在刚读书的时候，连造句都做得很差。在家庭生活中，父母语言知识的匮乏，影响了孩子的语言表达能力。

　　许多农民工在向社会调查者表达自己的进城动因时，都会将"城里教育条件好"或者"为了子女进城接受良好教育"放在重要位置②，但这种原初动因并没有体现为他们对子女教育实际的积极态度和行为参与。多数农民工家长存有"望子成龙、望女成凤"的心态，但他们没有将这些信念转化为具体的教育行动，他们在这个环节上不能有效传递给子女合理的教育信念。如果希望培养一个优秀的孩子，那么家长自己就必须加强学习，提高自身的文化素养。马卡连柯认为，在父母自身不读书不看报，不去影剧院，不喜欢参加展览会、博物馆的家庭里，当然很难使儿童有文化修养。这种情境下，不管父母如何努力装出积极营造学习氛围的样子，但总有诸多漏洞，被子女发现并马上明白，"学习这不是那么重要的事情"③。笔者在实地调查过程中遇到过一些家长，他们给自己的孩子报了多种辅导班或晚托班，如 QXSCGX 家长、QXSXSJ 家长、QXSGWQ 家长、SZSHF 家长、JZSHS 家长，但是家长自身却从来不学习。也有一些家长跟孩子无法进行沟通，孩子的心门向他们紧紧关闭，他们

---

① 对 QXS16WQ 爸妈的访谈（20140409）。
② 王春光：《中国社会政策调整与农民工城市融入》，《探索与争鸣》2011 年第 5 期。
③ 吴式颖：《马卡连柯教育文集》（下），人民教育出版社 1985 年版。

在孩子面前没有威信，孩子根本不听话，如 QXSWWJ 家长、SZSLBY 家长、SZSZZJ 家长、SZSKS 家长。他们不知道怎么跟老师交流，甚至由于自身原因没有勇气见班主任。当孩子在学习中遇到问题时，他们很想帮助孩子，但由于自身能力有限、知识有限，他们往往力不从心，爱莫能助，如 SZSHQ 家长、QXSXZY 家长、GXSZL 家长、SZSWYX 家长等。

无论是研究者的实地调查，还是在上海和北京开展的相关研究[①]，都揭示出农民工父母的矛盾心态以及实践中的低期望。文化库存上的局限在一定程度上与底层群体居住的社区和接触的人群有关。底层群体通常聚集居住，产生了一种"集中效应"和"社会孤立"[②]。他们缺乏与代表主流社会的个人和制度的联系或持续互动。社会孤立压缩了底层群体文化库存的多样性，使他们很难具备那些能够获得学业成就的策略。策略库存受到个体贫穷和生存环境人员构成的束缚。因此，即使他们在言语上表现出一种与主流价值规范相一致的良好期望，也不会转变为行动。[③] 总之，身体化的文化资本的传递和积累逻辑遵循三个法则：首先，呈现于身体化的文化资本，以及令这一身体化发生所需要的时间，主要取决于整个家庭所拥有的文化资本。其次，行动者是否能够延长其获取资本的时间长度，取决于他的家庭能够给他提供的自由时间的长度。最后，能力在身体化的文化资本传递和积累中起到了重要的作用。

（二）客体化的文化资本

大多数农民工家庭缺乏文化氛围，父母没有读书的习惯，家庭也没有藏书，孩子除了课本之外很少涉猎其他书籍，造成子女课外知识匮乏。对于家庭教育来说，农民工家庭向子女传递文化资本的过程需要客体性文化资本，或者外依性家庭资源。所谓"外依性"是家庭资源与外部社会之间的依赖性而言的，儿童成长与发展所必需的物质性资源，均有赖于父母或其监护人在劳动力市场中的所得，它与劳动力市场状况、制度

---

① 熊易寒：《底层、学校与阶级再生产》，《开放时代》2010 年第 1 期；石长慧：《文化适应与社会排斥——流动少年的城市融入研究》，《青年研究》2012 年第 4 期。
② 威尔逊·威廉·朱利叶斯：《真正的穷人——内城区、底层阶级和公共政策》，成伯清等译，上海人民出版社 2007 年版，第 84 页。
③ 高明华：《父母期望的自证预言效应——农民工子女研究》，《社会》2012 年第 4 期。

环境，以及其他社会环境的变化有着密切的依赖关系①，外依性包括辅导班和特长班、午托或晚托班，这些文化资本也会对子女学业表现有重要影响。但是，客观形态的文化资本不是一种与身体化毫不相关的完全物化的资本。也就是说，客观的文化资本只有在被人"身体化"的过程中才能发挥作用。②

1. 文化产品的使用

虽然大多数的农民工父母都希望自己的子女能够出人头地，但由于自己教育程度低，工作差，收入少，经济相对拮据，他们一般极少主动为孩子买课外书、字典等学习用品，大多是子女提出要求后才给钱购买，更不用说让孩子参加才艺培训之类。即使农民工愿意花钱给子女购买书籍等文化用品，但是由于文化程度有限，他们在挑选书籍等文化用品时也缺少正确的判断。据调查，农民工除不知道应该为子女购置哪些方面的学习用具外，购置过程中也显得不科学。43.6%和38.1%的农民工表示曾经为子女购置过笔、本子等学习用品和字典，17.6%为子女买过课程辅导书，而仅有11.4%为子女购置过课外书。③ 而且很多农民工家庭中均无藏书，即使有少量藏书也主要是消遣娱乐的杂志或者工作所需要的专业技术类书籍，对于其子女而言，这些书籍根本不在他们的阅读范围之内。其实，客观的文化资本只有在被"身体化"的过程中才能发挥作用。很多农民工为子女买了课外书，但是很少引导其去有效利用，造成文化资本转化的失效。"没有给孩子配备专用书桌和房间，虽然买了字典、词典，但孩子从没有使用过，语文解词手册孩子也很少看过。"④ 从个案访谈情况来看，客体化文化资本只有与身体化文化资本结合起来，通过身体化的过程才能转化为孩子的文化资本。

由于农民工受教育程度较低，并且以往的教学与现在存在较大偏差，农民工即使买到了合适书籍，他们也很少有办法引导子女如何使用，因

---

① 刘精明：《中国基础教育领域中的机会不平等及其变化》，《中国社会科学》2008年第5期。
② 包亚明：《文化资本与社会炼金术——布尔迪厄访谈录》，上海人民出版社1997年版，第189页。
③ 孙文中：《从文化资本角度看农民工子女家庭教育的缺失——基于闽南地区的实地调查》，《海南师范大学学报》（社会科学版）2013年第5期。
④ 对QXSCGX妈妈的访谈（20140323）。

此，客观化的文化资本难以转化为身体化的文化资本。与农民工子女相比，城市孩子在客体化资本的占有量上极其丰富，城市居民一般很早就注意到孩子的文化教育问题，他们根据孩子的年龄和心智发展情况，积极主动地给孩子购买相应的书籍和益智玩具，有些家长很早就根据孩子的兴趣爱好有意地培养孩子的某些艺术特长，不惜花费金钱与精力为孩子提供绘画、舞蹈、英语、音乐等方面的培训。由于城市居民在经济、文化等方面处于优势地位，城市居民的子女无论在藏书量、阅读量或者才艺特长方面都明显优于农民工子女，其子女的阅读能力以及知识的积累对以后学校教育成就有重要影响。

学校要求家长为孩子购置课外书较多，而且要监督孩子认真阅读。优秀学生养成了自觉学习的习惯，而且家长能够给他们购买适合孩子学习的课外书，孩子也会主动去看课外书。实地调查的QXSJN和QXSSSB，家长会帮助选择、购买适合他们阅读的课外书，并且家长经常在家看书看报，为孩子营造学习氛围。

"孩子进了书店，会挑选自己喜欢的书，我给他买下来，回来爱不释手。所有买的书，都会仔细看多遍，除非家里没书看了。孩子还看探险书、科普知识的书，从幼儿园开始，我们就带他看百科全书（QXSJN妈妈注意培养孩子的读书兴趣和学习方法）。偶尔看一下脑筋急转弯、笑话之类的书，我们会控制孩子看这些书的时间。他从四年级到现在看了《查理九世》（买了整套不少于10本）、《哈利·波特》《卡罗大陆》（成套，20本）"[1]。

"我给孩子买了很多课外书，包括老师推荐的一些书目，给他定了《学生周报》《课堂内外》等报纸杂志。我家订有《海峡导报》，里面有一些关于孩子成长的知识，这对他的学习和成长有帮助。QXSSB看课外书比较多，例如杨红樱的《从外星球来的孩子》《瞧这帮坏小子》、郑渊洁的《皮皮兽和魔方大厦》，郁雨君的《辫子姐姐》《天使物语》，沈石溪的《我们一起走，迪克》"[2]。可见，QXSJN和QXSSB能够主动阅读和使用父母购买的课外书，将书本知识吸收、消化，然后转化成为自己的

---

[1] 对QXSJN爸妈的访问（20141124）。
[2] 对QXSSB爸爸的访问（20140613）。

课外知识,丰富和增长见识,生成具体化的文化资本。经济富有、文化层次高的家长非常重视孩子的教育投入,能够给孩子购买点读机、学习机设备,父母也会检查孩子使用学习设备的过程,如 QXSJN、QXSSSB、GXSLY、GXSJH、SZSLSS 和 SZSWFM 等学生的家长。

差等生家长尽管也给孩子购买了辅导资料、工具书和课外书,但他们较少利用这些书籍,学生自身没有主动使用这些学习资源,家长也不能有效监督孩子是否经常使用课外书、辅导资料以及其他学习用品。"我觉得给孩子选的辅导资料非常经典,非常适合孩子学习。只有我带着他学习,他才会看一下。孩子从不主动去看这些书,包括近义词、反义词的词典,遇到不会的他也不会查一查。"①"我买的词典,孩子一次都没用过,还是新的,语文解词手册也很少看过。"② QXSZZH 和 QX-SCGX 没能有效利用家长购买的学习辅导用书,也没有认真看作文书,不能将书本知识进行吸收、消化并转化为自身知识,其被父母视为"笨蛋、无用、懒惰"的孩子,父母的这一认知又造成了孩子缺乏学习的兴趣和热情,使孩子变得更加自卑和懒惰,造成了孩子文化资本的匮乏。而有些农民工因为家庭条件差,无法为子女购买课余书籍,"我们哪里有钱给孩子买书,如果她要看书,她自己找同学去借,或者自己去书店看"③。甚至有些外地家长对去区图书馆借书的信息非常缺乏,去图书馆借书,需要有社保、照片和押金,有些家长社保中断,也无法为子女借到图书。

2. 家庭学习场所

大量研究表明,良好的学习场所对子女的学习有益,而农民工家庭居住条件和学习条件较差。目前,大多数农民工家庭居住在城乡接合部、城中村或建筑工地工棚,居住条件较差,为节省成本,有的只租一间房,家里用"巴掌大"地方来形容也不为过,孩子没有独立的房间,大多数农民工无法为孩子创造良好的学习条件,甚至有的农民工子女写作业都没有专用书桌,或者用餐桌代替,甚至趴在地板上或者床上写作业。据

---

① 对 QXSZZH 爸爸的访问(20141123)。
② 对 QXSCGX 妈妈的访问(20140323)。
③ 与 QXSZT 爸妈的座谈(20141016)。

调查，大多数农民工没有经济实力为子女购买学习用的电脑，其家庭教育中存在严重的优良教育资源短缺的问题。

农民工家中的学习氛围营造得比较差。农民工家庭一般有两三个子女，家中缺乏必要的学习环境，如 QXSCYH 在家写作业时，妹妹经常吵闹，他无法写下去，造成他在家不能按时完成作业。如 QXSXZY 的家里兄弟姐妹多，姐妹经常讲话，聊起看电视的情况就忘了时间，弟弟回到家就开电脑玩游戏，声音很吵，影响她们写作业。农民工家庭内部无法为子女提供安静的学习环境，加上租住地所在的社会环境较差，对其家庭教育产生了不利影响。实地调查中，多数农民工家长强调，"每天都得待在这个巴掌大的地方，孩子学习条件好不到哪里去"。在对 S 中学调查时，多数农民工子女家长住在城中村，他们租住本地人的房子，房间比较小，条件非常简陋，这些地方文化气息不浓，周边环境本身就不利于青少年的成长，而父母亲又忽略为子女营造较好的家庭文化氛围，不重视为子女购置文化方面的书籍和学习工具，导致其文化涵养比较匮乏，不利于青少年智力的发展，更对其未来发展带来了不利因素。

"我作业总是做得很慢，被隔壁打麻将的声音打断（家里摆了麻将桌供农民工老乡打麻将，晚上收取费用 30 元到 50 元）。写作业的环境不好，家里没有书桌，一个小餐桌让弟弟用。我和妹妹一起趴在床上写作业，有时两人聊天就会耽搁了写作业。"① 大多数农民工家庭的孩子采取被动学习方式，对老师布置的作业抱着应付的态度去完成，家长也没时间和精力检查、辅导，甚至他们连作业也完成不了，例如 QXSCGX、QX-SXZY 和 QXSGWQ 曾被数学老师留下，让家长去签订保证孩子按时完成作业的责任书，但是签过以后家长也没有把孩子学习的事情放在心上，孩子依然不能完成作业。而对 JZ 中学调查中，大多数家庭已经买房，即使未买房他们租住的房子位置较好、房间较大，这些家长职业较好、有一定的经济基础，基本上能够给孩子提供个人房间和书桌，能够为孩子创造独立的学习环境。城市本地家庭有着较为宽敞的住宅，或者能为子女提供专门的书房，为子女营造良好的学习氛围。

因此，从某种意义上讲，家庭的学习场所对孩子的未来有重要影响，

---

① 对 QXSZT 的访问（20140418）。

家庭文化场所的缺失会对孩子的身心健康产生不利影响。可见，良好的家庭场所对于培养有文化教养的下一代，抵制和净化社会不良文化有非常重要的作用。文化资本的传递不仅仅是透过家庭，同时也是透过社区进行的。这一点布迪厄并没有明确地论述，但是显然社区的力量不容忽视。无数个相似的家庭聚集在一起形成的一整套价值体系、生活方式以及生活环境对孩子们产生了极为深刻的影响①。农民工多聚集在城中村，他们的生活方式、交往对象和价值观念与城市主流文化相差甚远，居住社区是农民工子女生活的主要场所，无形中潜移默化地影响了孩子们的价值观，来自四面八方的农民工大多一心想赚钱，他们平时的休闲娱乐一般都是打麻将或者看电视，很少看书，形成了农民工社区的文化氛围，农民工在居住上和文化上的边缘化被带入了家庭和社区中，从而形成了文化的贫困再生产和代际传递。

3. 外延性教育资源的链接

（1）辅导班与特长班

优等生家长为了提升孩子的学习成绩、学习兴趣，培养孩子的特长，给孩子报了一些有针对性的辅导班。根据调查资料的归纳，这些家庭为子女报了辅导班和特长班。前文分析过 GXSLY 的家长，从幼儿园开始培养孩子跳舞和画画的特长，小学时给孩子报了英语班，家长投入了积极情感能量和金钱，孩子的学业表现相当突出，英语一直班级第一，画画和舞蹈在班级也非常突出，带来孩子学习方面的自信心。另一种补习班能够提高学习成绩，让孩子跟上课程进度。JZSHS 来自湖南永州，四年级的时候从家乡来到厦门，到这边以后英语和数学跟不上课，虽然他家庭经济状况较差，但是他妈妈还是给他报了英语和数学的补习班，孩子成绩逐步上升，在学习方面树立了信心，最后他爸也认可他妈妈给孩子补课的事情。另外还有人参加作文补习班，提升作文水平。例如 SZSLSS，父母打工，经济条件不好，家中还有弟弟读书，但是她妈妈从小学就给她报了作文补习班，孩子的作文成绩突出，多次参加作文比赛获奖。

---

① 周潇：《劳动力更替的低成本组织模式与阶级再生产——一项关于流动/留守儿童的实地研究》，博士学位论文，中国社会科学院研究生院，2011年。

第四章　家庭文化资本与家庭教育实践

（2）晚托与午托

午托：中午孩子没地方去，我们大人不在家也不放心，只能送他去午托。QXSSWC，来自湖北襄樊，其父母打工，中午加班，给孩子报了午托班。在午托班也没休息，而是在和同学玩，所以他经常要求晚上也去午托班，他父母没有答应。孩子在午托班经常抄袭作业、讲话。结果成绩一直处于中游水平、徘徊不前，他上课经常走神发呆，与同学讲话。

晚托：家长太忙，没办法检查和辅导孩子作业，孩子不做作业，老师会逼着我们去学校签订协议书。QXSCGX从家乡转来就上晚托，但成绩一直不好，反而下降。其实有些农民工只是因为家中缺乏必要的学习环境，使得孩子在家不能按时完成作业，才不得不送孩子去晚托班，诸如QXSCYH、QXSGWQ、QXSWWJ等人。QXSCYH在家写作业时妹妹吵闹，他无法写下去，又担心第二天不交作业被老师批评，就只能去晚托班写作业。

（3）教育投入观念的差异

SZSZSP家长舍得花钱，为孩子补课，提高学习成绩。但多数外来工家长不舍得花钱。"一小时60元，我们没那个钱"，例如SZSHQ、QX-SZT家长舍不得花钱。这种情况表明农民工在城市有生计的压力，虽然他们在心里重视孩子的教育，但是当孩子在学业中遇到困难时，他们自身文化知识不足，也没有经济实力为孩子补课，影响了孩子学业的发展。

客体化文化资本如何转化为子女的学业成绩？布迪厄指出，"在剔除了经济位置和社出身的因素的影响后，那些来自更有文化教养的家庭的学生，不仅有更高的学术成功率，而且在几乎所有领域中，都表现出了与其他家庭出身的学生不同的文化消费和文化表现的类型"①。从实地调查资料来看，从居住场所来看，多数农民工家中学习空间狭促，但是优等生、中等生以及差等生，在客体化文化资本的积累和使用情况上还是有差异的。优等生的家长积极为子女购置学习用品，带孩子去书店购买适合孩子阅读的课外书，甚至为培养孩子的兴趣和特长带孩子旅游，购买专业相机，积极带孩子参加高品位的文化活动，同时引导孩子消费这

---

① ［美］布迪厄、华康德：《实践与反思——反思社会学导引》（中译本），中央编译局出版社2004年版。

些类型的文化资本，并转化为子女的文化资本，使得子女的学业表现较为理想。差等生家庭的藏书量少，尤其是可供子女阅读、辅助子女学习的书籍较为缺乏，有的农民工家里配置电脑，一般是为了让孩子在家"看家"，防止孩子到网吧上网打游戏，或者跑到同学家去玩；对于孩子是否利用电脑进行学习，他们不得而知，他们工作需要经常加班加点，没有时间督促孩子学习。而中等生家庭虽然为孩子置办一些学习用品和课外书，但是利用程度不高。虽然家长想为孩子营造学习氛围，但是由于物质条件的限制，其家庭学习氛围营造不足，孩子很少使用工具书，较少阅读课外书，造成其学业表现不够理想。这些家庭没有适合子女阅读的课外书、英语书，也没有为子女订阅学习用的报纸杂志，而部分家庭虽有一定的书籍，但主要是供父母消遣娱乐的杂志或者工作所需要的专业技术类书籍，对于学生而言，这些书籍远不在他们的阅读范围之内，父母缺乏对书籍等客观文化资本身体化的过程，更无法将这些文化资本传递给子女，因而无法发挥家庭文化文化资本的作用。正如布迪厄所言，"客观形态的文化资本不是一种与身体化过程毫不相关的完全'物化'的资本"。

（三）制度化的文化资本

制度形态的文化资本就是将行动者掌握的知识与技能以考试等方式予以承认，并通过授予合格者文凭和资格认定证书将其制度化。制度化的文化资本主要是指家庭成员的教育文凭状况。一般来说，家庭背景如父母的经济资本、社会资本和文化资本对子女教育有着重要的影响，其中，父母受教育水平对子女教育机会获得有重要影响。一般而言，子女从小就受家庭氛围的熏陶，子女的学业表现与父母的文化程度存在一定的相关性，但其前提条件之一是需要父母经常有意识地关心子女的学习生活，或者亲自辅导子女的学习，或者通过上培训班、聘请家教、午托晚托班的方式来强化子女的学习成绩。然而，对于农民工家庭来说，绝大多数都需要打工赚钱，父母工作时间长，缺乏精力和能力来辅导子女的学业，而母亲的文化程度越高，其教育理念越先进，就越能对子女的学业发挥正功能。

受教育程度低限制了农民工的就业能力和自身文化资本的提升，也导致农民工对子女教育缺乏科学的教育理念和教育方式。农民工学历低，工作时间长、劳动强度大，经常加班加点，使得他们很少与子女进行深层次的沟通与交流，大多数农民工只关心子女的学习成绩和考试分数，忽略子女其他方面特长的培养，甚至少数农民工认为子女成绩好坏关系不大，只要以后能赚钱就好了，现在大学生就业也难，给孩子请家教或上辅导班浪费钱。而受教育程度高的父母觉得接受大学教育是"理所当然"的事情，他们的家庭往往具有较好的学习氛围和沟通习惯，他们经常辅导子女的功课，注重子女的学业成绩和综合技能，希望子女在各方面取得更好成绩，充分发挥其潜能。

大多数农民工由于自身文化程度低，不能对子女的学业方面进行有效辅导，51.0%的农民工子女的母亲表示由于文化水平较低，在子女的学习遇到问题时很少能回答孩子的问题，12.2%的农民工子女的母亲则表示没时间关注子女，自身的文化欠缺表现出一种无力感，只能给子女传输一种教育信念，"孩子你要争气，父母这辈子没文化吃了不少苦"，同时又会告诉孩子，"读书是孩子自己的事情，学习与老师有关"。在教育方式方面，一旦子女学业表现不佳时，又会采用一种压制和体罚的方式来惩罚孩子，久而久之让孩子产生了自卑感、局促感。农民工在子女教育中遇到的主要困难在于"孩子不听话"（54.4%），这导致他们不知道该如何去教育孩子，影响教育的有效性。同时，农民工认为在家庭教育中遇到的困难主要是"自己没有什么文化"（40.9%）。笔者结合在J区的调查个案深入分析家庭制度化文化资本对子女学业发展的影响。一般家长的制度化文化资本给其随迁子女教育带来如下问题：（1）"我教孩子多遍，孩子都理解不了，有些知识我自己都不懂，我也没辙"（QXSZZH家长、QXSXZY家长、QXSGWQ家长、GXSZL家长、SZSHQ家长）。（2）家长普遍抱怨孩子不听父母的话，家长布置作业孩子不愿意完成，老师布置作业学生基本能够完成，"老师讲一句抵上家长说上十句、二十句，甚至上百句"。（QXSCGX家长、QXSXPH家长、QXSXSJ家长、QXSCYH家长）。（3）学生抱怨道，"父母初中都没有毕业，压根就不懂知识，哪能教我"，"家长辅导知识没有老师讲解容易理解"。"家长自己都不明白，以后不要给我再提学习的事情"（QXSZT、QXSSWC、SZSHF、GXSWLL）。（4）老师指责家长不跟老师沟通，家长既没有文化知识，也没有文化素养，不配合学校的教学工作，家长会经常无故缺席，"你这家长怎么当的，都没有尽到责任"。W 老师指责 QXSXPH 家长、QXSCGX 家长、QXSRJF 家长、QXSGWQ 家长不注重子女的学习，与文化程度高的本地学生父母相比相差甚远。

实地调查发现，优等生的家庭无论是身体化的文化资本、客体化的文化资本还是制度化的文化资本都比较丰富，在实地调查的对象中，QXSJN、QXSSSB、GXSLY、GXSLHQ、QXSWX 等学生的表现都比较突出，他们经常受到老师的表扬和家长的认可，他们的父母（或者主要监护人）一般都有较高的文化水平和文化修养，家庭的文化氛围也比较好，父母对子女的教育期望高，父母在对待孩子教养问题上采用温和、说理的说教方式，注重与孩子之间的交流。而在学习成绩较差的孩子家中，父母本身的文化程度普遍偏低，平时工作忙，与孩子之间的交流少，家中文化气氛较差，父母对孩子的期望不高，在对待孩子的问题上采用惩戒、暴力的方式来教养孩子。"考试后成绩是好是差我没法改变了，但我都会如实跟我爸妈说，把试卷拿给他们看。如果考得很差，他们会跟我一起看我做错的题目，一起分析原因，鼓励我下次继续努力，不要再犯相同的错误"[①]。"在我考差或者在家有题目想很久做不出来的时候，我爸就会很生气，觉得我很笨，然后就会拿棍子打我，甚至把棍子都打断了，弄得我现在都怕学习了"[②]。

GXSJS 的学习成绩为班级前五名，父亲是一所民办小学的校长，母亲是小学老师。他们的家庭教育与学校教育相当契合，父母具有大专文凭，懂得孩子的需求和学校的需求，及时为孩子提供帮助，由于父母的文化水平也比较高，家庭教养方式比较温和，采用讲道理的方式来教育孩子，尊重孩子的想法；而后者的学习成绩较差，父母都是工厂的工人，文化水平不高，他母亲只有小学文化水平，根本不能辅导孩子的作业，而孩子父亲平时工作时间长，晚上九点左右才能到家，没有时间来辅导孩子，他们在教育孩子的问题上采用惩戒、暴力的方式，不注重孩子想法，不尊重孩子。在调查时发现，农民工认为在子女教育中遇到的困难

---

① 对 GXSJS 的访谈（20140330）。
② 对 QXSZZH 的访问（20141018）。

主要是"自己没文化",他们认为自己没有文化就不能够扮演好子女教育者的角色,家长的文化资本是子女取得优秀学习成绩的关键。

总之,农民工家庭文化资本对子女的影响也是在体验中发生的,潜移默化并不断累积的。父母对子女的学习期望会通过语言暗示传达给子女,如"你要好好学习,爸爸打工辛苦,要懂事""某家女儿考上了重点大学,你要向她学习"等。在访谈中多数农民工子女表示她们的父母有说过类似的话。这种期待和暗示在长期的生活积累下植入子女的情感之中,这对他们树立学习目标,承担学习压力、渴望成功会产生较大的影响。家庭文化资本的三种形态也相互作用。身体化家庭文化资本借助客体化的文化资本发挥作用,客体化家庭文化资本又支撑着身体化文化资本的积累和更新,制度化的文化资本要外化到身体化家庭文化资本中才能发挥作用,家庭文化资本的最终更新体现在制度化的文化资本上,即子女学业的发展给家庭带来文凭的更新。所以,家庭文化资本对子女学业发展的影响是双向互动的过程。

在农民工随迁子女的学业教育中,家庭的经济积累转化为家庭的客体化文化资本,比如家庭藏书、工具书、电脑、步步高学习机等,家长在这种丰富的客体化文化资本环境中,通过阅读、定期学习和练习等策略转化为自身的习性和知识,成为身体化的文化资本,可以为子女教育提供必要的知识储备和家庭教育能力。这种身体化的文化资本在制度的保障下,家长通过参加考试、资格认证等方式,转化为制度化的文化资本。另一方面的家庭文化资本的存量和增量,能够为农民工随迁子女的学业教育提供保障和提升途径。家庭客体化的文化资本,可以给子女的学习提供便利,演变成子女客体化的文化资本。这种子女的客体化的文化资本,有助于随迁子女在学业过程中打通深化学习的路径,帮助子女克服学业中的障碍,助力子女学业的进一步成功。家庭身体化的文化资本,有助于农民工随迁子女形成正确的学习信念,养成良好的学习习惯,比例热爱阅读、按时完成作业,遇到学习障碍主动克服等。这样家庭的身体化文化资本,久而久之成为随迁子女的身体化的文化资本,使得农民工随迁子女在学业发展道路上,进一步获得学业发展资本的优势。农民工随迁子女的身体化文化资本,通过学校教育的评价和筛选,使得他们在学业竞争中脱颖而出,获得更多的制度化的文化资本。总之,家庭化的文化资本转化为随迁子女的文化资本，进一步促进农民工随迁子女学业发展的道路畅通无阻。

第二节　农民工随迁子女的家庭教育实践

国外有两种不同的教育实践："协作培养"型和"成就自然成长"型[①]或者称为"成就训练"和"独立性训练"[②]，它们在社会地位群体之间分布不平等。国内学者刘谦等人根据家庭教育与学校教育互动的文化机理，将农民工家庭教育的实践分为干预性教育行为、非干预性教育行为和情境性教育三种主要实践模式。[③] 在借鉴和参考这些概念的基础上，本节根据实地调查，围绕农民工随迁子女的学业表现，从家校互动的视角，将教育干预行动分为三类：积极干预型、失语与忽略型、生计压力下的情境式干预行为。

一　协助培养行动下的习性养成

有些家长对孩子的荣誉妥当处理表明家庭教育对学校教育活动及其标准的认可，并将其纳入家庭环境的一部分，对孩子起到潜移默化的影响。有些农民工家长虽然没有把孩子的荣誉证书张贴出来，但是却很好地保存，例如为孩子的荣誉证书过塑、密封，放在柜子里，以免被灰尘沾染。实地调查中，GXSLY、QXSWX、QXSWQ 等家长就是这样处理孩子的荣誉证书的。

（一）荣誉都是用来珍藏的——培养孩子的谦虚上进品质

GXSLY，是一个 12 岁的女孩，家里有弟弟，父亲高中毕业，在机场附近租房子，环境嘈杂。家长注重培养孩子的学习习惯，培养兴趣和特长。她在学习上很自觉，按时认真完成作业，喜欢看书，会自己去书店

[①] ［美］安妮特·拉鲁（Annette Lareau）:《不平等的童年》（中译本），北京大学出版社 2010 年版。

[②] B. C. Rosen and R. D. Andrade, "The Psychological Origins of Achievement Motivation", *Sociometry*, Vol. 22, No. 3, 1959, pp. 185–218.

[③] 刘谦等:《家庭教育与学校教育互动的文化机理初探——基于对北京市农民工随迁子女教育活动的田野观察》，《教育研究》2012 年第 7 期。

看书。

"我觉得学习态度是最重要的,还要有良好的学习习惯。她的作业及时完成,学习比较自觉,有时我们会加以辅导。我在子女教育方面投入的金钱、精力和时间都算是比较多的。小学一年级的时候,我们让她参加了校外英语培训(每学期950元,一年学三期)。我看到隔壁的小女孩学舞蹈之后,引导着孩子去学习跳舞,增强其艺术才能,她后来逐渐开始喜欢跳舞了。她从幼儿园开始参加舞蹈培训,目前孩子舞蹈过了8级(每期学费600元,一学期三期)。我经常让孩子自己坐公交去学跳舞,去区图书馆借书。我每天都坚持给她检查作业,发现不对的地方要求她订正,要写在纠错本上,抄一抄、练一练,平时要求她看看纠错本,时常翻一翻。给孩子的奖励就是带她去买书,孩子课外书阅读量很大,作文成绩较好,在福建省海峡冰心杯作文比赛获得过二等奖和三等奖。孩子在班级成绩始终第一,这进一步加强了孩子学习的自信心和自觉学习的习惯。"[1] 笔者访谈GXSLY,问她如何看待这些成绩和荣誉,她告诉我,"爸爸平时非常关心我的学习,经常辅导我,让我参加各种培训班,给我买了课外书,我参加了两次作文比赛都获奖了,我把证书锁在抽屉了。爸爸告诉我,荣誉是暂时的,不能骄傲和产生虚荣心,要谦虚和上进,以后还要努力"[2]。这里不难发现,采取积极干预型教养方式的家长能够引导孩子自觉的学习态度、学习习惯,积极培育孩子的兴趣特长,虽然经济条件不怎么好,但是家长舍得为孩子报英语和舞蹈方面的培训班,营造积极的学习氛围,家长的教育意识与学校强化学业表现的要求相一致,有助于孩子适应学校文化,促进孩子学业的进步,培养孩子的学习习惯。针对孩子的成绩和荣誉证书,一些文化修养较高的家长能够合理引导孩子,正确看待成绩和荣誉,例如GXSDQ妈妈告诉孩子,做人要低调、做事要认真,成绩和荣誉需要汗水和付出才能得到,而且只能代表过去的努力,并不代表一直会成功,希望孩子保持谦虚的美德,一直有上进心。

---

[1] 对GXSLY爸的访谈(20140330)。
[2] 对GXSLY的访谈(20140330)。

（二）积极培养孩子兴趣爱好

QXSSSB 是一个兴趣广泛、学习优秀、听话懂事的男孩，来自安徽肥西。家长不仅重视孩子的学习，还积极培育孩子的兴趣爱好，带着孩子旅游增长见识，当孩子对摄影感兴趣时，父母为其购买了高级相机，并鼓励其参加摄影比赛，还获得了奖。首先，家长配合老师的要求，给孩子配备相应的辅导资料，诸如《作文书》《黄冈小状元》。每天抽出固定的时间检查孩子作业，鼓励孩子多看课外书籍，还要求多读多背有关语文、英语方面的知识，督促孩子学习，能够经常与老师沟通孩子学习的情况。另外，家长主动给孩子买书，办理借阅证。"为了给孩子增加知识面，我家订有《海峡导报》，只要老师推荐让他看的书[①]，我都会支持孩子去买书或者借书去看，课本知识学得非常扎实，深得老师的表扬。我暑假经常带孩子出去旅游，今年他想去九华山，我准备带他去。2010年的时候，我带他去了北京，主要看故宫、颐和园和长城，跟着旅行社一起，旅游既能增长孩子的见识，也能培养孩子吃苦耐劳的精神，尤其是爬长城的时候，他虽然走不动，但还是坚持下来了，我鼓励他做事要有毅力和耐心。2012年的时候带孩子去了湖北，从武汉坐游轮到重庆，接着去贵州看黄果树瀑布。厦门的一些景点孩子也去过。他从小跟我一起出去，我都让他自己走路，锻炼他的自立自理能力；从幼儿园开始，我要求他自己整理书包，自己背书包，学习方面要自觉。如果他能做一些家务也让他去做，例如孩子的袜子让他自己洗，偶尔让他拖一下地板，适当地让孩子做一些事情对他以后有好处，走向社会总会有好处的。"[②]

QXSSSB 的爸爸在高校餐厅从事管理工作，能够接触到有文化的人，也经常与同事讨论和交流孩子教育问题，他从小就培养孩子自立、自觉的学习习惯和精神。通过对该家长和孩子的多次访谈和观察发现，家长注意培养孩子的学习习惯和学习兴趣，而且为此投入大量时间和精力，并身体力行为孩子树立榜样。权威型教养方式的家长经常督促孩子完成

[①] 在访谈时，我看到 QXSSSB 看过的课外书，而且有一些书看过不止一遍，例如杨红樱的《从外星球来的孩子》，他在作者签名售书的时候买的。郑渊洁的《皮皮鲁和魔方大厦》，郁雨君的《辫子姐姐》《天使物语》，杨红樱的《瞧这帮坏小子》，沈石溪的《我们一起走，迪克》。

[②] 对 QXSSSB 爸的访谈（20140613）。

作业，给孩子补充一些老师没有教过的知识，例如科普知识、生活常识和旅游文化等。他们除了定期辅导孩子作业、督促学习之外，家长对孩子的学习积极干预，注重孩子课外知识的吸收，给孩子订阅报刊、购买课外书或者给为其办理借阅证，在实地调查中，像 QXSJN、QXSZWZ、GXSLY、GXSJS、XCSCML 等人，他们的家长在区图书馆办理了借阅证，每个月会抽出一个周末带孩子去借阅图书。从积极干预性教育行动的实践中，能够揭示出学校教育与家庭教育的衔接，而且二者在教育活动的文化模式上也存在着共通之处。

二　失语与忽略的成就自然成长

失语与忽略状态的非干预性教育活动是指家庭教育对影响孩子身心健康的言行、环境没有进行有意识地规范、改变，任其保持现状或发展下去。① 以下从实地调查资料，分析忽略与失语的非干预型教育行为。

（一）忽略型的非干预行为

QXSCGX 是一个 11 岁的孩子，来自河南漯河。父亲小学未毕业，从事销售；母亲中学文化，开店。他们给孩子报了晚托班，孩子本身很反感家长的这种做法。"现在挣钱重要，不管从事什么行业，只要挣到钱才能得到社会的认可。我虽然小学三年级没有上完，但是那些大学毕业生不是也找不到好工作吗？我觉得一个人的成功，知识一点都不重要，特别是干销售，只要口才要好就可以。现在社会不乏那些有才华的大学生，他们不是一毕业就失业吗，刚毕业在厦门才挣到 2000 多元，我虽然没有读书，但我的收入比他们好多了。儿子有次数学考了 59 分，我看到了，我告诉儿子不错，比老爸当年读书好多了，我上学的时候数学只能考到 30 多分，从来没有及格过。"②

"孩子的坏习惯就是缺乏耐心，没办法坚持长期做一件事情。这个坏习惯也在于我和他爸意见不同，以前孩子吃饭或者看电视，我都是要求他坚持做完一件事，但他爸爸会袒护他。孩子爸爸经常说，要是孩子成

---

① 刘谦等：《家庭教育与学校教育互动的文化机理初探——基于对北京市农民工随迁子女教育活动的田野观察》，《教育研究》2012 年第 7 期。

② 对 QXSCGX 爸爸的访谈（20140413）。

绩不好就继承他们的店。孩子只要在家，不是看电视就是玩电脑，而且会沉迷游戏。我和他爸从不干预孩子。"① 访谈的时候，他起床以后一直自己在玩，也没吃早餐，自己撕掉作业本折叠手枪，他妈妈没有去过问孩子。家访的时候，看到孩子上学期的期末考试试卷作文，400 字的格子，孩子连 200 字都没写到，作文 40 分只能得 20 分，用拼音代替的有多处，基本没有标点符号，在一行中有多处错误。但是他妈妈说一直没有看到这次考试试卷。孩子平时也不告诉家长，家长也没有认真过问孩子学习的事情。

从这一案例中我们发现，孩子的表现是教育者自身经历或环境的翻版。孩子的爸爸，虽然把孩子带出来，希望给孩子创造良好的教育条件，但是其行为和语言上并未重视知识和教育，而孩子的妈妈，在口头上要孩子好好学习、养成良好的习惯，但是却虎头蛇尾。这些视而不见的非干预性教育活动，反射出教育者对生活特定的敏感之处与意图，也正是这些制约着人们在特定场景下进行有意识的教育干预行动。家长没有意识到这种视而不见的现象在子女教育中的长期存在和隐秘性，甚至视为一种习性。正如 QXSZZH 爸爸在下班回来开电脑玩游戏时，儿子突然从床上站起来，看到他爸爸正在输入电脑密码并记下了，周末家长不在家，孩子就在家整天玩电脑，后来家长知道了这事，也没有责备孩子，更没有去修改电脑密码。由于家长对孩子玩电脑的行为视而不见，导致孩子对学习不上心，家长虽然看到这种现象背后的问题，但却疏于管理。

（二）失语型的非干预教育行为

QXSZT 家开了一个麻将馆，有些老乡周末或者晚上来这里打麻将。这个麻将馆就在隔壁，赵婷和妹妹在隔壁（木板隔开的房间）的床上写作业。

QXSZT 和妹妹趴在床上写作业，妈妈在看电视，弟弟不断拿家里小店卖的零食吃。周围老乡过来给他妈妈不时开玩笑，说一下脏话。老乡打麻将经常说一些骂人的脏话。这样的环境使得赵婷与她弟弟妹妹从小学会了脏话和骂人，特别是她弟弟，不时地冒出几句脏话，惹得那些老乡哈哈大笑，老乡顺便骂她妈妈几句，故意让她弟弟说脏话。这种情境

---

① 对 QXSCGX 妈妈的访谈（20140323）。

下，QXSZT 妈妈也没有及时教育儿子"不要骂人，不能说脏话"，其实 QXSZT 和她妹妹，也在帮着妈妈去回应，口不离脏。

QXSZT 爸爸经常在孩子面前抱怨，"我感觉我是外来人口，是打工的，在老师的眼里我们算是混得不好的人。我们的身份与本地人的身份差别很大。我们没钱也没地位，与人家没法比，也不能比，在这里我感觉我们身份比别人低了一等。本地人看不起我，我们原先住的房东家，他儿子结婚的时候，我帮助他家装修、做地，没收一分钱，房东儿子结婚我还给了份子钱。那天房东喝醉了，告诉我房租要涨，说我收破烂，把他家弄脏了，逼得我搬走。这事让我感到非常没面子，第二天找到房子就搬走了"①。

这些抱怨的话语，影响孩子的身心健康，让孩子觉得出生在这样一个家庭很不幸福，爸妈带她到这个世界不能给予她像样的生活，她觉得比别人地位低下，造成 QXSZT 目前看不惯别人比她成绩好，嫉妒心特别强。

还有妹妹交班费的事情。除了视而不见的非干预教育行动，在实地调查中也发现存在一种"不视而在"的非干预教育行动，诸如有一次 QXSZT 妹妹颖的学校三年级某班要学生交 100 元的班费，她就在妹妹班级群里斥责老师乱收费，"QX 学校从来没有收过班费，你们 LH 学校凭啥要学生交 100 元，这是乱收费"。那个班主任陈老师，问她是谁，她承认是颖姐姐。那个班主任陈老师下不了台，第二天把学生的钱都退了。她妈妈那天去上班了，不知道这事，上班的时候同事告诉她，"你要管管你家 QXSZT，她公然在班级群里说老师乱收费，你不担心那个老师会对你家二女儿不好吗？"孩子承认做了这事，她妈妈想去上网查聊天记录但不会查，"孩子就这样不让我省心"②。其实她妈妈之后也没有去过问 QXSZT，反而认为孩子申斥妹妹老师乱收班费的事情不必大惊小怪，从内心深处她们也不想去交班费，当然这一事件虽然表面上老师让步了，班费不收了，但出游活动也不搞了，还会让老师觉得 QXSZT 不明事理，其家长"不配合"学校工作，可能对农民工子女产生负面印象。

---

① 对 QXSCGX 爸爸的访谈（20140413）。
② 对 QXSZT 及她妈妈的访问（20141018）。

在"不视而在"的非干预性教育行为中,孩子作为家校沟通的媒介发挥着主体作用,从而遮蔽了需要家长对于学校要求给予有主动性、有选择性回应的机会,使家长处于非干预状态。① 其实 QXSZT 懂得家庭经济状况紧张,全家只靠爸爸三轮车送货赚钱,她和妹妹上学,开销很大,弟弟上幼儿园,每个月交 400 元,家里房租每个月 1000 元,这 100 元对于家里的开支来说是不小的费用。其实 QXSZT 从内心并未打算让妹妹交这个班费。

三 生计压力下的情境式干预

(一) 匮乏经济的局促

在实地调查中发现,许多家长把孩子送进学校时,在口头上告诉孩子,"你要努力学习,如果学习不好,就把你送回老家"。其实他们在城市忙于生计和挣钱,没有把孩子的学习当回事。"我每天上班十几个小时,下班之后回到家非常疲惫了,如果我看到孩子学习很差,我也没耐心辅导他,就想打他骂他。如果要我坐下花一两个小时辅导他,我做不到。"② "他爸打得很凶,整个楼都能听到,有时会把扫把和拖把都打断。他爸不注意管教方式,孩子比较怕他。"③ "孩子语文不行,作文差,平时连话都不会说。谁不希望自己的孩子学习好,但是没办法呀,我又不懂怎么教他,况且我也没精力管他(我还要带那个小的),要不然也不会送他去晚托班。"④ 这个孩子的家长本身小学没有读完,加上又生了一个儿子,她辞职在家带孩子,QXSGWQ 在家学习的时候,受到弟弟夺书、争笔、抢本子等行为的干扰,而且他的爸妈不会讲普通话,只会讲闽南话,使得孩子在学校与别人沟通的时候,语言表达能力也受到限制,可见父母文化水平不高,经常讲述的方言限制了孩子的语文表达能力,前文成绩分析中,可知这个孩子的语文较差,而且作文一直不好。而更多物质限制在于家长不能为孩子购买合适的课外书,选择适合孩子需要

---

① 刘谦等:《家庭教育与学校教育互动的文化机理初探——基于对北京市农民工随迁子女教育活动的田野观察》,《教育研究》2012 年第 7 期。
② 对 QXSZZH 爸爸的访问(20140505)。
③ 对 QXSZZH 妈妈的访问(20141008)。
④ 对 QXSGWQ 妈妈的访问(20140419)。

的辅导班，即使家长为孩子报补习班，大多数选择午托或者晚托，这种机构只是负责完成作业，对于学习成绩的提升没有太多的功效。

除了家长没有知识和精力导致辅导能力的限制之外，家庭的物质条件也会限制家长的干预行动，QXSZT家长对孩子学习的干预行动能够体现物质条件限制对孩子学业表现的冲击。"我希望孩子能够考上大学，学习的事情还得靠她自己。……我们从没有给孩子买过辅导书和课外书，她需要的话就从学校借或找同学借。"① "我的铅笔是妹妹捡来的，妹妹的铅笔和橡皮是我捡来的。我和妹妹都很节俭，妈妈给的吃饭钱，她们都会吃得少些，把剩下的钱存起来。"② 其实家长从内心希望孩子能够全面发展，但是他们培养孩子的投入也是非常理性的，考虑生计的重要性，一些家长希望孩子在学校能够全面掌握文化课知识，同时也能学到课外知识和一些文体特长，一旦需要自己给孩子报班或请家教老师，他们就会犹豫起来。"孩子英语不好，如果要给孩子补课，一个小时需要60—80元，我们哪里拿得起这个钱。"③

（二）情境教育的使然

比如GXSLHQ从小就爱好舞蹈，但其父母没有为此投入时间和金钱，"孩子在学校参加舞蹈兴趣小组，参加厦门市的比赛（被厦门市电视台转播）但没有进入决赛，这个年段只有她一个人参加。我们没有给她报辅导班，也没有给她请舞蹈老师指导"④。她妈妈觉得，两个孩子在厦门读书，经济压力较大。仅仅他弟弟在读幼儿园，每年差不多要1万元的开销，加上房租、一家人的生活费，仅仅两个人打工挣钱，一年下来所剩无几，所以她就没有为孩子报辅导班，她觉得孩子很自觉，能够理解父母的难处，因而她女儿在学校特别珍惜来之不易的学习机会。

关于对孩子教育的参与，家庭关系也影响着孩子的学习认知。夫妻不一致的教育观念，导致他们在孩子教育投入上经常吵架、打架，加剧夫妻矛盾和亲子关系的紧张。实地调查发现，在农民工随迁子女教育中，

---

① 对QXSZT爸妈的访问（20140409）。
② 对QXSZT的访问（20140418）。
③ 对SZSHQ妈妈的访问（20141004）。
④ 对GXSLHQ妈妈的访问（20140405）。

往往是女性家长对孩子的教育投入比较支持，而男性家长或视而不见、听而不闻或反对给孩子学习过多的物质投入。"以前孩子在老家，我给孩子买电脑，要他学习查资料，可是孩子经常玩游戏，成绩也下去了。为这事他爸爸老是埋怨我，什么事都惯着孩子，有时还骂我（讲到这些，吴女士哭了①）。如果我站在孩子这边，他就骂我，没脑子"，"孩子对我说，妈妈，我想学跳舞"。"那你就跟附近住的新疆爷爷学吧。我知道孩子对音乐、舞蹈很有兴趣，他的艺术细胞很好。他唱歌很好听，发音标准。但他爸爸认为，语文、数学是主科，孩子学不好的话，拿不出成绩，什么事都做不成，艺术学再好也没用"②。实地调查发现，一些农民工家长认为，读书是孩子自己的事情，没有必要投入太多的时间和精力。他们希望孩子比较听话和省事，如果遇到孩子比较"皮"，他们倾向于以惩罚的方式要孩子听话，"我要教孩子听话，如果她不听话，我就会打她"③。

总之，农民工在城市有生存压力，满足基本生存需要成为这些家长的主要生活任务，他们要挣钱养家糊口、安排住房、克服附近住处的不安全环境，甚至还要带孩子去看医生（常常要等那些根本就不会来的公共汽车），给孩子洗衣服，还要催孩子按时睡觉以准备第二天按时上学。这些家长并不认为协作培养发展孩子的能力是教育孩子的必要因素④，他们主张读书是"孩子自己的事情"，孩子能否考上大学在于他们是否是块读书的料，家长不应该干预孩子太多，这一心态导致多数农民工对子女教育采用了非干预型的教育实践，只有少数农民工家长能够意识到孩子教育需要家庭与学校的密切配合，才能形塑子女良好的学业表现，如 QXSSSB、QXSWX、QXSWQ 及 GXSLY、GXSJS 等学生家长，采用了积极干预型的教育行为。通过以上分析，看到部分农民工子女在

---

① 关于吴女士流泪的原因，丈夫认为她不会理财，经常为儿子乱花钱。在她丈夫看来，他们在老家没有建房子，在厦门也没有买房子。出来这么久了，没有存到钱，孩子一天天大了，需要花钱的地方很多（之后我又再次找到 YJY 爸爸访谈）。
② 对 XCSYJY 妈妈的访问（20140608）。
③ 对 XCSHJF 妈妈的访问（201406022）。
④ ［美］安妮特·拉鲁（Annette Lareau）：《不平等的童年》（中译本），北京大学出版社 2010 年版，第 2、3 页。

学习方面缺乏自信、遇事敏感,在一些学科上比较自卑,学习依赖性强,主动学习精神弱,没有养成自觉的学习习惯,缺乏应有的家庭环境和氛围。总之,对于农民工随迁子女来说,小学阶段是养成良好学习习惯的关键时期。这个阶段的孩子可塑性强,容易认同老师在知识方面的权威,容易形成良好的学习习惯,但也容易沾染一些不良的习惯。

第三节　教育信念与弱势文化资本:
农民工子女教育的张力[①]

根据第六次人口普查数据,在厦门市常住人口中,非本市户籍0—14岁人口22.91万人,占0—14岁人口比重50.52%[②](厦门市统计局,2012)。这些数字背后隐藏的是农民工随迁子女的教育问题。一方面,农民工将子女带在身边是为了给其提供更好的教育资源,通过陪伴来保证子女学习和成长的质量。另一方面,随迁子女跟随农民工家长来到城市,希望得到父母更多的关爱和陪伴,在父母的协作培养下成长。[③] 但现实中,多数农民工忙于生计,其随迁子女的生活和学习处于无人监管和干预的状态,跟城市子女相比,他们多数属于自然成长的群体。从这个意义上讲,在农民工随迁子女的教育问题中,最为突出的就是家庭教育张力问题。[④] 现有研究成果对农民工随迁子女家庭教育的张力问题鲜有关注,因此有必要从教育信念与农民工随迁子女家庭教育张力的关系问题进行深入研究。家庭作为一个具有"面对面"交往特点的基础群体,父母对子女的影响是通过情感互动展开的,在互动中传递着情感能量。[⑤] 在农民工及其随迁子女对"上大学"教育信念的迟疑中,彰显着

---

① 本部分内容,刊登于《山西农业大学学报》(社会科学版)2018年第9期。
② 厦门市统计局:《厦门市人口发展特点与趋势》,http://www.stats.-xm.gov.cn/tjzl/tjdy/201211/t20121108_21423.htm,2019年3月20日。
③ [美]安妮特·拉鲁(Annette Lareau):《不平等的童年》(中译本),北京大学出版社2010年版,第15页。
④ 孙文中:《从文化资本角度看农民工子女家庭教育的缺失——基于闽南地区的实地调查》,《海南师范大学学报》(社会科学版)2013年第5期。
⑤ [美]兰德尔·柯林斯:《互动仪式链》,林聚任、王鹏、宋丽君译,商务印书馆2012年版。

其对教育目标的理解、社会资本的局限、自我经历的复制等因素①。这本质上也是其家庭教育张力的展现。因此,需要聚焦于农民工的教育信念与随迁子女家庭教育的关系,剖析他们家庭张力的表现与形塑机制,寻求缓解家庭教育张力的途径,助力农民工随迁子女教育融入,促进阶层流动,帮助更多底层家庭实现向上流动的梦想。

一 教育信念、文化资本与农民工子女教育

(一) 教育信念与家庭文化资本

布迪厄指出,当习性与生成它的场域相遇,行动就呈现为"信念状态"。"信念"(doxa)是经由社会内化而在行动者心中形成的对社会世界的不容探讨和挑战的社会准则和价值的接纳,它是对"世界是什么模样"的不假思索的观念,并且构成了个人和社会群体未经批判的实际经验②,在个体的生命历程中,信念是其看待这个世界的透镜,会影响到他们看见或看不见什么,以及影响他们的认知。③ 农民工如何看待子女的大学梦及如何理解上大学的价值,也都是以信念为中心的。"上大学"作为随迁子女及其家庭共同的教育愿望④,植根于其文化价值观中,并会慢慢地受到他们所在社会地位与经验的影响。大多从事体力劳动者艰难维持生存,在城市务工的艰苦经历使他们希望子女能够通过读书走上与自己不一样的人生道路。

农民工迫于城市生存的压力,他们对于随迁子女,一方面盼着孩子将来上大学,圆自己"这辈子就算没白活"的"大学梦";另一方面也有"走一步看一步"的迟疑与迷惘。⑤ 实际上多数农民工家长都希望孩

---

① 刘谦、冯跃等:《家庭教育与学校教育互动的文化机理初探——基于对北京市农民工随迁子女教育活动的田野观察》,《教育研究》2012 年第 7 期;刘谦:《迟疑的"大学梦"——对北京随迁子女教育愿望的人类学分析》,《教育研究》2015 年第 1 期。
② [法] 布迪厄:《实践感》,译林出版社 2012 年版。
③ Wright L., Watson W. L., Bell J. M., *Beliefs: The Heart of Healing in Families and Illness*, New York: Basic Books, 1996.
④ 刘谦:《迟疑的"大学梦"——对北京随迁子女教育愿望的人类学分析》,《教育研究》2015 年第 1 期。
⑤ Wright L., Watson W. L., Bell J. M., *Beliefs: The Heart of Healing in Families and Illness*, New York: Basic Books, 1996.

子可以接受更高的教育，表示只要条件允许，其子女一定要读到大学本科，甚至博士，但是这种期望并未体现为他们对子女教育实际的积极态度和行为参与。① 现实中，多数农民工随迁子女进入城市边缘化的公立学校和农民工子弟学校接受义务教育。② 多数农民工子女的学业表现不够理想，甚至在进入初中以后以"自我放弃"的心态，遭遇天花板效应，即他们中的大多数人始终处在阶级再生产的阴影之下③。在子女学业表现不能尽如人意时，在子女教育的干预过程中，农民工所具备的特定的文化惯习、社会资本、经济资本甚至是文化自信心显得力不从心。④ 这使得农民工在随迁子女的教育过程中力不从心，甚至甘拜下风，最终体现在对随迁子女教育信念的迟疑上。

（二）教育信念与家庭教育张力

农民工对待随迁子女的教育可以区分为抽象态度和具体态度。对待教育的抽象态度反映的是主导意识形态，认为教育是向上流动的渠道，关系个人福祉。⑤ 具体态度植根于家庭和个体体验，因个人生活的现实而不同。透过具体态度可以看到阶级、群体之间的机会结构差异如何影响父母期望，形塑学生的动机、志向和努力。⑥ 对待子女教育，农民工与中产阶级拥有相同的积极抽象态度，但是前者的具体态度更加消极，在他们那里，抽象态度和具体态度之间存在着断裂。农民工虽然重视子女教育，但他们的文化却以与中产阶级完全不同的方式影响着自己对子女的教育实践，这种差异的根源在于他们缺乏实现这一信念的知识储备。⑦ 拉鲁指出，拥有不同文化资本以及使用文化资本的技巧的不同让各个社会阶层的家长采取了两种截然不同的教育逻辑：中上层家庭的协

---

① 熊易寒：《底层、学校与阶级再生产》，《开放时代》2010 年第 1 期。

② 周潇：《劳动力更替的低成本组织模式与阶级再生产——一项关于流动/留守儿童的实地研究》，博士学位论文，中国社会科学院研究生院，2011 年。

③ 熊易寒：《底层、学校与阶级再生产》，《开放时代》2010 年第 1 期。

④ 刘谦、冯跃等：《家庭教育与学校教育互动的文化机理初探——基于对北京市农民工随迁子女教育活动的田野观察》，《教育研究》2012 年第 7 期。

⑤ Mlickclson, R. A., "The Attitude—Achievement Paradox among Black Adolescents", *Sociology of Education*, 1990, pp. 11 – 61.

⑥ 高明华：《父母期望的自证预言效应——农民工子女研究》，《社会》2012 年第 4 期。

⑦ 高明华：《教育不平等的身心机制及干预策略——以农民工子女为例》，《中国社会科学》2013 年第 4 期。

作培养和工人阶级、贫困家庭的成就自然成长。① 农民工随迁子女虽然在价值上认可教育的功能,但是他们的家庭条件、阶层地位和一系列的制度安排都让他们对知识改变命运的希望越来越渺茫。所以,即使他们在言语上表现出一种与主流价值规范相一致的良好期望,在具体的子女教育实践中也会遭遇诸多张力,很少能够转变为行动。

二 农民工对子女教育的信念

(一) 知识改变命运

对于多数农民工家庭而言,接受教育考上大学是改变命运的路径。实地调查时发现,"上大学"成为农民工及其随迁子女共同的教育期待。一方面,农民工在随迁子女的教育方面秉承"知识改变命运"的信念;另一方面,他们并未把这种信念有效地转化为对其随迁子女的教育实践。诸如农民工辛苦挣钱供子女读书,从心底他们希望"你要好好读书,考上大学以后多赚钱"。"我的目标是上大学,再也不回家乡,将来有份令父母满意的工作,多多赚钱。"② 从农民工对子女的教育信念中折射出,他们没有上大学就难以找到赚钱多的工作,希望其子女能够补偿他们缺失的发展机会。这种寄希望于子女能够通过上大学向上流动的信念,由于没有找到合适的教育方法和资源,农民工往往将其滑向子女教育的成就自然成长模式。总之,农民工子女"上大学"的信念充满矛盾心理。一方面,农民工期望子女能有高学历,那么我们可以推断这些农民工比较重视子女的学习;另一方面,对子女将来教育获得的高期望却并未有效转化为教育实践。

(二) 读书是孩子的事情

在谈到子女考大学的梦想如何实现时,农民工会表现出一些迟疑。首先,农民工自身的受教育程度不高,在子女学业发展上,他们缺少相

---

① [美]安妮特·拉鲁(Annette Lareau):《不平等的童年》(中译本),北京大学出版社2010年版。

② JZSHS,首先在孩子读书的这件事上夫妻意见不一,经常吵架。孩子原先在老家湖南生活,冬天会生冻疮,他的妈妈觉得孩子可怜,爷爷奶奶年龄大了,把孩子接到厦门读书。孩子小学文化课基础差,到了城市要补课,他爸爸觉得补课需要花钱但不一定有效果,反对给孩子报补习班。

应的知识库存。其次，他们自身的经济状况，难以支撑随迁子女的课业辅导压力。最后，农民工缺少足够的时间和精力监管其随迁子女的学业。农民工经常加班加点，无精力辅导和监管子女的学习，需要寄托教育机构照看孩子生活与完成作业，但是晚托班的氛围及师资力量并不好，不能达到家长的要求。也有部分农民工随迁子女根本没有钱上晚托班，只能自己单独待在家里。显然农民工虽然对随迁子女寄予了上大学的期待，但是诸多限制使得他们有理由相信，"读书是孩子自己的事情"。这涉及两个方面，一是农民工觉得自己能力确实有限，在子女学习方面不能帮上忙。二是农民工觉得"读书是孩子的事情"，如果孩子成绩不好，就认为是孩子"学习不争气"，这样孩子上不了大学显然少了"家长的责任"。

（三）孩子读书要努力

"孩子读书要努力"，意味着农民工要求子女能够觉察自身的处境和责任，学习要自立、自强，不给家人增加负担，把学习作为自己分内的事情。在农民工的心中有一种潜在的想法，"孩子你要给我努力，不然你对不起父母"。这种想法，使得农民工在平时的子女教育中将压力传递给孩子，并要求孩子努力。但是他们自身的文化素养和家庭条件，又不能为孩子传递一种"如鱼得水"的学习氛围。家长对孩子的批评，可能造成本来在心性和知性软弱状态下的农民工子女更加自卑，他们意识到城市的竞争环境以及对自己未来命运的觉悟，这种觉悟虽然可以使得他们重视文凭的价值，但是其学习基础的薄弱，使得他们进入初中高年级以后在学业上表现出欠佳的状态。

总之，上大学成为农民工及其随迁子女的共同期待，这表明他们有一种"知识改变命运"的教育信念，但是这种信念遭遇现实的生存压力之后变得迟疑。一方面农民工对子女寄予了较高的教育期待（抽象的教育态度）；另一方面他们又根据子女教育学业表现的变化调整其教育信念，把能否"考大学改变命运"的责任推给孩子。在这种具体的教育态度下，农民工将自身的城市生存压力投射到其随迁子女的教育之中，即"读书一定要努力"。在农民工对随迁子女教育信念的流变之中，他们面临着较多的家庭教育的张力。

三 农民工子女教育的张力

（一）时间张力：赚钱大于陪伴

农民工在工厂、饭店、建筑工地、出租车公司、保安公司等处打工。这些行业工作时间长、强度大，获得的工资收入却非常有限。农民工家长为了赚更多的钱，必须挤出自己的闲暇时间来加班加点换取更多的报酬。根据2015年《中国农民工监测报告》统计数据显示，2015年农民工全年外出工作的时间为10.1个月，每月平均工作25.2天，每天平均工作8.7小时，其中日工作超过8小时的比重占39.1%，周工作超过44小时的比重占85.0%。[①] 具体到每一个农民工家庭：家长时间被商品化，家长为了追求更高的经济利益而"被迫"放弃很多娱乐休闲时间，如跟子女沟通、一家人去户外活动等。以下是对QXSXZY家长的深度访谈：

> XZY一家共五口人，她上有姐姐，下有弟弟。姐姐读初中，弟弟在读幼儿园，XZY上四年级。父亲在服装厂做仓管，每月工资3500元；母亲是服装厂工人，每月工资2000—3000元。两人从早8点到晚8点每天工作11个小时。他们很少陪伴XZY，更不用说督促XZY的学习了。XZY性格很内向，大部分时间她都是自己一个人待在家里。XZY脾气不好，爱哭，尤其是在被批评时，会觉得很难过很委屈。XZY考试考得不好的时候父母会责骂她。

这里表明农民工在子女的教育陪伴上存在着时间张力。在这种情况下，农民工即使意识到了这不利于孩子成长，他们也想不出有效的方法来解决这一问题。为了城市生存必须拼命赚钱，农民工时间和精力大多集中在如何赚得更多的经济收入上，每天工作之余因为劳累也无心再跟孩子细心交谈，给予孩子关心爱护。这造成农民工随迁子女在学习上缺乏引导和监督，情感需要得不到及时回应和满足，特质得不到培养，闪光点得不到挖掘等问题。

[①] 国家统计局：《2015年农民工监测调查报告》，http://www.stats.gov.cn/tjsj/zxfb/201604/t20160428_1349713.html。

(二) 环境张力：嘈杂的社区与缺乏榜样力量的家长

营造一个安静舒适的学习环境能够为子女教育的成功争取有利条件。良好的社区环境可以保证随迁子女在社区享受到配套的娱乐设施，以及一系列针对儿童青少年提供的免费服务或活动等。良好的家庭氛围可带动子女养成良好的阅读习惯，引导子女更加自觉主动地进行学习。农民工进入城市后，其所生活的社区的家庭居住条件都十分简陋，难以为随迁子女营造一个良好的学习环境。

1. 社区环境

农民工及其子女一般都是居住在廉价、设施简陋、空间狭窄的城中村地带。因为社区环境混乱，缺乏安全感，家长不放心子女单独外出，由于自身工作较忙又很少带子女去公园或是其他娱乐场所玩耍，再加上家里地方狭小，来家里做客的同学也很少，这就造成了许多农民工随迁子女无法在周末跟同龄人玩耍，也缺少参加各种丰富多彩的课外活动机会，他们的课余生活几乎是空白。以下通过对QXSYYY及其家长的访谈佐证这一点。

> YYY就读于QX学校。学校附近多为服装厂、电子厂、物流公司、小饭馆、店面、流动摊贩及大排档。学校背后是城中村。YYY一家住在离学校较远的出租房里。在去YYY家的路上随处可见未完工的建筑、沿路占地摆摊的小贩，路上垃圾成片，各种摩托车超速行驶，交通混乱，道路拥挤。很多时间YYY都是自己一个人玩，很少会有同学来家里做客，即便来了家里也坐不下。YYY在家也就是通过看电视、写作业来打发课余生活。

这里表明，农民工随迁子女需要一个安全、安静和舒适的学习和生活环境，需要通过跟同龄人玩耍或参加相应的课外活动来发展生活技能，但是他们并未给子女们提供一个适合居住的房间。社区环境的混乱加上自家居住环境的狭小让农民工随迁子女困在家里，每天只能通过看电视来认识外面的世界、接收外面的信息，这种课外学习是有限的，子女只能从书本获得片面的理论知识，在实际中无法通过有组织的课外活动提升社会实践能力，诸如人际交往、语言表达等方面的实用性能力都得不到锻炼。

2. 家庭环境

很多农民工很少买书、报纸或是其他杂志等，其娱乐活动也就是在家看电视、打麻将等。这种家庭氛围下的农民工随迁子女必然受到父母行为的影响，在学习或生活上养成不良习惯。笔者对 QYSZT 及其家人的访谈，表明农民工家庭内部缺少学习氛围。

> ZT 家里开了间小店，每天赚的钱只够一家人吃饭。她平时在店里的小桌上写作业，旁边有麻将桌，晚上有人在打麻将。受到店里麻将声音的影响，邻近的人会来店里闲聊，他们的谈话打扰了孩子写作业。母亲抱怨来这里的一些人脏话连篇，给孩子带来不好的影响。为避开打麻将声音的干扰，她和妹妹只好趴在床上写作业。ZT 父母一回来就看电视，也不去辅导孩子的学习。ZT 父母没有去营造学习氛围，比如妈妈也常常用电脑看电视剧，这也是她们讨厌做作业、爱看电视剧的原因之一。

访谈表明，农民工随迁子女的家庭教育环境嘈杂，家长并未采取有效的方法来改善，为子女提供相对安静的学习环境。同时农民工自身回到家中往往看电视、玩电脑、玩手机，也没有刻意去为孩子营造学习氛围。农民工家庭学习氛围差，家长榜样作用的缺失缘于家庭中"身体化"文化资本的匮乏，而这种资本主要通过家庭教育获得，但是农民工家庭内部缺乏文化资本积累的环境，无法为随迁子女的家庭教育营造一个优渥的环境。

（三）知识张力：上补习班的愿望

随着子女年级的上升，农民工在辅导子女功课时感到越来越吃力，很多家长都表示孩子学习的内容比以前他们上学时所学的内容要复杂，很多功课上遇到的难题家长也没有办法解决，这让他们觉得十分苦恼。调研发现，农民工随迁子女的英语成绩不甚理想。家长认为英语是导致子女学习成绩一直无法提高的最大原因。因为家长自身的文化水平不能为子女提供帮助，只能让子女上辅导班，然而他们又缺少上辅导班所必备的经济基础。另一方面，不同行业农民工人均月收入及增幅的数据显示，各个行业的农民工人均月收入都集中在 2500—3500 元，2015 年月工资收入跟 2014 年相比增幅在 10% 以下。① 补习功课、寄托教育（晚托、午托），属于农民工随迁子女完成基本学业的必备项目，而学武术、跳舞、画画、音乐、书法等课外技能，由于需要一定额外支出，多数农民工家长会选择让子女放弃这些项目。家长的文化水平不足以辅导孩子功课，经济水平不足以满足子女上辅导班、兴趣班的愿望，农民工家庭教育的张力再一次凸显，如 QXSXPH 的家庭内部所体现的知识张力。

> XPH 的父母都是小学未毕业，XPH 的成绩在班中倒数。其在学习上碰到问题习惯于依赖哥哥解决。XPH 的数学成绩很差，对数字、符号等反应比较慢，考试经常不及格。XPH 父母也很少打电话同老师针对孩子在学校的表现及学习成绩进行沟通，对于 XPH 的学习情况，他妈妈很着急，想帮孩子找个家教老师补习数学，但由于费用太多而迟迟未找。XPH 想学跆拳道，其父亲觉得这是一笔不小的开销就没有给孩子报班。

孩子学习遇到障碍，农民工无法及时为子女提供知识辅导，也不愿为孩子学业辅导投入金钱。农民工家长在子女成绩不理想，自己又无力提供帮助时，往往都会想到让子女上辅导班来提高孩子的学习成绩，但是上辅导班必须具备一定的经济条件，这就又让家长陷入矛盾。这种处境也让农民工随迁子女很少能享受到额外的教育资源。

（四）习性张力：权威、训斥与体罚

农民工的生活经历和工作环境，让他们形成了一套属于农民工群体特有的习性，子女在犯错或学习退步时，他们习惯于采取一种相对简单化的手段来解决，即通过训斥和体罚来让孩子更快地明白和承认自己所犯的错误。同时这些家长也没有注意到自身的言行对子女的行

---

① 国家统计局：《2015 年农民工监测调查报告》，http://www.stats.gov.cn/tjsj/zxfb/201604/t20160428_1349713.html。

为所带来的潜移默化的影响，家长将跟其他农民工打交道时的习性带回家中，语言粗俗，行为鲁莽，也没有在子女面前树立良好的形象，没有以身作则为孩子树立榜样，用自己的言行来引导孩子形成正确的学习和行为习惯。如 QXSZZH 的家长习惯性采用责骂的方式对待孩子的学业问题。

> ZZH 读五年级，一家四口。因为弟弟的出生，让 ZZH 觉得父母缺少了对他的关心。ZZH 爸爸会经常打他，这让他很讨厌爸爸。在体罚 ZZH 的时候，他会恨自己的爸爸。他爸爸多采用体罚和责骂的方式教育。ZZH 爸爸说："孩子比较怕我。我回到家看到他作业还没有完成，我就生气，就想动粗。有一次，我打孩子，整栋楼的其他家长都惊动了。"ZZH 对爸爸表现出不信任甚至是排斥，不相信爸爸说的今后会对他们采取温和的教育方式。ZZH 爸爸在管教孩子的过程中没有耐心，动辄打骂孩子。

一些农民工采用简单化甚至粗暴化的教育方式，强调子女的听话和服从，较少地给予孩子表达自己的意见和想法的机会，这严重压抑了子女的个性，没有帮助子女形成良好的习性。社会主流的教养方式跟农民工家庭所采取的自成一套的教养方式之间的张力，不可避免地使农民工随迁子女在学习和行为上产生各种问题。这种教育方式与学校倡导的家校协作培养逻辑是相背离的。学校倡导的是一种协作培养式的家庭教育，即注重家长和子女之间平等的对话与交流，教育子女的态度应该是温和且耐心的，家长要表达对子女的理解和尊重，注重孩子个性的发展。然而农民工对随迁子女的协作培养缺少相匹配的教育资源和能力，从而带来了其随迁子女的诸多问题。

四 农民工子女教育的张力的形塑与消解

农民工家庭教育张力主要表现为时间张力、环境张力、知识张力和习性张力。这些张力的形成缘于父辈弱势的经济状况、匮乏的文化资本和断裂的社会资本。

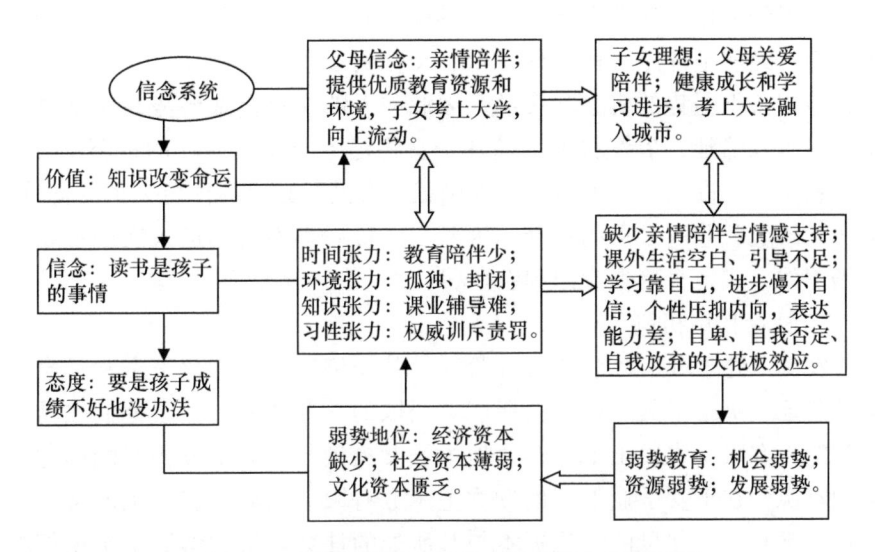

图 4-2 农民工随迁子女家庭教育张力形塑过程

(一) 农民工随迁子女家庭教育张力形塑

1. 家—校作用机制

为了不让子女"输在起跑线上",农民工将孩子带入城市接受教育,以获得更优质的教育资源,最后可以考上大学,向上流动。子女待在父母身边,想得到的是父母的关心和陪伴,是和城市孩子一样在父母的呵护下快乐学习和成长,自己可以通过努力考上大学,找到合适的工作,留在城市生活。然而在教育过程中,他们并没有实现这一美好的理想,农民工父母工作时间长、强度大,因此缩减了陪伴子女的时间。工作收入低让他们只能住在城中村,环境嘈杂,安全隐患大,工作之余因为疲惫再没有过多的精力去关心随迁子女的学习。随着子女的功课难度越来越大,农民工的文化水平难以辅导,想请家教经济条件却很难满足。家庭内部因为习惯性的体罚和训斥,让亲子关系不和谐,子女叛逆不听话。最后,家长自身家庭榜样力量不足,子女学习习惯差,在学习上表现不良,家长因此而对读书的真正收益产生迟疑,认为父母智商和家庭背景都会影响子女的教育质量,于是对读书改变命运的信念产生怀疑。这其中所体现的是农民工家庭教育内部"理想"与"现实"之间的张力,这种张力让家庭内部生成一种弱势资本,这种弱势资本通过家庭教育和学校教育得到强化,让子女接受了一种弱势教育。父母所拥有的弱势资本表现为:经济条件差、社会地位低、文化资本匮乏;子女接受的弱势教育让他们获得弱势的机会和资源。因此父母的文化资本弱势在子女身上得到继承和绵延,最终农民工随迁子女将走上与父母一样的道路——新一代农民工。进入劳动力市场的农民工子女没有必要的社会关系的支持,同时又缺乏就业所必需的技能,因此很多最后都不得不进入次要劳动力市场工作,或是直接失业回到农村。[1]

2. 社会作用机制

农民工处于城市社会的边缘阶层,其经济资本、文化资本和社会资本的匮乏,决定了其随迁子女所能够获取的教育资源。由于他们在城市经济能力有限,农民工不能有效地为子女提供与子女学校相匹配的课业辅助资源,在子女学业发展的助力上十分有限。同时,农民工的文化资本也非常匮乏。父母的文化资本与其所处的社会阶层和学历水平密切相关,布迪厄认为,文化资本是经由社会阶层和教育来实现社会分层,而文化资本在家庭内部的传输则决定了子女们所拥有的文化资本的组成成分和拥有量。[2] 社会底层人群(如留守儿童、流动儿童)的教育困乏,不仅仅表现在客观的教育资源配置的匮乏,更加表现在潜在的、之前不为人们所重视的文化资本的匮乏。[3] 况且农民工处于社会的底层,让他们得不到城市大部分人的尊重,易在他们身上贴上失败者、影响市容的形象标签。在这样的情形下,农民工便久而久之接受了这样的评价,致使他们认为自己的无知没办法给予子女正确的学习指导,而寄希望于学校教育、辅导机构、午托晚托、家教补课等方面。农民工子女也或多或少的因为父母的身份而抵触父母的沟通教导。再者,农民工缺少向上流动的社会资本,他们寄希望于子女能够通过教育实现向上流动的愿望。农民工缺乏相应的教育资源和教育能力,使得他们对子女学业的干预处于"不合拍"的状态。农民工子女城市化过程可能遭遇其父辈所携带的

---

[1] Alice Sullivan, "Cultural Capital and Education Attainment", *Sociology*, No. 4, 2011, pp. 893 – 912.

[2] 李涛、邬志辉:《"乡土中国"中的新"读书无用论"——基于社会分层视角下的雍村调查》,《探索与争鸣》2015 年第 6 期。

[3] 张谌:《布迪厄的文化再生产理论研究——基于教育系统的视角》,硕士学位论文,东北财经大学,2012 年。

乡土性的冲击，尤其是父母不合拍的"管教"与学校学业强化"规训"的不一致，造成他们在学业适应中存在些许困难，产生困惑与迷茫。

总之，缺少文化资本、经济资本和社会资本的农民工，他们的教育资源、教育能力与城市学校教育所要求"学业标准规范"的不匹配所致的对随迁子女不合拍的"管教"，农民工子随迁女表示诸多埋怨和不服，而老师对农民工的不合拍"素质"显现不满并加以指责。在生计压力下农民工家长对于子女教育力不从心，学校过于强化学业表现的要求，让众多农民工家长在城市化的子女教育中呈现出失语与忽略的状态，从而进一步彰显了其随迁子女家庭教育的张力。农民工所面对的现实让他们清晰地意识到即使付出再多的努力，其随迁子女也很难取得跟城市同龄人一样的学业成就。①

（二）农民工随迁子女家庭教育张力形塑与消解

1. 消除偏见，减少文化歧视

农民工随迁子女进入城市所接受的是一种社会中上层所提倡的主流文化，而农民工身上所继承的乡土文化属于底层文化，文化资本弱势的农民工随迁子女因此遭遇了自身文化与课程内容和形式的格格不入，这带给农民工随迁子女的体验是难以适应和融入。因此，为了让农民工随迁子女更好融入城市教育体系，城市学校应当为这些子女营造一个平等融洽的学习氛围，接纳和尊重农民工随迁子女自身的文化特质，整合城乡文化，引导城乡学生之间的互动交流，培养和提高农民工随迁子女对城市的归属感和认同感。这个过程中，社会工作可以的作为是促进城乡子女互动，消除城市学生对农民工随迁子女的刻板印象，拉近城乡子女距离；同时加大城乡多元文化的宣传力度，营造和谐包容的学校氛围，消除偏见，减少对农民工随迁子女的文化歧视和排斥。

2. 家校合作，多方联动服务

农民工家庭的教养模式是一种"成就自然成长"模式，在这种模式下，家庭教育相对缺失。子女很难在学校之外的场域中获得文化技能的学习和锻炼机会，正是这种教养模式的相对不足，在一定程度上导致了

---

① 熊易寒、杨肖光：《学校类型对农民工子女价值观与行为模式的影响——基于上海的实证研究》，《青年研究》2012年。

农民工家庭教育张力的形成。为了克服农民工家庭教育张力，需要重建"协作培养"模式，这种模式通过家长、学校、社会的多方联系和互动，为子女营造良好的学习环境，家长更多给予子女关心和陪伴。在社会的协助下，例如在家庭中引入社会工作者的服务，让社会工作者通过提供关心和支持来弥补农民工随迁子女情感支持的缺失；学校努力为农民工随迁子女创造更多有针对性的课外实践活动，丰富农民工随迁子女的文化技能库，而且在学校中可以设置学校社会工作者的岗位，定期开展各种免费课外活动，以填补农民工随迁子女课外生活的空白，丰富农民工随迁子女的课余生活，促进农民工随迁子女全面发展。通过联动农民工家长自身、学校以及整个社会，为农民工随迁子女打造一个相对优质的教育环境，使农民工随迁子女能够在接受教育的过程中越来越自信，增强他们学习的积极性，逐渐缩小农民工随迁子女与城市子女之间的差距。

3. 加强培训，提升家庭教育能力

引导农民工积极学习，不断进步，引导他们积极参加各种有益培训，分析家庭教育的成功案例以提升自身素质，改变自己的家庭教育观念，改善自己的教育方式，真正做到教育的民主性；引导农民工家长注意自己在生活中的言行举止，培养积极的生活态度，以促使子女养成良好的习惯、学习和生活态度；培养农民工主动与学校老师联系的意识，及时了解和反馈子女的状况。最后，学校和社区要积极举办高质量的亲子活动并鼓励农民工参加，以加强农民工的亲子互动，使农民工能够主动融洽亲子关系；学校和社区要积极举办专业水平较高但又通俗易懂的改善亲子关系的相关讲座，普及改善亲子关系的相关知识。

4. 规范管理，优化子女教育条件

通过有效而广泛的农民工技能培训提升其就业技能，优化农民工的职业结构，促进农民工收入的实质性提高，为农民工家庭子女教育创造充足的时间、精力和资本。企业规范时间管理而非剥夺农民工的劳动时间来实现企业良性生产和良性经营，树立起农民工与公司的双赢理念，调整工作时间，提高农民工的薪酬福利待遇，为促进农民工随迁子女的家庭教育提升创造条件。

5. 整合资源，构建社会支持系统

首先，要建立健全家校合作制，学校定期向家长通报学校和子女情况，家长要主动配合和了解，保证家长与学校及时交流。其次，要发挥社会各方力量，整合并合理利用有效资源。如积极引导在校大学生和离退休人员进行志愿团队的建设，辅导农民工子女的学业和生活，解决农民工子女在成长中的困惑，避免农民工的文化弱势对农民工子女教育的不利影响。最后，加强具有专业素质的社会工作者的队伍建设。利用个案工作方法、团体工作方法和社区工作方法对农民工融洽亲子关系、改变家庭教育观念以及子女习惯的养成、适应能力的提高等方面进行辅导，以实现其家庭支持系统的重建及优化，充分发挥家庭在农民工子女成长中的重要力量。通过对农民工子女的辅导，培养其融合能力、自我教育能力以及自强品格，以更好地融入城市社会。

  总之，家庭文化对子女学业表现发挥着正面和负面的双重影响。与城市本地居民相比，农民工群体在文化修养、文化产品和教育程度方面有很大的差距，与城市主流文化及其生活模式相差甚远，农民工文化资本匮乏严重。农民工处于社会的底层，其家庭文化资本比较匮乏，其子女从家庭中习得的认知、行为方式与学校不符，导致他们从小在学校中累积劣势凸显，只能获得弱势教育，并处于社会弱势地位，在学业竞争中落下。虽然家庭文化资本匮乏，但一些农民工子女受父母勤劳、坚强、节俭和努力等品质的影响，感受到父母身体力行、积极上进的家庭氛围，他们通过自己的努力，可以克服家庭的不利条件，将知识改变命运的信念内化为自身的学习习性，形塑了较高的学业志向，从而促进了学业的发展。

第五章 学校文化及其学业强化的规训

农民工子女在进入学校之前,就已经从家庭中习得了文化资本。其文化资本是否与学校文化匹配影响着其学业表现。学校文化以社会文化为背景,以物质文化为基础,以制度文化为保证,以体现学校特色的学校精神为核心。① 学校文化被视为"雅文化",一方面突出其封闭;另一方面突出其洁净、雅致。同时与博大精深的社会文化相比,学校文化显得有点单纯与单薄。② 农民工随迁子女接受学校教育,也是习得学校文化的过程。由于农民工随迁子女正处于身心快速发展期,其自我意识日益被唤醒,独立性逐渐增强,加之他们身处城市化的生活之中,他们对于城市生活、主流社会的认知在逐步形成之中,这种生活经历对他们的学业表现或是正向发展或是负向伸延。鉴于农民工子女软弱的身心状态,他们如何在学校教育中,成功融入学校文化就显得日益重要。本章从学校文化的角度,分析学校物质文化、制度文化、理念文化及其对学业强化的规训对农民工子女学业表现的影响。

第一节 学校文化的构成

学校文化作为一种亚文化,体现着城市的人文精神和育人理念,是城市文明传播和文化创新的主导力量。它是学校全体成员或部分成员共

---

① 王中华:《浅谈校长如何引领校园文化建设:以吉首大学师范学院附属小学为个案》,《当代教育论坛》2008年第5期。

② 张亚梅、王丽琴:《学校文化与社会文化的隔离与架构》,《教育理论与实验》2001年第1期。

同具有的思想观念和行为方式，看似无形，实则于潜移默化中影响着学校里的每个个体，包括教师、学生和其他工作者，甚至是前来交流的外来人员。

一 学校理念文化

学校理念文化是学校组织发展的精神动力。[①] 随着农民工随迁子女的大量进入，城市公办学校的传统文化遭遇来自农民工子女的乡土文化的冲击，因此需要一种和合文化，帮助农民工随迁子女顺利融入学校文化。

（一）融合文化

学校为了促进农民工子女的学业发展、能力培养，关注其人格发展、道德素质培养与身心健康，学校积极营造和合文化氛围[②]。在实地调查时，SZ 中学学校通过橱窗展览、黑板报、手抄报等形式传播融合文化。比如以手抄报比赛为契机，营造班级融合文化，一次手抄报是以"说不尽的家校美"为主题，宣传融合文化。SZ 中学的学生 75% 为农民工子女，来自全国各地，由于来自不同家乡的学生在生活习惯、文化认同上的差异较大，传播融合文化成为其平时学校管理工作的重要内容之一。例如 QX 学校现有 1900 名学生，90% 来自外地。高大的教学楼坐落在厂房密布的工业园区里，显得格外打眼。此外，城市公办学校通过教师招考、对教师专项培训提升其育人心态和技能。QX 学校办公楼命名为"勤毅楼"，砖红色的建筑体上铭刻着社会主义核心价值观，"富强、民主、文明、和谐；自由、平等、公正、法治；爱国、敬业、诚信、友善"，这表明学校具有价值引领的功能，积极营造融合文化。该学校文化浓厚，并在宣传栏上印有教育方针，"坚持育人为本、德育优先，实施素质教育，提高教育的现代化水平，培养德智体美全面发展的社会主义者和接班人"。在教学楼上，镌刻着"学而不厌，诲人不倦"八个大

[①] 江波：《文化支持：农民工子女融入城市文化的研究》，苏州大学出版社 2012 年版，第 103 页。

[②] 江波：《文化支持：农民工子女融入城市文化的研究》，苏州大学出版社 2012 年版，第 105 页。

字。另外，学校实行混合编班，在班干部的选择与任命中，以成绩和综合表现为依据，不再区分城乡背景。还开设了许多免费兴趣班，对外来务工子女和本地学生，一律开放，受到了不少学生和家长的欢迎。然而，QX学校这种兴趣班的做法，没有坚持办下去。这主要是由于农民工家长存在一定的认知偏见，不注重培养学生的兴趣和特长，认为这种兴趣班是浪费时间。例如唱歌兴趣小组，学生放学要单独留下去训练，不少家长为孩子请假，最后由于请假的人数太多，这个活动就取消了；再如画画兴趣小组，由于换了美术教师，这个活动最后不了了之。而GX小学的课外兴趣小组，能够一直坚持下来。这背后有学校的重视，有一定的人员和物质的保障，同时家长能够意识到这种兴趣小组的价值并予以配合。

（二）升学文化

进入中学以后，在现在的教育环境和升学模式下，绝大部分中学在教育理念上只重视升学率，即只重视重点高中的升学率。从SZ中学到J区的其他中学，教育行政部门、当地政府、学生家长及公众对学校的优劣评价主要取决于其升学率。SZ中学地处324国道的交通要冲。学校创办于1993年，是一所交通便利、校园环境优美、设施配套齐全的农村初级中学。办学以来，学校秉持规范、健全、完善、夯实、提高、发展的办学思路，以"诚实、勤奋、严谨、多思"为校训，着力培养"爱学生、业务精、善教导、会合作、乐奉献"的教师队伍，逐步形成"规范文明、尊师守纪、乐学多思、勤奋进取"的学风，努力让学生满意、让家长放心、让社会认可。① 但是作为农村初级中学，它依然承担着向上一级学校输送人才的功能，而且是其主要的功能。② 因此，SZ中学非常重视升学文化的营造，鼓励学生努力学习、参加中考、升入高中，尤其是重点高中。为保障升学目标的实现，该校实施AB班分层教学（前文第三章有分析）。影响升学率的因素除了师资水平外，还包括生源质量。2014年SZ中学新生入学506人，外来学生占大多数，本地学生有126

---

① 资料来源于：http://baike.haosou.com/doc/6976311-7199000.html。
② 李书磊：《村落中的"国家"——文化变迁中的乡村学校》，浙江人民出版社1999年版，第122页。

人（主要是灌口附近的农村学生），民办学校（安仁小学）有99人。2013年，外国语中学给该校11个招生定向名额，中考年段前11名可以进入，最低录取分数线为542分。考入集美中学20人，最低录取分为517分，考入厦门十中（杏林）30人，最低录取分数线为476分，考入灌口中学50人，最低录取分数线不到400分。乐安中学45人，最低录取分数线400分。据对SZ中学教务主任XL的访谈，"这些来自民办学校的学生成绩很差，行为习惯和生活习惯不好，升入中学以后，学习依然较差，也给老师的班级管理带来困难。他们上课听不懂，作业都难以完成，经常拖班级的后腿。在教学方面，学校采取措施分为A型和B型教学，A型教学针对那些成绩较好，能够跟得上课，升学有望的学生。我们对教学内容、作业布置、课后辅导、学习督促都会严格要求，而对那些成绩差、上课听不懂、升学无望的学生，我们采取B型教学模式，讲课较为简单、作业较少，上课较为轻松，这些孩子也比较喜欢这种教学模式，60%的学生进入B班。学校为了保证升学率，重点培养那些有望考上高中的学生。针对优等生每个班级的前5名，老师会利用午饭后的时间，给他们单独辅导（每个任课老师包干到人），每天中午给他们辅导一个半小时，为了保证他们能够顺利考入重点高中"①。但SZ中学重视升学率，在教学过程中采取A、B层次的办法，不利于学生融入学校文化，特别是中等生和差等生对于自己成绩的感知，以及在学校由于受到的歧视而自我放弃，这个学校每个学期有90多人"不辞而别"。因此，这些就读于城市公办学校农民工子女，他们一方面重视教育流动的价值，渴望通过考上高中升入大学以此融入城市主流社会，但是在其成长中，由于其学习成绩的不理想及其父母给予子女教育的无力感（读书是孩子自己的事情，成绩不好家长也无能为力），导致他们以主动放弃的形式过早中断学业进入劳动力市场。例如SZSHQ，在其教育过程中就遭遇了这样的经历。

SZSHQ是一个来自河南息县的初三（二）班学生，家中有妹妹在读小学三年级，父母鼓励他考高中、升大学，希望他能够告别父辈打工生涯，但由于他学业成绩不理想，尤其是英语较差，在AB班分层教学中

---

① 对SZ中学教务主任XL老师的访问（20141215）。

被迫进入 B 班，从此他很失望，觉得自己考高中的希望渺小，就主动放弃努力，现在成绩排名在年段 250 名以外，也就是班级学习成绩比较底层的那种学生。SZSHQ 学生的自我放弃行为在 SZSHF 及 JZSCY 等学生身上也存在，他们由于学习成绩不理想，尤其是英语和数学较差，这些学科成绩的提升需要长期努力，他们缺少长期坚持的精神导致最终的自我放弃。其实，在这种城市本位的教学模式中，农民工子女被建构为学业和素质上的"底层"。根据对 GX 学校、QX 学校以及 SZ 中学的实地调查发现，农民工子女的学业成绩仍有提高的空间。倘若为农民工随迁子女提供同等的学习环境，他们在学业成绩方面可能不会逊于同龄的本地子女。但是农民工子女在教育过程中，家庭文化资本的缺失加上制度性的自我放弃，使得他们与厦门本地子女在学业上存在一定的差距，使得多数农民工子女的学业表现不尽如人意，他们进入初中以后普遍学习成绩较差，在升学受限后表现出被动放弃与自甘落后并存的现象。

（三）审美文化

在城市公办学校，审美文化建设主要寓于对农民工子女的艺术教育之中。农民工随迁子女在校园生活中的审美文化建设具有迫切性，以下是对 XC 学校美术教师 Z 老师的访谈。

"XC 小学学生超过 80% 为外来工子女，起初刚成立学校的时候，大部分学生都是从民办学校或者老家转过来的，在生活习惯和行为习惯上与本地孩子相比有很大的差异。大多数人需要一个学期的适应过程，在我班里，到了六年级，一些孩子衣服和书包不够整洁，甚至女生也这样。我作为美术老师，就经常提醒他们注重个人仪表。我在教画画课程，学生都比较喜欢上我的课，这种课讲起来比较有趣味又比较轻松，也不要孩子写作业。与我接触的学生有美术细胞的，我就会提醒他，学画画也是可以考大学的，如果画画成绩优秀也可以在考高中、考大学的时候加分。这样有些学生就更加喜欢画画了，XCSYJY 就是一个非常喜欢画画的学生，他本身对画画感兴趣，画画时尺寸掌握得比较到位，又能够将自己的创意准确地在纸上表达出来，他的绘画作业经常在班里受到表扬，他回家以后给他爸爸说，想跟老师学画画。但他爸爸比较固执，教育观念滞后，认为学好文化课，语数外都考高分才是王道，学画画也不能当饭吃,给孩子的兴趣泼了冷水。我觉得他爸爸不重视这些学科,像大多数农民工一样,认为美术是有钱人的爱好,他们认识不到美术教育对孩子成长的重要性。像本地的家长就非常重视孩子的美术教育,经常带孩子看美术展览,还订了很多美术杂志。但是 XCSYJY 还是坚持听我的课,去年跟我学了一年。现在上美林中学一年级,那里的老师觉得他画画有基础,前段日子他主动联系我,问我索回他以前的作品,我都还给他了。"①

在农民工的心目中,学习成绩好才算得上是好孩子的标准,学好语数英才是正常之路,绘画、音乐、舞蹈都是旁门左道。家访中,XC-SXWH 妈妈讲道,"小孩子要学绘画,我告诉她,你学习就要把语数英这些知识学好,其他的不重要。有一次我回家发现孩子把地板弄得脏兮兮的,家里乱七八糟,当时我火就来了,一气之下把她的作业撕了。今天听说美术老师要来,她就哭了,担心老师骂她。她埋怨我撕了她的美术作业"②。

二 学校物质文化

学校物质文化是学校理念文化的物质载体,是通过学校校园环境而顺利开展教学活动的重要条件。它涉及学校环境、教师文化及学风校风。

（一）学校环境文化

学校环境文化主要包括学校教学设施设备如教学楼、多媒体教室、操场,小型图书馆和计算机机房是衡量该校教学质量的重要标准。GX 学校占地约 16839 平方米,拥有阶梯教室 1 间,学科专用教室 11 间,学校图书馆藏书 46728 册。学校秉承"立足现状,开展自励教育,为孩子的成功人生奠基"的办学理念,把培育"武以养德,文以评心,培育奋发向上、励志成才、具有良好习惯的优秀少年"作为学校教育的最终目的。"每天进步一点点"的小目标成长模式让孩子的梦想有了飞翔的希望。作为一所省级农村示范校,主要招收附近本地学生和外来工子女。在访谈的时候,教务主任 Z 老师指出,"我们学校缺乏文化地位,虽然

---

① 对同安 XC 学校美术教师 Z 老师的访问（20141129）。
② 我和美术老师一起家访的。

历史悠久但是没有对校史文化进行充分的挖掘和继承。学校具有传统特色项目武术,但由于场所的限制,学生的训练只能依托 G 社区武术馆,训练人数极少,无法成为发展优势;管乐队虽然存在,但需要提高管乐的演奏水平,还受到乐器老旧,经费不足的困扰"[1]。此外,QX 学校的电脑室、多媒体室、专用教室设备设施已经陈旧,无法满足教育教学的需要,制约了学校发展。学校图书馆的书籍由班主任老师借出来放到本班书柜,然后让学生登记借阅,由于班级图书馆管理员没有尽职,以及同学保护集体物品的观念不强,时常发生班级图书丢失的事情。访谈的时候,QX 学校的班主任 W 老师讲述道,"每个学期从图书馆借来的图书不翼而飞,有些外地学生,以为这些书借到以后,就是他们自己的,再也不还给学校了,联系家长,家长说在家没有看到这些书。还有些同学把精彩章节的几页纸,从中撕掉。我们班有几个同学经常把班级图书馆的书拿回家不还,像 CGX、ZT、ZXJ,如果问他们家长这个事情,家长还说我们错怪他们的孩子"[2]。

  SZ 中学处于灌口工业园区,是农村初级中学,基础设施处于中下水平。[3]"该校基础设施在厦门处于下等水平,没有进入集美区示范学校序列。该校的农民工子女行为习惯不好,集体观念很差,经常去学校的生物园,折花惹草,在书桌上乱刻乱画,去学校湖里捉鱼,把鱼捞上来带回家。特别是初一的学生,他们经常这样做,老师批评了这类学生,但家长还认为我们批评孩子不对,他们觉得孩子抓鱼没有错。还有学生偷实验器材、药品。还有农民工子女在课间操的时候,偷同学的钱(生活委员管理午餐补贴,学生趁大家出去做操的时候就偷钱),然后去网吧上网,家长也不管。厦门优质教育资源首先在思明区,其次在湖里区,最后是集美区,灌口是集美的边缘"[4]。这表明,SZ 中学的教育资源在厦

---

  [1] 对 GX 学校教务主任 Z 老师的访问(20140330)。
  [2] 对 QX 学校班主任 W 老师的访问(20140430)。
  [3] 资料来源:http://baike.haosou.com/doc/6976311-7199000.html。校园占地面积 61538 平方米,建有图书办公楼、教学楼、实验楼和食堂、宿舍楼各一栋,建筑面积 11401 平方米;配备有图书馆、电脑室及"二二一"专用实验教室;建有标准的 400 米跑道和地下休息室。拥有现代化教学设施、多媒体先进教室。
  [4] 对 SZ 中学班主任 Z 老师的访问(20140919)。

门市处于下游水平,制约了学风与校风的营造。

因而,从学校文化主体的角度,构建城市移民子女融入城市的学校环境文化,尤其要突出审美精神环境建设,注重个性化的校园精神的融入,如将学校的校风、学风以及学校的历史传统、理想追求、道德情操、特色文化等合理体现于校园的每一个角落。①

(二) 学风校风

1. 校风。校风作为一种集体化的惯习,既是学校长期办学过程的文化积淀,也能体现着学校文化的特点。② 在 QX 学校的楼道旁边,写着鲜明的标语,"学而不厌,诲人不倦",并且在宣传栏中,张贴着"学生一日常规评比"的结果,同时也将班级流动红旗的得分情况,张榜公布。这表现出学校在按照校规校纪规范学生的行为,从班级集体的角度,融入一种整体性要遵守纪律的文化。QX 学校的办学方针是,"坚持育人为本、德育为先,实施素质教育,提高教育现代化水平,培养德、智、体、美全面发展的社会主义建设者和接班人,办好人民满意的教育"。为了贯彻教育方针,该校对学生的管理以《小学生守则》和《小学生日常行为规范(修订)》为基础,并出台了《QX 学校一日常规精细化管理》,重点培养学生的好行为和好习惯。实地调查却发现,该校仍然片面重视学生的文化课成绩,虽然说推行素质教育,实际教学中老师却强调学生要学会考试,考出高分。"我们学校还是以应试教育为主,前两年推行的校内兴趣班培养计划被叫停,家长反映占用学生文化课学习的时间,影响孩子的学习成绩,加上学校评价还是以成绩为主,这个事情就搁浅了。"③ 对于校风的考察,基于学校文化与农民工家庭文化互动角度,以下探讨农民工子女的学校生活适应情况。农民工子女在城市公办学校所表现出来的文化冲突包括衣着、卫生、语言习惯等方面,他们衣着俭朴、卫生习惯较差、讲方言,与城市教师和学生相比存在较大差异,在一定程度上造成了农民工子女学校生活的不适应。

---

① 江波:《文化支持:农民工子女融入城市文化的研究》,苏州大学出版社 2012 年版,第 107 页。

② 顾辉:《教育:社会阶层再生产的预演——一项对 H 市两所高中的研究》,博士学位论文,上海大学,2011 年。

③ 对 W 老师的访谈(20141208)。

第一，在衣着方面，对于现在的中小学生而言，统一穿着学生装（校服）已被默认为隐性课程必备的组成部分之一。1993年4月，国家教委颁布《关于加强城市中小学生穿学生装（校服）管理工作的意见》，提出在城市中小学实行学生穿学生装（校服），是为了加强学生的思想品德教育，增强学生的集体荣誉感，贯彻中小学生的日常行为规范，强化学校常规管理①。因此，在城市公办学校，统一穿校服显得非常合理。但是有些农民工子女学生，由于在从农村学校或者民办学校转到城市公办学校之前没有接触到校服，或者对校服的穿着没有常规的要求，以及不习惯等原因，时常会出现忘记穿校服的现象。甚至有些学生会出现校服丢失现象。在实地调查的时候，QX学校四五班，有外来工子女由于校服丢失被取消参加升旗仪式、三好学生奖项、班级集体照相的资格。下文以QXSXSJ丢失校服为例，分析外来工子女在学校文化适应中的不利地位。

QXSXSJ来自福建长汀，父母经营烧烤店，姐姐读初三。星期五放学后，他在学校打篮球，把校服脱了，打完篮球走得比较急，就忘记取校服了。直到周日，整理书包和学习用品的时候，他发现自己校服不见了。没有校服，星期一不能参加升旗仪式。孩子担心第二天到学校不穿校服被批评，就哭起来。事后，班主任W老师说，"想让家长培养孩子良好的行为习惯，不能有丢三落四的毛病，希望家长能够配合学校的工作，有些家长平时对孩子不管不问，孩子在学校很懂规矩，回到家里就变成另一个样子，例如GX学校的JN是班里学习优秀的学生，由于升旗仪式没穿校服，奖项被取消了。按照《QX学校一日常规精细化管理规定》，进场或退场，班级队伍要快、静、齐，并按指定的路线行走。升旗仪式规定，出旗时应昂首挺松，双眼注视旗手出旗，国歌响起时，应肃立，不讲话，不嬉闹，不做小动作。穿校服、佩戴红领巾。校长要求孩子每天都要穿校服进课堂，但班里有同学的校服丢了。XCZ丢过好多次，YZX丢过一次"②。

---

① 印发《关于加强城市中小学生穿学生装（校服）管理工作的意见》的通知，找法网 http://china.findlaw.cn/fagui/p_1/87624.html。
② 对SZ中学班主任Z老师的访问（20140930）。

学生穿戴校服是遵守学校秩序的最基本要求。校服是学校空间内的符号表征系统,能够将学生与社会的其他青少年区分开来。穿上某个学校的校服,意味着将学生划归为某个社会类属,"你是这个学校的一分子"。在校园内,通过校服,学生淡化了学校空间以外的身份差异,从而将"学生"作为一种唯一的符号加以保留和强调。[①] 柯林斯指出,身份符号主要是指进入某一互动仪式或群体所需要的文化资本和社交技巧,是个体进入互动仪式的前提资源。如果没有相应的身份符号,个体便不能进入相应的互动仪式。同时,互动仪式也在不断强化已有的身份符号,并创造出新的身份符号。由于穿校服与班级荣誉绑定在一起,所以经过一段时间的学校生活,外来工子女能够适应学校关于穿校服的要求,实地调查中在 QX 学校、GX 学校、JZ 中学的本地学生,在穿校服方面比较规范。农民工子女学生会存在校服不整洁的现象,这也与家庭习惯培养有关。

第二,卫生习惯。按照学生日常行为规范,要求学生"衣着整洁,经常洗澡,勤剪指甲,勤洗头,早晚刷牙,饭前便后要洗手。自己能做的事自己做,衣物用品摆放整齐,学会收拾房间、洗衣服、洗餐具等家务劳动"。在《小学生守则》中也有这样的规定"珍爱生命,注意安全,锻炼身体,讲究卫生"。根据《QX 学校一日常规精细化管理》的要求,学生要养成到校之前好习惯、文明进校好习惯、早自修好习惯、升旗仪式好习惯、课前准备好习惯、上课好习惯。这些好习惯都旨在重点强调个人的卫生整洁、衣装仪表干净,爱护个人卫生。但是在实地调查中,QX 学校四(5)班有少数学生,卫生习惯差,影响了班级卫生评比,被标签化为"不讲卫生"的学生,QXSYYY 就属于这种情况。

"QXSYYY 学习成绩较好,班级第二,但是她经常不讲卫生,几乎穿着同一件衣服来学校,校服好久没有洗过,领袖口处黑乎乎一片,书包也脏兮兮的。她经常在教室地板上乱扔纸屑杂物。有一次开家长会,她爸爸带着她妹妹来学校,她妹妹好像几天都没洗脸,身上还有气味。她

[①] 石艳:《我们的"异托邦"——学校空间社会学研究》,南京师范大学出版社 2009 年版,第 120 页。

们姐妹在一起,成了学校不雅观的景象。"[①] 针对孩子不讲卫生的习惯,班主任 W 老师是这样处理的,开家长会的时候经常批评学生及家长,特别是让其家长走进教室比较自己孩子与其他学生书桌周围卫生整洁程度,但家长对班主任的做法颇有微词。QXSYYY 家长觉得孩子卫生习惯的纠正,老师说一句比家长说十句还管用,就把责任推给老师,并指责老师对她的女儿有偏见。类似 QXSYYY 学生卫生习惯问题,与农民工子女住在出租屋内,家庭居住条件较差有关,也与家长为生计忙于奔波,无暇顾及子女卫生有关。最主要原因在于农民工自身的文化素养较差,在家中没有养成卫生意识和良好的生活习惯,而且他们有着"房子不是我的,弄脏也没关系"的心态。这样,他们自然也没有引导好子女养成良好的卫生习惯。GX 学校也存在部分学生卫生习惯差的问题,据教务主任老师介绍,"现在的孩子都要求穿校服,父母如果没有时间照顾孩子,孩子衣服就比较脏。书包也经常不洗。这些孩子个人卫生习惯也会很差,教室里他们的课桌周围地板很脏,乱扔垃圾"。

第三,语言表达。很多农民工随迁子女从农村进入城市后,会遭遇语言差异带来的一些不适应。语言是地域文化的一种直观体现,对于农民工随迁子女而言,城市语言文化就像一堵无形的墙,将农民工随迁子女隐性地隔离在了城市生活之外。家长语言习惯的匮乏,影响了孩子的语言表达,使得学生作文表现得不尽如人意。

QXSGWQ 来自福建泉州,性格比较内向,不爱讲话,普通话不好。"我和他爸小学都未毕业,不会讲普通话。他爸上学的时候,语文不好,作文更差,也不爱讲话。现在我孩子基础没有打好,语文表达很差。孩子从一开始看图写作文,他就不会。老师说,孩子看了很多作文书,如果能够运用所看的作文,将自己要写的作文结合起来,能够灵活运用,才能提高作文成绩。但是他还是不会表达自己的想法,以及不知如何与人打交道。他一开口就说闽南话,班里其他外来工子女听不懂,就不跟他玩,现在孩子比较内向"[②]。农民工子女数量比例逐步上升,占 GX 学校学生总数的 88.3%,占 QX 学校 90% 以上,部分农民工子女学生普通

[①] 对 QX 学校班主任 W 老师的访问(20140905)。
[②] 对 QXSGWQ 爸妈的访谈(20140409)。

话不流利,甚至只会说家乡方言,给其交流、听课带来了不利影响,某种程度上导致农民工子女底层文化的再生产。

2. 班级学风。在对 SZ 中学调查时,学生抄袭作业成风。SZ 中学,一般上午安排四节课,然后各科老师都会布置作业,下午上完两节课,中间休息 20 分钟,后两节课是自习课,这个时候也是学生完成作业的时间。据初三二班班主任 ZC 老师介绍,班级中普遍存在作业抄袭的现象。"下午自习课的时候,班里同学三五成群围在一起,谈论一些八卦的话题。有些同学奋笔疾书,拿着同学的作业在抄,趁机插上几句话,同学们的吵闹、嬉戏交融在一起。抄作业是习以为常的,他们看来,抄袭作业不是什么大事,最多算得上借鉴或模仿。"[1] 早读的情形与此类似。关于农民工子女作业抄袭现象,周潇在农民工子弟学校的研究发现,农民工子女对学业的"无所谓"影响了其最终的学业发展道路。他们多数抄袭作业,考试相互偷看,上课讲话、做小动作、故意与老师打岔等行为扰乱了上课秩序。[2] SZ 中学虽然是公办学校,但是作为农村初级中学,其学风也非常糟糕,抄袭作业习以为常。一些接收农民工随迁子女的公办学校多数位于城乡接合部,从基础设施到师资力量,以及教学管理,都无法与城市儿童集中就读的学校相媲美[3]。用老师的话说,进入这些公办学校就读的农民工子女,本身家庭条件较差,父母的素质跟不上导致孩子的学校表现较差。"班上 90% 以上都是外来工子女,他们身上的坏毛病蛮多,主要他们不把学习当回事,家长也不够重视"。即使进入了公办学校就读的农民工子女,也只能接受"相对较差的义务教育"。这导致该班的学习风气不好,家长们似乎也不管,有的农民工子女家长只要求孩子"混"到毕业,这严重影响了学生的学业表现。

(三)教师文化

随着农民工子女人数的增多,班级数扩容,教师缺编数越来越大,但从 2013 年开始,教育局不给该校新应聘的教师编制,导致编外教师增多。编外教师比编制教师的工资待遇、福利保障差,而教学工作量比公

---

[1] 对 SZ 中学班主任 ZC 老师的访问(20140919)。
[2] 周潇:《反学校文化与阶级再生产:"小子"与"子弟"之比较》,《社会》2011 年第 5 期。
[3] 王毅杰、高燕:《农民工子女与城市社会融合》,社会科学文献出版社 2010 年版,第 45 页。

办教师重,这使新教师产生了相对剥夺感,他们不能全心投入教学工作,希望等待教师招考的机会,只是把目前的学校当作000000一个跳板。学校需要每年招聘代课老师以保持教学稳定,代课老师以年轻教师为主,流动性较大、稳定性较差,极大地阻碍了教师成长和学校的发展。农民工子女就学的学校经常更换老师,造成学生无法适应,对其学业表现产生了不利影响。QX 学校四五班从一年级到四年级,语文老师先是 B 老师(一、二年级),接着是 G 老师(三年级语文),到四年级又换成现在的 W 老师。数学学科也是同样的情况,先是 L 老师(一二年级),接着是 H 老师(三年级数学),到了三年级换成了新来的 Z 老师(刚毕业,编外教师,由于管理学生无力被更换),现在五年级又换成 Y 老师。JZ 中学属于灌口镇的农村初中,学校位于偏远地区,交通不便,周边环境较差,留不住优秀教师。青年教师人数超过教师总数的一半,刚从高校毕业的新教师居多,经验不足,缺乏骨干教师的示范与引领。在实地调查中,SZ 中学的教务主任,这样描述他们学校的师资状况,SZ 中学老师业务水平不高,学校的英语、物理、化学考试成绩不够理想,在厦门 J 区处于中下水平。有三分之一的老师是编外老师(27 名),他们刚刚毕业,在学校做代课老师,一旦教师招考或者其他类型的考试成功,他们就跳槽了。教师流动性大影响了教学工作的合理开展,影响了教学质量。①

三 学校行为文化

(一)养成教育的使然

养成教育是通过教育使学生形成良好的习惯,既包括正确行为的指导,也包括良好习惯的训练;既包括行为习惯培养也包括语言习惯、学习习惯的培养。② 调查时,GX 学校的 N 老师告诉我,她是这样进行学生的养成教育的。"我从六年级接手语文学科的教学工作,一般前三个月比较辛苦,我们老师是保姆,要千方百计引领这些外来工孩子养成良好

---

① 对 SZ 中学教务主任 XL 老师的访问(20141215)。
② 江波:《文化支持:农民工子女融入城市文化的研究》,苏州大学出版社 2012 年版,第 109 页。

的行为习惯。孩子大部分时间在学校，平时放学回家晚上写作业、吃饭休息，父母大部分需要加班，周末父母也加班，根本没有时间陪伴孩子，所以学生的很多行为习惯需要老师来培养、引领。为此，我们建立一套行为规范，使学生行有所依，同时在此基础上开展多种活动，以举办活动为契机，通过活动进行个人最佳单项奖的评比考核机制，并配以严格的检查制度，奖优促差，形成科学的激励机制。如果达到了要求就表扬他们，给他们颁发奖状；如果达不到再帮助和鼓励他们。孩子的行为习惯，需要一直关注，他们上课讲话，比较随意，有时把脚跷到桌子上面，管控不了自己，这些学生需要批评，还要给他们讲道理，不然他们会捣乱，影响课堂秩序。"①

同安 XC 学校作为一个新建的学校，学生生源中外来工子女较多，而且从民办学校和外地农村转学过来的农民工子女学生较多，学生行为习惯和道德习惯不好，学习兴趣不浓，在养成教育方面的压力较为突出。校长助理 Z 老师这样介绍该校的养成教育工作经验，"我们学校 80% 都是外来工子女，由于学校刚开 1 年多，他们大部分都是从民办学校或者老家转过来的，在生活习惯和行为习惯上与本地孩子相比有很大的差异，他们大部分都需要一个学期的适应期。我们这个学校主要对孩子的学习习惯和行为习惯进行再培养，为学生制定系统的规范标准，激发他们正确的行为动机，即养成良好行为习惯的意愿。成绩教育是孩子学习的一部分，毕竟这些孩子大多数是新转过来的，对其习惯的培养是关键，至于成绩，只要孩子综合素质上去，能全面发展就好了"②。通过对学生遵守纪律的具体化要求，分门别类地作用于学生的身体与心智，"一种精心计算的强制力慢慢通过人体的各个部分，控制着人体，使之变得柔韧敏捷。这种强制不知不觉中变成习惯性动作"③，改造学生，以达到培养"理想学生的模样"。

（二）家校合作的要求

从家校合作的内涵来看，家校合作首先是一种双向活动，需要家庭

---

① 对 GX 语文老师 N 的访问（20141217）。
② 对 XC 学校校长助理 Z 老师的访问（20141129）。
③ ［法］米歇尔·福柯:《规训与惩罚》，刘北成、杨远婴译，生活·读书·新知三联书店 1999 年版，第 153 页。

教育与学校教育的相互配合。苏霍姆林斯基说过,"没有家庭教育的学校教育和没有学校教育的家庭教育都不可能完成培养人这样一个极其细微的任务"。教育局及学校倡导家校合作,希望家长与学校老师携手合作,共同管理学生。家校合作的形式主要包括家长会、家长委员会、家长学校、家访等,最近新出现的形式有家校通信息平台,可以将学生在校情况、学校信息等发送到家长手机上,建立班级QQ群等。在厦门的公办学校中,家校合作最为广泛使用的还是家长会。

在实地调查时,笔者发现农民工家长在家校合作方面不顺利。农民工子女家长在家校合作上确实存在一些困难和问题。首先,大部分农民工受教育程度低、综合素质普遍不高,在见多识广的孩子面前难以树立威信,在子女学业方面不能给予足够的帮助。他们不重视家庭教育,两代人之间的沟通比较少,亲情的沟通变得比较困难;其次,他们住房条件差、比较拥挤和简陋。受现实经济因素的影响,他们要节省房租。住房条件差导致孩子学习环境差和生活环境更差,有时吃饭、作业、休息都蜗居在一个房间,他们上了初中还要与父母同住在一个房间。最后,家长没办法督促监管孩子的学习。农民工工作时间长,他们晚上和周末经常加班。没有时间检查孩子的作业,甚至一个月都不了解孩子的学习状况,也不来开家长会。在QX的家长会上班主任描述道,"有些外地家长对孩子的学习不太重视,他们对于学校老师的教学工作也不配合,一些家长连家长会都不参加,甚至找人代替参加。QXSXPH家长没来,之后也不打电话,有时电话打通了也不好沟通,往往把责任推给别人。孩子妈妈说家长会那天(星期六)她要加班。QXSCGX家长以前老是不参加家长会,孩子学习差,作业都完成不了,虽然给孩子报了晚托班,作业还是经常拖欠。他爸爸对孩子学习根本不在意,据孩子反映,他妈妈到晚上11点多才回家,爸爸经常不在家,孩子在家非常无聊,就经常看电视、玩电脑。他妈妈没有精力管,希望老师能够关注她家孩子"[①]。

实际上,学校希望家长能够参与到孩子教育中,共同促进学生的身心健康和学业发展,而且本次调查的学生主要包括四年级、五年级、六年级,初中阶段从初二年级到初三年级,这些孩子大多刚刚进入青春期,

---

① 对QX学校班主任W老师的访谈(20140430)。

具有青春期叛逆的特点，对于学习和成长中的烦恼与困惑，需要家长和老师的帮助。但由于农民工家长自身的弱势，在家校合作方面明显处于不利地位，甚至以这些不利的地位为挡箭牌，拒绝参与家校合作活动。

对于4月30日那场家长会的缺席，QXSXPH的爸爸说道，"开家长会时我在上班，我老婆也在上班，我们就走不开。我与他老师联系较少，这段时间基本没有给老师打过电话，所以班主任对孩子在家里的表现缺乏了解。我的想法是，W老师帮我们管教孩子，家长说十句话不如老师说一句话。而我讲的话，孩子不听。孩子的坏习惯就是边看电视，边作业，不能静心学习，希望W老师能让我孩子养成一种能够独立完成作业的好习惯"①。

访谈者："XPH家长没参加家长会，你为什么不给他家长打电话问一下原因？"

W老师："我等着家长给我打电话解释清楚。该家长比较难沟通，不可理喻。他爸爸把责任推给学校这边，要我帮助孩子养成自觉写作业的习惯。这是我一个人的事情吗？想想就来气，我刚毕业就做班主任，像个保姆，学生的事情你都要操心，从早到晚忙个不停。教师是个良心活，若能得到家长的理解和配合，还算比较好。就是现在有些学生家长不理解我们老师的苦衷，以为我们对他们的孩子有偏见。"②

可见，部分农民工子女的学生家长在家校合作方面，有沟通不畅的现象，但是教育部门强调家校充分合作、密切配合，促进孩子的学业顺利。正如JZ中学优秀班主任介绍家校合作的经验时，他一再强调从以下方面促进家校合作："（1）家长不要找借口、说工作忙。初中三年的学习生活非常关键，家长抽出时间与孩子交流，把握孩子的学习方向对孩子的成长至为重要。（2）家长不要说'一切都听老师的'。因为孩子的教育需要家长和学校有紧密的联系，学校教育孩子需要家长的配合，而

---

① 对QXSXPH爸爸的访谈（20140510）。
② 对QX学校班主任W老师的访谈（20140430）。

不能完全把责任推给老师。我们倡导面谈，家校沟通，家长是排在第一位的，老师是第二位的，家长不要把自己的责任都推给学校。（3）不要为孩子的不良表现找'理由'。有些家长这样说，看到孩子表现不好十分焦虑、压力太大。需要客观冷静地看待孩子的不良表现，及时与老师沟通，而不是刻意隐瞒或者为孩子的不良行为找借口，一味对孩子包庇纵容，孩子的不良行为会继续存在，影响孩子的成长。（4）如果遇到孩子不喜欢老师的情况，要正面引导孩子。家长积极与孩子沟通，耐心倾听孩子的说法和理由，分析孩子是不是被老师批评或惩罚了，或者孩子学习不好，对老师的科目缺乏兴趣，要从孩子的心理方面去把握，弄清孩子某种情绪存在的根源。其次善于搭桥，引导孩子正确看待问题。家长耐心倾听，弄清楚原因之后，引导孩子主动与老师交往，正确看待老师和学校的严格要求。特别是当孩子存在偏激的看法时，家长要积极开导孩子。家长引导孩子、老师严格要求，才能有益于孩子的健康成长，而不是放任不管。"①

第二节　学校关于学业表现的规训

一　学校课程知识的理想类型：学业表现的基本要素

学校的课程知识以及基础的考试便从城市主流文化的各个维度呈现出来，取得了文化支配的地位，学校其他活动主要围绕课程知识的教学活动并尽量保证学校学生考取较高的分数。② 考试是学业表现和课程评价的主要手段，课程的内容呈现出精密编码的特征。

（一）语文的教学目标与基本要求

九年义务教育阶段的语文课程，必须面向全体学生，使学生获得基本的语文素养，语文课程应激发和培育学生热爱祖国语文的思想感情。③

---

① JZ 中学初二优秀班主任欧溢泉介绍家校合作经验。
② 王鸥：《文化排斥：学校教育进行底层社会再生产的机制——基于武汉 G 中学的实证研究》，硕士学位论文，华中科技大学，2011 年。
③ 资料来源：《小学语文教学目标》，http://blog.sina.com.cn/s/blog_9165229d0100wgjd.html。语文课程还应通过优秀文化的熏陶感染，提高学生的思想道德修养和审美情趣，使他们逐步形成良好的个性和健全的人格，促进德、智、体、美诸方面的和谐发展。

访谈的时候，QX 学校语文老师 W 一再强调，语文课学生的勤奋与家长对子女的教育参与是必不可少的，访谈的时候，她这样描述语文学科的目标与要求。

"四五年级在小学阶段属于中高阶段，教学目标在于将语文知识与表达能力培养融合在一起，重点培养学生的语文素养，以语文能力为核心。学生怎样才能学好语文呢，除了养成良好自觉的学习习惯，勤奋是必不可少的。农民工工作比较辛苦，经常加班加点，而且大多数家长是小学、初中毕业，其语文知识比较匮乏，所以在他们的孩子的语文学习中，主要依靠孩子的自觉。语文学习一个长期积累的过程，学生必须勤奋，肯花时间去背诵，以应对考试。在课文学习的时候，仍然强调学生对于作者表达方法与写作方法的掌握，并希望他们在以后的写作中将这些方法加以使用。有些学生像 QXSCGX，甚至不写作文，有的写作文的时候词汇比较匮乏，写出来的文章干巴巴的。就我们班来说，语文较好而且作文非常棒的同学，例如 QXSYYY、QXSSSB、QXSJN，他们的课外知识非常丰富，家长定期给孩子买课外书。而那些语文不好、作文成绩较差的学生，他们的家长对孩子的学习不够重视，也不配合我们的教学工作，QXSYYX，经常拖欠语文作业，家长也不管孩子的作业。"①

在 W 老师看来，语文的学习需要家长经常辅导孩子，帮助孩子检查字词书写是否正确、考试试卷订正，经常检查孩子背诵情况和默写情况。为了丰富孩子的语文知识积累，还要经常带孩子去书店，为孩子购买合适的课外书。如果家长能够帮助督促孩子阅读课外书，积累一定的课外知识，对于孩子的语文学习非常有帮助。

再如初中的语文教学目标与要求。进入初中以后，对于生字词的要求逐渐淡化，但对于阅读能力与写作训练的要求在强化。访谈时候，SZ 中学语文老师 L 这样说他所授课的初三 2 班的语文教学的基本情况与要求。"初中语文的教学目标通常分三类：我们既要孩子掌握语文知识，能够为考上高中积累必要的文学知识，同时学会语言表达，尤其语言知识的运用，这主要体现在写作能力的培养上，在这个基础上培养学生的审美情操。在与学生的接触中，我发现，农民工子女大多听话懂事，但

---

① 对 QX 学校语文老师 W 的访谈（20141208）。

相对应的是缺乏灵活，比较呆板。有些农民工子女性格内向，与人交往比较被动。言语表达能力有限，他们的视野狭窄，知识不如本地学生丰富，学习兴趣不是很浓厚。……语文是我们班同学参加中考的重头戏，满分150分。生字词的书写与默写占3分、口语交流占5分、语言积累运用占25分、综合性学习（围绕闽南文化学习）12分、文言文8分（词语解释4分、灵活运用4分）、阅读理解30分（记叙文、说明文、议论文各一篇）、名著阅读7分、写作60分。为了让学生在考试中取得较好的成绩，家长必须督促学生每天按时完成作业，督促孩子坚持对古诗词的默写，形成每天阅读名著的习惯。家长既要关注孩子作业是否完成，更要关注孩子作业的质量，与孩子交流每天听课的效率，配合学校培养孩子自觉学习的习惯。在作文训练中，中学阶段应注重培养学生观察、思考、表现、评价的能力。"①

（二）英语的教学目标与要求

从小学三年级的时候开设英语课程，一般英语的课堂教学主要是听说训练、看图答题，对单词和语法的要求很低，但注重口语表达和听力练习。访谈的时候QX学校的英语老师Y这样讲述她英语的教学情况。

"我在英语教学中，希望学生能够在图片的帮助下听懂、读懂和讲述简单的故事。能用简单的英语互致问候，交流简单的信息。对学生要求是完成老师每天布置的作业，完成课堂上抽查学生的预习情况，并要检查背诵情况，作为平时成绩。大部分学生在背诵知识方面表现欠缺，他们不够勤奋，不愿花时间背诵和听读。我们要求家长每天检查学生作业，不仅检查书写的对错，还要检查书写是不是工整，学生对于英语是不是有积极的学习态度。家长每天晚上要抽出30分钟，认真督促孩子的英语听读，检查其听读的质量。"②

SZ中学英语老师在谈及班级中农民工子女的英语学习时指出，"他们（农民工子女学生）的知识多数是书本知识，应付考试还可以。农民工只重视书本知识的学习，造成孩子特长较少。他们在英语学习方面比较被动，课堂上缺少积极性，老师提问也很少踊跃发言，口语交流较差，

---

① 对SZ中学语文老师L的访谈（20140913）。
② 对QX学校英语老师L的访谈（20141122）。

这些方面不如本地孩子。他们的英语知识,尤其是听说读写的技能,与学校的教学规范、考试规范、升学选择机制有些差距。例如有特长加分的情形,这方面农民工子女就不占优势,若要缩小差距,还需学生自己愿意锻炼自身各方面的能力。我希望家长能够给孩子准备复读机、英语磁带,每天能够监督孩子认真完成英语听读作业(30分钟)。但多数农民工子女的家长连这一点都做不到。学生家长很少检查和督促学生的英语作业,有些家长口头答应重视孩子的英语学习,但实际上却做不到。"①

从对英语老师的访谈来看,英语学科提出了特定的学习习惯、交际与听说读写能力、对英语有兴趣等要求,而要达到这些要求学生必须勤奋,至少他们需要完成作业、积累单词,还要敢于以适当的方式在课堂上表达。②

(三)数学学科的学业规范与要求

小学数学教育的核心是以学会知识为基础的。在传授知识的基础上,要求学生掌握学习方法。③ 笔者以访谈为例,分析义务教育阶段数学学科的要求与培养目标。

"在数学上,只要孩子勤奋,多看课本,认真做课本的习题,数学还是能学好,不像高中数学,那么重视思维。只要孩子努力学习,毕业是不成问题的。就我们班里外地学生的学习表现而言,他们在课堂上表现一般,而且他们的课外知识比较缺乏。毕竟一些学生的家长文化程度不高,他们觉得孩子学习不好,也不重视孩子读书,就开始教孩子学挣钱,从学校带走出去打工,较早地走上社会,其实这对孩子的成长非常不利。我们教孩子以知识为主,倡导孩子好好学习文化课知识。老师在家访过程中也只能要求家长督促孩子学习,送孩子去学校,但有些家长地址换了不给班主任说,家访的时候根本找不到这些家长。我们有时候晚上去村里家访,宣传孩子读书的正能量,家长会听一下,但他们做不做我们

---

① 对 SZ 中学英语老师 Z 老师的访谈(20130913)。
② 王鸥:《文化排斥:学校教育进行底层社会再生产的机制——基于武汉 G 中学的实证研究》,硕士学位论文,华中科技大学,2011年。
③ 朱孔德:《谈小学数学教育的核心内容》,《小学时代(教育研究)》2015年第1期。

没办法跟踪。教育局倡导家校合作，希望家长与学校老师携手合作，共同管理学生"①。QX学校Y数学老师分析道，"我们班学生的数学计算能力太差，他们勤奋思考不够，不愿意动脑筋，他们还不适应小学阶段高年级的数学考试。他们在考试中一些计算题目经常失分。现在虽然倡导素质教育，但是还主要强调应试教育。从考试的角度，我们教学的出发点还是希望学生能够考好。但是要想让学生考出好成绩，老师在课堂讲的知识，学生回家要消化的。老师布置的数学作业，还有数学丛书的练习，需要家长配合，每天按时辅导、检查孩子的作业"②。

从访谈看出，在小学和初中阶段的数学学习中，学生要形成自觉的学习习惯，并且要勤奋刻苦，因为数学知识是环环相扣的，知识体系断裂以后，学生就跟不上课。同时学生要形成良好的学习习惯，包括课上不能走神、发呆，并且要善于掌握上课老师的讲课重点，课后需要高质量地完成家庭作业。但是在农民工子女学生的家庭中，很多家长不能督促孩子完成作业（前文有分析），而且数学的学习需要有一定的心智基础，能够跟上老师的思维。

综上所述，从语文、英语以及数学学科的学校教育来看，要求学生能够从家庭接受有效的家庭教育，需要父母参与到子女的学业过程中，帮助子女辅导课业、培养自觉的学习习惯。但是从实地调查情况来看，多数农民工子女没有接受有效的家庭教育，使得他们在接受学校教育的时候，知识库存已经少于同龄人。实地访谈时，常常听到教师和学校管理人员抱怨家长不配合学校的教学工作。"多数农民工子女的家长根本没有把孩子的学习当回事，他们把孩子送到学校就说，老师我孩子你看着该怎么管教就随你，我也不懂这个方面的知识和道理"。正如布迪厄所言，"文化资本的传递无疑成了资本的继承性传递的最佳的隐蔽方式，当直接的、看得见的传递形式容易受到更严格的审查和控制时，这一隐蔽的传递方式就在策略再生产的体系中获得了更大程度的重视"③。因此，那些家庭文化资本丰富的个体，在早年的家庭教育过程中积累了较

---

① 对SZ中学数学老师C的访谈（20141201）。
② 对QX学校数学老师Y的访谈（20141122）。
③ 包亚明：《文化资本与社会炼金术——布尔迪厄访谈录》，上海人民出版社1997年版。

多的文化资本,进入学校时具有了先天优势。"输在起跑线上"的农民工子女,在学业规训中如何能够"跟上来"成了一个很大问题,否则每一步都落伍,导致最终的自我放弃。因此在学校的物质文化、制度文化、理念文化成为学业规训的依据时,那些来自底层的农民工子女,其家庭文化资本的匮乏制约其文化资本的移入,这一现实被学业规训的标准所强化,导致底层农民工子女匮乏的家庭文化资本延伸到学校场域,以学业表现不佳的形态展现出来,这一过程再生产了其文化上的贫困状态,即他们在城市中仍然处于文化资本的劣势地位。

二 学校对农民工子女文化资本缺失的强化

进入学校的知识是对较大可能范围的社会知识和原理进行选择的结果。它是一种来自某个方面的文化资本形式,经常反映我们社会集体中有权势者的观点和信仰。[①] 学校以主流文化的姿态,选择的课程知识突出了农民工子女在学校教育中文化资本的缺失,这种文化资本的缺失使得他们在学校生活中处于被动、落后的境况。换言之学校文化对农民工子女学生家庭文化资本缺失的强化,影响到农民工随迁子女的学业表现,建构出农民工子女低素质的底层文化。家庭文化资本的欠缺也造成了农民工子女在话语表达和语言技能上的劣势。

(一)课程内容的选择

学校课程的内容绝大多数传递的是城市生活、礼仪规范等中上层的行为文化习惯,培养的是学生对于城市生活以及现代化生活的向往以及对成功人生的追求。

我们以 QX 学校四年级使用的人教版语文课本分析:

第一单元
古诗词三首:李白,独坐敬亭山;刘禹锡,望洞庭湖;白居易,忆江南
桂林山水

---

① [美]迈克尔·M. 阿普尔:《意识形态与课程》,黄忠敬译,华东师范大学出版社2001年版,第8页。

记金华的双龙洞

七月的天山

口语交际：我们去春游

  第一单元的课文明显带有城市生活的特色，尤其适合那些经常旅游观光的学生。实地调查中，多数农民工子女的学生只是去过厦门附近的景点，这些景点一般不收门票、交通便捷，例如附近海边的沙滩、公园，最好的就是鼓浪屿。而那些收门票的地方，例如万石植物园、园博园、嘉庚公园等，他们很少去过。一般的家长很少带孩子去具有文化底蕴的地方例如厦门大学、博物馆等。当然 QX 学校四五班的个别学生，诸如 QXSSB 在假期，跟随其爸爸去过长城、北京故宫、动物园、安徽九华山等名胜古迹和旅游景点。在旅游过程中，增长孩子的见识、丰富了视野，积累了一定的文化资本。

第二单元

K. 库伯，中彩那天（城市生活，彩票存根号 05103 和 05102）

新凤霞，万年牢

李雪峰，尊严

将心比心（护士扎针的故事）

口语交际：以诚待人

这个单元主要讲述城市生活的内容。

第三单元

伯罗蒙塞尔 自然之道，讲述在海岛上的经历

黄河是怎样变化的

蝙蝠和雷达

大自然的启示：打扫森林和人类的老师

  上述讲述科学知识的，对于那些经常看课外书，具有科普知识的学生非常有利。

第五单元

吴玉楼，触摸春天

琳达·里弗斯，永生的眼睛

杏林子，生命 生命

冯骥才 花的勇气

上述对生命的热爱，也是关注科普知识与自然科学知识的内容。

整体上而言，语文课本的内容更多的是关于城市文化的介绍。就课本内容而言，有些知识经过文化选择能够进入课堂教学，成为学校知识加以传播，这与特定时期主流社会的价值和信仰是一致的。麦克·F.D.扬指出，有些知识能够成为学校知识，而有些知识却被学校场域排斥，这背后的实质在于知识的选择与界定，与一定的社会权力密切关联着。"一个社会如何选择、分类、分配、传递和评价它认为具有公共性的知识，反映了权力的分配和社会控制的原则。"[①] 根据这个观点，看起来是中性的、不偏不倚的选择和教学过程，实际上却暗暗地偏袒那些已经获得语言与社会竞争能力以掌握优势文化的人，因而再造了更大的社会等级制。同时，由于优越知识的拥有是社会权力的一个基础，所以，学生接近不同课程可被视为统治社会群体用以保存其权力的一个策略。[②] 比如学校课程教学采用的是"普通话"这一精细的语言编码，在英语课上还要使用英语这种与农民工子女现实生活相距甚远的语言体系。这一切对于大多数城市学生来说可能仅仅是一种"继承"，而对于广大的农民工子女来说可能是要花大力气"苦读"才能获得的。

（二）课堂上的踊跃发言与保持沉默

进城农民工子女语言表达能力差。据被访教师反映，在学校的农民工子女大多语言表达能力差，他们回答教师提问时，往往神色紧张，语言表达不清，有些甚至在被提问时会发生口吃的情况。"他们不善言辞与表达，内向、害羞、自卑，农民工子女在公共场合表达能力的缺失，主要体现在班级课堂表现与课下活动方面"。笔者在 SZ 中学课上旁听，

[①] [美] 麦克·F.D. 扬:《知识与控制——教育社会学新探》，华东师范大学出版社 2002 年版，第 47 页。

[②] [美] 迈克尔·阿普尔:《意识形态与课程》，黄忠敬译，华东师范大学出版社 2001 年版。

发现农民工子女性格内向，言语表达能力有限，视野狭窄，比较被动。他们的衣着不讲究，讲话较小声，但上课较认真，举手发言较少。课下他们表现不突出，不爱与学生打闹，讲话较文明，但卫生情况不太好，知识不够丰富，学习兴趣不是很浓厚。即使在课堂上，那些优等生由于积累了较为丰富的文化资本，他们成绩较好而且又能得到老师的青睐，所以他们在课堂上比较活跃，有了更多的话语权，特别在课堂教学实施AB层次教学模式以后，成绩好、有望考上高中的学生在班级中占据了更多优势。而那些成绩较差的学生，在课堂上既不能听懂老师的讲课内容，又不能正确回答老师的提问，他们无心听课。对于他们来说，这些课程知识让他们比较头疼，甚至被任课老师排斥和忽略。所以课堂教学区隔产生了这样后果，一是成为"沉默的大多数"，即这些孩子大多性格内向，行为拘谨，心理自我保护、封闭意识过强，以致不敢，甚至不愿与人交往。另一种在课堂上故意与老师唱反调，最终被标签为"差生"而游离于课堂之外。

总之，农民工子女或多或少无法获得认同感和归属感，自我评价低。农民工子女认为他们家庭出身低，和城里人有差别；家里经济条件差，买不起高档的生活和学习用品；学习基础差，成绩不好，老师对自己冷淡；有时候不敢和城里学生交往，甚至因为说不好普通话而不敢说话；更有甚者，还常常遭到一些城里同学的排斥，有意地谩骂、羞辱、孤立或无意地冷淡、疏远。这些原因造成农民工子女普遍存在自卑、孤独、失落、被边缘化的心理感受，进而对他们良好人格和学习动机等的培养起到阻碍作用。他们可能因此放弃自己，理所当然地当"差生"，在校行为表现差、不去努力提高学业成绩更有甚者选择辍学，而他们的父母及其他家庭成员也没有及时对他们进行心理疏导与沟通，没有及时进行干预，更恶化了他们学业表现不佳的现状。

（三）对学习效率的强化

学校主流文化包含课程知识、道德行为规范等诸多面相，各自拥有自身的标准，对学生提出了自身的要求。[①] 这些要求作为对学生成绩的

[①] 王鸥：《文化排斥：学校教育进行底层社会再生产的机制——基于武汉G中学的实证研究》，硕士学位论文，华中科技大学，2011年。

考核评价，可以强化学生的学业表现。笔者以对 GXSZL 的访谈为例，分析学校对学习效率的过度强化，不利于底层家庭出身的学生。

问："你在学校学习生活中是否感到存在一些困难？"
答："感觉有些课程学不来，跟不上老师的进度，特别是数学课。"
问："为什么数学特别难呢？"
答："我以前在农村小学学得比较简单，老师基本也就是讲讲课本的知识。来到这边作业多了，而且变得更难。上课的时候，老师讲一遍，班里有些同学就懂了。可是我还是不懂，我问老师，老师经常说这么简单内容都不懂，说我太笨。老师还是会继续讲新课，我几乎听不懂了。"
问："那你没有回家后请教爸妈？"
答："问爸妈更不可能，他们本身不会，而且爸爸在工地做工很忙，有时候很晚才回家的。妈妈摆摊卖衣服，她几乎不识字。"①

访谈的时候，我遇到这样一个题目，"一个数学题目，奶奶 60 岁了，只过了 15 次生日，她的生日是哪一天？"他想不出来，问他妈妈，一无所知。当时笔者想了一会告诉他，是 2 月 29 日，他还不以为然。这个孩子不相信我说的答案，还讽刺我装聪明。这些知识农村出来的家长根本不知道，他们只记得农历，记得大月和小月，几年闰一次月。而城市人对日期的计算用公历，他们记得一年是 365 天，如果是闰年就是 366 天，这一天就在于闰年有一个 2 月 29 日，平年没有这一天，外出打工的农民工根本不知道这一天，所以当孩子问到这一题的时候，他爸妈根本不会这个方面的知识，当然她不相信爸妈的权威了。从中，可看到学生家长在文化知识上的差异，影响子女教育的权威。而学校强化学业的规训又凸显了农民工家庭文化资本的匮乏。学校往往会忽略农民工子女与城市子弟文化在文化资本上的差异，将由于这种差异造成的学业不佳归咎于学习能力不足，客观上助长农民工子女的沮丧、挫折和失败感，使得他

---

① 对 GXSZL 的访问（20140330）。

们丧失学习信心,甚至表现出较低的自我认同感。因此,学校教育的社会分层功能主要是通过教育制度的层层筛选实现的,这一筛选过程具有累积性,而且该过程借助于文化资本的再生产来使得阶层之间的继承性得以强化。在进入学校之前,不同阶级的孩子在文化的规则、品味、生活的目标乃至对待教育的态度等方面已经出现了分化。这种初始社会化时期产生的不平等不仅没有通过教育被化解,反而得到了强化。①

第三节 学校文化适应中的创新与抵制

行动者不仅能够赋予生命与生活意义,也能够通过行动转化生命与生活,重新建构自己的主体意识,重新赢回"自由与思考"的权利。② 根据对 QX 学校和 SZ 中学的调查情况,农民工子女在学校文化适应过程的主体性,以学校亚文化的形式展现出来,这不同于威利斯的反学校文化,也不同于周潇对北京民工子弟学校研究所揭示的子弟文化。反学校文化最基本、最明显、最明确的表现是对"权威"根深蒂固的彻底反抗。③ 反学校文化源于农民工劳动力再生产的低成本组织模式导致的农民工随迁子女高度边缘化的生存状态,这使得他们难以通过教育向上流动,从而以拒绝知识的形式放弃了学业,也因此完成了作为底层的社会再生产。④ 笔者通过对厦门市几所学校农民工随迁子女的研究,发现学生受家庭文化资本影响,在学校文化适应中,发挥了主体能动性以及对学业强化的抵制。

一 学生的主体能动性

(一)课堂亚文化

就对农民工随迁子女的学校教育研究来看,主要存在一些课堂亚文

---

① 周潇:《劳动力更替的低成本组织模式与阶级再生产——一项关于流动/留守儿童的实地研究》,博士学位论文,中国社会科学院研究生院,2011年。
② 胡春光:《教育与抗拒:教育社会学视野中的学校生活》,华中师范大学出版社2011年版,第172页。
③ 周潇:《劳动力更替的低成本组织模式与阶级再生产——一项关于流动/留守儿童的实地研究》,博士学位论文,中国社会科学院研究生院,2011年。
④ 周潇:《劳动力更替的低成本组织模式与阶级再生产——一项关于流动/留守儿童的实地研究》,博士学位论文,中国社会科学院研究生院,2011年。

化。所谓课堂亚文化是指在青少年群体中所普遍拥有的不同于课堂主流文化的价值观念和行为模式。课堂亚文化是区别于学校或课堂主流文化的特殊文化形态,其形态具有强烈的叛逆色彩①。课堂亚文化是在拥有共同的价值观念和行为模式的群体中形成的,是在文化主体所公认的能动意识状态下形成。课堂亚文化主要来自同时代社会文化的影响,是社会中非主流文化在学校最为直接的映像,它与学校主流文化相悖离,具有一定程度的反学校文化的色彩。

1. 上课传纸条、讲话与小动作

课堂上诸如传纸条、讲话甚至走下座位的等小动作,表明学生在遵守学校规范过程中主体性的发挥。虽然 QX 学校按照《小学生守则》的内容要求学生"遵守校规校纪"和"上课专心听讲,积极思考,大胆提问,回答问题声音清楚,不随意打断他人发言",但是学生却不会主动地接受所有学校的规训,他们在学校生活中,有了自己适应学校文化的创新。正如威利斯指出,"社会行动者并非是意识形态的被动承载者,而是积极的占有者——通过斗争、争论,对结构进行部分洞察,实现对现存结构的再生产"②。换言之,学校的许多制度和规范并未能够有效地束缚学生,他们对学校课堂中的条条框框感到压抑,于是各种各样的应对课堂规训的方式就显现出来。比如 LZW 在课堂上讲一些挑衅的话语,为了不让老师发现又故意用书挡着脸,他们知道如果被 W 老师(班主任)发现肯定要受到老师惩罚,而且每次家长会 W 老师都会往事重提,甚至会把这种事情告诉他的家长。家长又会批评他,为了规避可能的惩罚或者在班级同学面前失去面子,他就想出了这些花样。

2. 故意与老师打岔

老师上课的时候,数学老师要同学回答问题,QXSZWZ 多次举手,同桌给他摁下去。同桌举手,他以"其人之道还治其人之身"的方式,把同桌举的手摁下。被老师发现,Z 老师说,他们在课堂上捣乱,趁机给老师打岔。他们觉得数学老师 Z 比较年轻,不像其他老师那么严厉,

---

① 纪德奎、秦弦:《课堂隐性文化的内涵、类型与特点》,《当代教育与文化》2012 年第 2 期。
② [英]保罗·威利斯:《学做工——工人阶级子弟为何子承父业》,秘舒、凌旻华译,译林出版社 2013 年版,第 226 页。

他们经常开老师的玩笑，例如"凉拌"的笑话。数学课上，老师问这道题该怎么做，怎么办？QXSZWZ就插嘴说话，"凉拌、炒鸡蛋，要拌好只能放葱放蒜"。这个时候Z训斥学生，其他同学开始起哄，说姐姐你好温柔哟。这种挑逗老师的话语，弄得Z老师不好意思。Z老师描述她的数学课堂情况，"班里学生说我不够严格，没有英语老师凶，特别是最后复习课的时候，课堂上他们非常吵闹，复习课又比较单调，他们没有注意听课，他们经常在课堂上起哄，或者上课看漫画书，我给他们收走，他们还会找我要。有的学生公开写其他科目的作业，我要他们收起来注意听课，他们不听我的。我刚毕业不久，由于年龄与他们差距不大，他们有些与我关系非常友好，有时上课也会挑逗。由于我上课不倾向惩罚孩子，他们私下喊我姐姐，经常向我请教"①。

学生对于老师的课堂规训，学生也有自己的见解。他们一致认为"语文老师像妈妈，英语老师比较严厉，数学老师像姐姐。我们比较害怕英语老师，她比较凶，还经常拖课"。其实学生面对课堂规训也会量力而行，他们首先考察老师是否严厉以及对他们的容忍程度，再决定自己抗拒行为的方式和原则。因此，学生们在课堂上"天真无邪"，这些行为是学生在经过对教师规训抗拒试探后，了解任课教师对于抗拒的接受范围才出现的。② 这些与老师故意打岔的语言行为，在学生看来只是好玩罢了，他们并无存心捣乱的心态，也不是按照事先设计好的计划行动。

3. 作业的"参考"与"借鉴"

到了小学的高年级阶段，学生对于学习具有了自己的认知，尤其对于布置的作文，学生也发明了自己的应对办法。在QX学校，下午的自习课被学生称之为写作业的课堂，其实他们一边写着作业，一边说着话，有的走下座位，把本小组内成绩最好的同学的作业拿过来抄袭，在他们看来这算不上抄作业，"根据语文老师和英语老师的教学内容，抄作业最多算作参考或借鉴吧，学生学习的事情怎么能抄袭呢，最多看看别人，

---

① 对QX学校数学老师Z的访谈（20140905）。
② 胡春光：《教育与抗拒：教育社会学视野中的学校生活》，华中师范大学出版社2011年版，第173页。

模仿一下"。当问他们班上有同学抄作业吗？可能吧，他们是有人抄作业，这事与我无关。那也不能称之为抄作业吧，最多算借鉴或参考吧。①QXSWQ 经常抄同学的作业，曾经被老师要求带家长来学校处理此事，老师把他从别的同学那里抄写的完全相同的作文给家长看，他曾经抄袭 ZYQ 的作文，而且一字不差。

在家长看来，孩子不会写作文，语言表达能力较差，语文老师 W 也知道 QXSGWQ 学生的作文水平较差，孩子的家长只有小学文化，不知道如何教孩子写作文，学校布置的作文又得及时交上去，怎么办，学生就发明了"参考"别人的办法，不然被老师放学留下，如果家长发现孩子不写作文，回到家也会被家长打骂。这种借鉴和参考别人作业的情形是为了应对学校学业要求的一种办法，除了这种办法之外，学生还会想出其他的变通办法，甚至是消极抵制的办法。一次班级要组织春游，班主任要求春游之后，学生写一篇有关春游的作文。班主任 W 刚通知完春游的事情，QXSXZY 跑过来，小声给老师说，"老师，我不去春游了"，W 老师问她怎么不去了，她告诉班主任，参加春游还要写作文，她不会写作文，到时写不出来又要被批评。说着就快哭了……如果说前者是主动出击完成作文任务，后者就是被动回应。这种被动回应的情况，在农民工子女的作业完成情况上较为多见，孩子发明了诸多不写作业的借口。

（二）不做作业的理由

前文分析中，可知尽管公立学校对于学生的作业要求较为规范，每天老师通过短信或者校讯通将作业布置的情况告诉家长，而且任课老师也在上课布置作业的时候，把作业布置的数量、内容、页码抄在黑板上，并要求各小组组长（4 人一组）督促每个学生把作业布置的情况记下，甚至老师要求同桌之间相互监督。然而，即使经过这样的严密布置，学生也不是完全主动地接受老师布置的作业。班里经常出现一些同学不写作业的现象（前文在学业表现中有分析），而且他们会为自己不写作业的行为开脱，找出形形色色的借口。见了老师之后，他们会说"作业本

---

① 对 QXS16WQ 的访谈（20141211）。

找不到了",其实他们有带来①。因为他们自己没做或根本不想做。再如他们故意把作业本留在家里,因为在家他们没有完成作业。他们会对老师说,"老师,我作业本好像落在家里了"。除了这种借口,还有"不写作业可以不去上体育课"的事。"在我们班上不写作业的学生,可以不去上体育课,老师让他们留在教室写作业,我们都羡慕这些不上体育课的同学。其实我们也不想上体育课,那样脚跳起来很酸疼。体育课一直跳来跳去,没有停顿,孩子说都受不了,不让大家休息,都讨厌体育课老师。所以数学作业我故意不做,下午上体育课的时候,我可以在教室里写作业了"②。

学生们为"不写作业"所发明的规避手段是他们面对学校规训的一种能动性反应。像 QXSGX、QXSWQ、QXSSJ、QXSZH、QXSWJ 这类学生采取的"合理手段",都是在对教师的规训有深刻体会下所使用的行动策略,这是他们展现其能动性的一个吊诡现象,尽管学生也知道应该认真完成作业,"好好学习、天天向上",但是还是发明了这些手段规避学业的要求。教师在学校充当一种"传道授业解惑"的权威角色,但是处于被支配地位的学生未必完全接受学校学业规训的要求。从表面来看,学生不写作业的"借口"与学校学业强化的规训是相悖的,但这一现象有时让人难以判断他们否具有抗拒的意识。虽然老师对不写作业的学生予以惩罚,诸如个别批评、点名批评、投诉家长、要求家长惩罚孩子,甚至要求家长签订按时完成作业的委任状,或者要求家长把孩子带走(老师声称教不了孩子),但是学生仍然会发明他们自己一套面对惩罚制度的方式,这些方式可能导致学业规训的效果弱化,甚至使得教师降低对一部分学生的作业要求。

二 对学校学业强化策略的抵制

"抗拒形态是指学生为反抗学校或教师的规训,而呈现出来的外显行为或内在态度,包括师生冲突、逾越规范、破坏秩序等行为表现,以及

---

① 元旦三天,英语作业只有四道题,下午英语课上我亲自检查,发现有以下五位同学没完成:XPH、ZXJ、SSJ、WWJ、WYB、ZWZ,其中 XPH 和 ZXJ 说是没带,但是据组长昨天检查反映是一个字都没写(资料来源:QX 学校四五班 QQ 群)。

② 对 QXSXYZ 的访谈(20140531)。

隐藏于内心的反抗心态"①。根据柳夕浪的研究,在学校课堂,学生不遵守公认的班级社会规范主要有两类:其一是外向的攻击问题行为②,其二是内向的退缩问题行为③。本书主要根据农民工子女在学校抵制学业规训的行为,分析课堂中的违规行为和课堂外的抵制行为。

(一)"我跟老师开玩笑不是捣乱"

JZSCW,14岁,男生,来自漳平,目前读初二,是家中的独子,父母非常宠爱他。学习的时候他分心比较严重,上课经常讲话,内容听不懂,下一次上课又接着听不懂,又想说话。"我比较贪玩,上课没有注意听课,还有老师讲的,有时我听不懂。我在课堂上爱说话,控制不住自己,形成习惯了。老师向我爸妈投诉,说我上课爱讲话。我不会也不想与老师有正面冲突。开老师的玩笑很正常呀,没啥大不了的,虽然老师向我爸爸投诉。我知道和老师开玩笑,也得把握分寸,注意场所。我认为自己是在开玩笑,老师却认为我不是开玩笑。有一次语文老师上课,找人回答问题。我就立刻举手(举手,放下又举手,又放下),当老师要我回答问题的时候,我就说我没有听懂。老师说,你不懂为何要第一个举手回答问题。老师说我在课堂上捣乱,实际上我是故意跟老师开玩笑的。"④ 从学校上课纪律要求来看,不管孩子上课是否听懂讲课内容,老师没有向他提问,他举手了就应该回答问题,而 JZSCW 的行为令老师感到不可思议,孩子以为可以这样跟老师开玩笑,老师却认为孩子在课堂上捣乱。

从学生的主体性来看,他不想听课,而想在上课的时候讲话,这个时候老师的提问给了他提供了开小差的机会,孩子本身或许没有抗拒这种行为的目的,也没有按照原先设计好的行动方案,只是对课堂纪律的

---

① 胡春光:《教育与抗拒:教育社会学视野中的学校生活》,华中师范大学出版社2011年版,第84页。
② 包括"活动过度、行为粗暴、不专心学习、不守纪律,具体表现为打骂、推撞、追逐、讥笑等侵犯他人的行为;交头接耳、窃窃私语、擅换座位、私传纸条等过度亲昵行为;高声谈笑、口出怪音、敲打作响、作滑稽表情和怪异动作等故意惹人注意的行为;故意不守规矩、不服从指挥、反对班干部和老师等盲目反权威行为;恶意职责、互相攻击、彼此争吵、打骂斗殴等冲突纷争行为"。(柳夕浪,1998:169)
③ 柳夕浪:《课堂教学临床指导》,人民教育出版社1998年版,第169页。
④ 对 JZSCW 的访谈(20140427)。

一个应激性反应，但是这本身却蕴含了抵制学校规训文化的潜意识。他承认自己贪玩，不想听课，而且上课没有听懂，他的这种情况在班级其他同学中也有，初中阶段的孩子经常打断老师讲课。他们以为是跟老师开玩笑，但老师觉得孩子在挑战他们的权威。在实地调查的时候SZ中学班主任ZC老师这样描述他们的课堂教学实践，"我大学毕业考取教师编制后被分配到这个学校教书，刚毕业比较年轻，与学生的年龄差距较小，课下学生与我关系较亲密，但是他们课堂上不尊重我，经常给我捣乱。他们有的讲话，有的玩手机，有的看课外书，他们上课进进出出，甚至把脚跷到书桌上，搞得我的课堂秩序难以维持，当我批评他们的时候，他们嬉皮笑脸，说跟我开玩笑。后来学校知道了，找我谈话，说我作为班主任没有尽到职责，教师权威没有发挥出来。有些外来工子女动作很粗野，需要严格要求，对他们要凶起来，不然他们就不听话。这个班的孩子目前被我训得服服帖帖的。初一的时候，我刚过来，对他们比较好，跟他们相处比较多，一些孩子不听我的，压不下去。从初二开始我对他们严格要求，采取严厉措施惩罚常捣乱的孩子，他们知道我的威严，就服我的管理了。孩子会根据老师的脸色来行事，如果老师严厉了，他们就会收敛的。现在虽然公开的捣乱减少了，但是他们消极情绪很重。与他们谈心，明显隔着距离"[①]。

从学生的主体性来看，是开玩笑还是捣乱这个问题没有争论的价值，但是可明显感觉到学生对于学校规训的抵制是必然存在的。对于处于青春期的农民工子女学生而言，他们上课讲话、给老师打岔或者跟老师开玩笑，从行动主体的角度，算不上"有目的性地抵制"，更不能归入对学校规训的全盘否定，其实是生活性文化的使然[②]，他们在寻求教育系统的漏洞，期望以"较小的努力"换回"合理的"学业表现，打发校园时光。

（二）不服老师的批评

QXSSSB是一个学习成绩优秀、品行良好的学生，经常被评为三好学

[①] 对SZ中学初三二班班主任ZC老师的访谈（20140913）。
[②] ［美］迈克尔·M.阿普尔：《教育与权力》（第二版），中译本，华东师范大学出版社2008年版。

生,但到了五年级以后他成为老师眼中具有叛逆个性的学生。针对这次老师的批评、误解与投诉家长,孩子这样告诉我,"数学课上 Y 老师说我讲话,我没有讲话,是我同桌 ZZH 讲话,老师以为我讲话,她还把这事告到班主任那里。W 老师没有调查情况就批评我,还给我爸爸打电话,说我最近上课表现不够好。我爸爸说我做得不对,要我无论如何首先要尊敬老师,其次还要给老师道歉,我觉得我没有错,不该道歉的"[1]。从学生的角度来看,由于平时爱跟同桌讲话,在老师心目中留下上课爱讲话的印象。这次他一直重申自己没有讲话,是同桌讲话,老师误会了他,他对数学老师有一些不服气,正如 W 老师描述这个孩子的情况,"QXSSSB 这个学期学习不够积极,让人操心,现在批评他也没效果,他经常在上课的时候与 ZH 说话,开小差。虽然在老师面前内向,但是上课爱讲话。数学课上经常讲话,老师批评他,他居然当面表现出不服气的态度,Y 老师给我说这事,我告诉他家长了,虽然他为这件事跟我道歉了,但是他仍然不服气"[2]。"其实农民工子女在上课的时候挺爱讲话的。他们个性强,想讲就会讲,批评他们的时候,他们不服气,眼睛瞪着老师,这个时候我们老师需要小心翼翼,给他们讲道理,告诉他们老师的出发点是什么,让他们明白他们错在哪里,真诚与他们沟通,以理服人,动之以情晓之以理,这样才能让他们心服口服。不然他们会挑战老师的权威"[3]。

教师角色代表的是一种权威性文化,对学生进行的几乎是全方位的"社会监督"与"社会评价",他们都会自觉地或不自觉地、诱导性地或强制性地使学生承认或接受自己的文化权威[4]。QXSSSB 以前在老师心目中是优等生,每次家长会都会被表扬。他爸爸觉得学生应该尊重老师,即使老师批评孩子,孩子有不服气的地方也不能公开抵制,所以他要求孩子给老师道歉。但是上了五年级以后,他上课开始讲话,从优等生的形象一下子成为"上课不听话爱讲话"的学生,他变得不再认可教师的权威。可见,数学老师以权威批评他,激起了他不服气的行为。

---

[1] 对 QXSSSB 的访谈 (20141213)。
[2] 对 QX 学校 W 老师的访谈 (20141216)。
[3] 对 GX 学校 N 老师的访谈 (20141217)。
[4] 吴康宁:《教育社会学》,人民教育出版社 1998 年版,第 259 页。

（三）以破坏学校公物为荣

针对学校的权威，一些农民工子女并非完全主动接受，特别是下课的时候，他们用自己的方式寻求快乐和刺激，其中破坏学校公物是方式之一。尽管学校一再强调要遵守学校纪律、爱护公物，但是班上总有个别同学把这些视为儿戏，如一些学生利用家长给的零花钱买了玩具枪，在教室把日光灯的灯管打破了。

QXSCKZ是个学习不好、纪律观念不强的男生，他爸在西安打工，母亲在工厂上班，由于家长没有太多的精力放在孩子身上，对孩子的教育无暇顾及。"妈妈每天去上班，爸爸在外地，妈妈没有时间给我做饭，就给我零花钱要我到外面吃饭，我吃饭省下的钱攒着买了玩具手枪，班里男生都很羡慕我，跟着我一起玩，例如GWQ、ZSJ、LYZ等，我们一起打闹。以前班里同学玩的只是用纸张折成的手枪，不能射击，这次我买的手枪能够射击，玩得比较刺激。下课的时候，我们几个玩手枪，老师不在我就把手枪对着日光灯试着射击，果然效果还好，就把日光灯打破了。我觉得挺有成就感的，他们也觉得刺激。班上还是有同学给老师报告说我打破了日光灯，W老师给我爸打电话，他在外地只是在电话里说了我一下，老师没有我妈妈的电话，不可能给我妈妈说这事。"[①]

"这个学生把日光灯打破了，家长没有想到为孩子的行为负责任，最后由学校维修部保修。这种事情其实经常发生，在QX学校，部分农民工子女学生经常折花惹草、践踏草坪，经常把实验室的药品偷出来，甚至借学校图书馆藏书的时候，把自己喜欢阅读的页码从中撕掉。这些孩子的行为习惯不好，集体观念较差，经常在书桌上乱刻乱画。这种破坏公物的现象在SZ中学也存在，初三二班班主任ZC老师这样描述他们班级同学的情况，"经常去学校的生物园，折花惹草，在书桌上乱刻乱画。特别是初一的学生，他们经常这样做，老师批评学生，家长认为我们批评他们孩子不对，他们觉得孩子抓鱼没有错"[②]。在这些学生看来，这样的行为非常刺激，总是想办法制造属于他们的乐趣。正如威利斯笔下的"小子们"的"反学校文化"的那般，当偷窃对象是学校时，刺激变得

---

① 对QXSCKZ的访谈（20140920）。
② 对SZ中学初三二班班主任ZC的访谈（20140913）。

格外强烈，更突出他们挑战权威、敢于冒险又深思熟虑的气魄。①

（四）逃避学习背后的烦恼

实际接触中，农民工子女学生并不像威利斯笔下的小子们那样"拒绝知识"，虽然也表达出对"知识能够改变命运"信念的肯定，但是在他们实际的学习过程中，仍然表现出厌学甚至逃学的倾向。SZ 中学初三二班的学生，当他们发现自己英语、物理、数学的基础太差，就地升学无望的时候，多数人都放弃了努力。访谈中，一些学生表示自身成绩太差考高中无望，老师没有把他们纳入升学对象培养时，他们主动放弃学习并告诉爸妈，"不要对我考学寄予重望，希望弟弟或妹妹努力学习，不能成为学业失败者"。

SZSZZJ 是一个 16 岁的学生，来自四川永叙。进入初三后，成绩下降明显，从年级 100 多名下降到 200 名之外，在学校不愿学习，回家更不想学习。"我给爸妈说，我这个成绩今年升高中没指望了，毕业就要出来打工，他们原打算要我考上高中以后读大学。但是估计我不能实现他们的愿望了，我给爸妈说，不要对我抱希望了。对于我来说，上大学是奢望，大学不是每个人都能进去的。我读书不好，只能打工干体力活。"② 就像 SZSZZJ 那样的学生，老师把他们放到 B 层教学小组中，他们意识到老师对他们放弃了希望，他们本身也对读书有了自我放弃的念头，最终成为家长、老师和自我眼中的"学业失败者"。他们觉得学习没啥意思，考不上高中就要去打工挣钱，对他们而言升学无望继续留在学校反而会有种天花板效应，影响着他们的学业宿命。从这里可以看出，农民工子女对学习的漠不关心乃至厌弃就不难理解了。在他们看来，这没什么可大惊小怪的，就是"不想学""对学习不感兴趣""学不学无所谓"③。进入初中以后，课程教学内容难度加大，而他们的学习基础差，老师教学又不能引起他们的学习兴趣，最为要紧的是他们学不懂，学不懂就不愿听课，不愿听课的结果，是更学不懂，如此恶循环导致他们对

---

① ［英］保罗·威利斯：《学做工——工人阶级子弟为何子承父业》，秘舒、凌旻华译，译林出版社 2013 年版，第 56 页。
② 对 SZSZZJ 的访谈（20140913）。
③ 周潇：《劳动力更替的低成本组织模式与阶级再生产——一项关于流动/留守儿童的实地研究》，博士学位论文，中国社会科学院研究生院，2011 年。

学习越来越失去兴趣。换言之，他们在学习过程中，产生了一种自甘堕落的心理，虽然他们认同知识能够改变命运的主流价值，但是他们在进入初中以后的学业发展中遭遇"天花板效应"，使得他们被迫放弃学业的道路。①

"如果我不在家督促孩子，他就不学习。孩子以为学习是为我们家长学的，他自己这么大了，还不懂事。他学习态度不端正，老师布置的作业就应付一下。我给讲道理，他听不下去的。孩子经常不让我看他的作业和试卷，也不让我们检查他的书包。遇到不会的，他就说到了学校问老师，但是他学校的情况我不了解。他不爱学习，我说要给他报个补习班，他死活都不肯去，告诉我报了也没用，去了也学不会的，他坚持不去。"② 这些外来工的子女，对学习没有兴趣后往往逃避学习，表现为不写作业，回家不预习也不复习，经常因为作业或者课堂表现不佳被老师投诉。

（五）向现实妥协

对于个体来说，学校教育意味着传授正式组织的制度化教育经验，儿童进入学校即是一个制度化的机构，具有科层制特点的场所，接受系统性的社会化。但是，学校里形形色色的规章制度，并不是教师事先言明，学生就会谨记在心、依循行事。相反，必须经过学生与规章制度有意或无意的冲撞之后，这些规章制度才会对学生产生意义。③ 农民工子女的学校生活也是在与学校规章制度碰撞以后，逐步调适个体惯习适应学校场域的过程。对于自己不喜欢、不习惯的东西，起初大多有一种本能的反抗与抵触表现。但当最终发现反抗所要付出的代价要多于顺应所付出代价时，人们"趋利避害"的本能使其大多最终选择了顺应的妥协行为。实地调查发现，一些农民工子女学生在小学的时候，学习基础不牢固，成绩勉强能够跟得上课，到了高年级阶段随着知识的加深、科目的增多、课程内容的难度加大，他们对学习渐渐丧失了信心和兴趣。虽

---

① 熊易寒：《城市化的孩子：农民工子女的身份生产与政治社会化》，上海世纪出版集团 2010 年版。

② 对 SZSLHR 妈妈的访谈（20141003）。

③ 胡春光：《教育与抗拒：教育社会学视野中的学校生活》，华中师范大学出版社 2011 年版，第 213 页。

然还在学校读书，但是他们的内心世界对学习处于应付、排斥乃至厌学的状态。由于农民工在城市的边缘地位，他们经常以读书可以获得体面职业的诱惑来告诫子女努力读书、出人头地，但是学生对此并非像父辈那样坚定知识改变命运的信条。迫于现实的生存需要，他们还是在父母的谆谆教诲下依然接受"鸡肋般的"教育。大多数学生并未相信学习能有帮助，无论聪明的学生还是愚钝的学生，其学习或因棍棒所逼，或为理想职业所诱，他们总是死记硬背、阅读以及临场发挥来应付接踵而至的考试。①"爸爸希望我好好读书，将来凭借知识谋求出路。我不喜欢背书，特别不喜欢语文。我也不想学习，特别是做那些无聊的练习题，但是没办法，如果不好好学习，以后就得像我爸一样打工。我知道我爸爸只上了高中，没有考上大学。我想过，自己要考一个好大学，不然没有活路，肯定会压倒基层呀。"②

　　GXSLY 是一个学习成绩优异的孩子，虽然家庭经济状况不太好，其父母还是在她的教育上投入大量的金钱和精力，希望她能够取得较突出的成绩。但是从 GXSLY 的角度而言，她不喜欢学校教育的方式，不喜欢背诵甚至做那些习题，但是学校和家长给她传递一种"知识改变命运"的观念，在现实的社会处境下，为了实现她的"金融企业家"的梦想，又被迫要努力学习，接受学校考试制度的选拔与分流。到了初中以后，那些小学阶段原本成绩不好的学生，面对是打工还是继续读书的选择时，有些农民工子女还是选择继续读职校的求学道路。

　　"我小学是在一个民办学校读的，学风很差，老师不好好教，升了初中以后，我跟不上课，也不想去学校。我经常不想进教室，拿着爸妈每天给我的生活费去网吧，到了放学我再回家。爸妈知道我英语很差，要给我补习英语，我不干。我告诉他们补了也没有效果，我死活就不去，因为我对那些英语压根不懂。为这事爸爸揍我一顿，我非常讨厌他，都这么大了，他没有考虑我的情况，动不动就揍我。我就从家里拿了钱，出来 10 多天没有回家。我当时没有手机，老师和家长都联系不上我。我

---

① ［美］伊万·伊里奇：《非学校化社会》，吴康宁译，桂冠图书股份有限公司1992年版，第43页。

② 对 GXSLY 的访谈（20140330）。

估计他们也很着急，钱花完了我就回家了。听我们同学讲，我爸爸给老师说，只要我回去，再也不打我也不逼我学习了。他们说为了我好，才逼我好好学习的。但我学不进去了，我知道考不上高中，让他们的希望破灭了。后来我给爸爸说，我会读完初中，考不上高中就算了。老师建议我去考职校，我把老师的想法给我爸说了，他们也同意我考职校。他不想让我这么早出来打工的，我现在尽力读书吧。"①

如果说 SZSLBY 为了逃避学习而离家出走，而 SZSHF 则是由于自己成绩太差，转学考试不成功而向命运低头。他是一个来自湖北黄冈的学生，成绩不太好，父母本希望他好好读书，参加家乡转学考试能考过线，但未能如愿。

"我爸一直想让我转回家乡的一个私立中学，我成绩不好，参加过两三次转学考试，成绩没有过线，那边学校不接收。有一个较差的学校愿意接收，我爸不想让我去那个学校。我听说那个学校老师严格，管得太紧，听到这些消息我不愿意回老家了。这边学校布置的作业也不少，我也不想认真去做，就应付一下。有时因为成绩不好，老师要家长督促我学习，我爸就给我报了补习班，我不想补习，等补了一个月之后，我就把补习班退了，我再也不去了。现在初三了，我也许只能考职校了。"②对于多数学生而言，特别是那些农民工子女学生来说，考试的胜利是抵御被考试淘汰命运的唯一可能方法。"学校是当代社会秩序的保障者，其途径是某种国家的'魔法'，通过将各种社会划分同时铭刻在物质分布的客观性和认知体系的主观性之中"③，考试则是社会划分的主要工具。由于考试制度的存在，即使学生对考试有再多的抱怨与不满，无论他们对现行考试制度的批判多么激烈，只要学生进入考场，就会产生成绩的高低优劣。

---

① 对 SZSLBY 的访谈（20141006）。
② 对 SZSHF 的访谈（20140913）。
③ ［美］华康德：《解读布迪厄的"资本"概念》，载苏国勋、刘小枫《社会理论的政治分化》，上海三联书店、华东师范大学出版社 2005 年版，第 355 页。

第六章　家庭文化与学校文化的亲和与疏离

布迪厄指出，个人在进入学校教育体系之前就已经从家庭中获取了不同数量与类型的文化资本；不同的文化资本将通过学校教育的作用转化为学生学业成绩上的优势或劣势。学业成绩优异的学生"常常来自社会地位和文化资本都相对优越的家庭"[①]。教育系统通过直接和间接的作用促进了"社会秩序"的保持。教育系统自身的灌输功能、它保存文化的功能及它保持"社会秩序"的曾经一致，以至于它对统治阶级客观利益的依附就可以存在于对有着亲和性的美好下意识之中而不为人知。[②] 正规的学校教育通过赋予某些文化遗产以特权而贬低另外一些文化遗产来维持既存的不平等的社会结构。因此，本章从家庭文化资本与学校文化互动角度，分析二者可能产生的亲和与背离关系，在此基础上讨论穿行于家庭生活与学校文化之间的农民工子女的主体性及其对学业规训的应对策略。

第一节　学校文化与家庭文化资本的亲和

学校是代表主流社会对学生进行符合社会要求的规训和教化的处所。以工人阶级子弟为主的学校强调行为控制和服从规则，而富裕的郊区学

---

① ［法］布尔迪厄：《国家精英——名牌大学与群体精神》，杨亚平译，商务印书馆2004年版，第459页。
② ［法］布迪厄、帕斯隆：《再生产——一种教育系统理论的要点》，邢克超译，商务印书馆2002年版，第212、213页。

校采用相对开放的方式,赞成学生更多地参与、较少地受到直接监督,学生有更多的选择课程,赞成一种强调控制标准内化的价值体系。① 在子女教育方面,地位较低的家长重视其子女的服从、勤劳和诚实,而地位较高的家长强调子女的好奇心、自我控制、思考与自我指导。当然,中产阶级家庭对于子女采用了协作培养的教育方式,而穷人家庭和工人阶级倾向于子女的成就自然成长模式。② 即父母的价值观念在子女教育方面具有一定的阶层差别。但是不是出身于底层家庭的儿童,就没有机会取得学业成功呢?答案自然是否定的。针对美国黑人穷困家庭子女的学业成功或失败,克拉克③从家庭生活质量上对子女学业影响进行研究发现,这些贫穷的黑人家庭的子女之所以在学业方面成功,在于整个家庭生活过程营造了一种独特的家庭文化生态系统(cultural niche),其能够影响到子女的学校成就,而非家庭结构变量诸如父母婚姻状况、收入或父母的受教育程度。子代学业成功的家庭经常鼓励子女形成对教育具有较高学业志向(high educational aspirations)和教育信念(high educational expectaions)。虽然多数家长重视子女的教育,并期望子女通过接受教育并改变命运,但是这些家长如何将自身对子女的教育期待和教育信念转化为孩子的学习动力呢?在这些学业成功者的家庭中,家长有意识地营造一种接近于学校氛围的家庭文化活动,不仅包括读、写、主题对话、有社会仪式的实践,还包括间接强化读写能力的活动,诸如猜字谜游戏。相反学业失败者的家庭文化环境与学校文化环境是冲突的,其家长避免与学校管理人员接触,对子女在学校的表现不闻不问。R. 克拉克从以下方面对学业高成就者家庭和学业低成就者家庭进行了比较(表6-1)。

据此,学校文化与特定阶层的家庭文化具有亲和性,但同时也会采用社会排斥的方式,与某些底层学生家庭的文化资本相背离。本章从主

---

① [美]鲍尔斯、金蒂斯:《美国:美国经济生活与教育改革》,王佩雄等译,上海教育出版社1990年版,第197页。

② [美]安妮特·拉鲁(Annette Lareau):《不平等的童年》(中译本),北京大学出版社2010年版。

③ Reginald M. Clark, *Family Life and School Achievement: Why Poor Black Chlidren Succeed or Fail*, Chicago: The University of Chicago Press, 1984, p. 200.

要家庭文化资本与学校文化的关系中,分析中国农民工家庭文化资本与子女学业表现的关系。家庭文化资本在当今城乡二元结构下如何转化为子女的学业成就是农民工随迁子女面临的一个突出问题。学校在教育系统内部使用精英阶层的文化,而多数农民工处于城市底层,阶层之间的文化差异和冲突是否影响农民工随迁子女的学业发展?结合实地调查,本书从家校合作、师生互动、同学交往、教育参与等方面分析家庭文化资本如何向孩子学业发展转化。

在中国,子女教育是家族生命延续的一部分,国人的生命意识中融进了教育的意识。人们坚信教育将会为每一个中国人、每一个中国家庭拓展生存的时空。① 在中国人的家庭文化中,子女教育乃是家庭生活的延伸,教师即是家长的延伸。传统社会,师生关系乃父子关系的复制,正如"一日为师终身为父"。教师一贯正确,家长认为在教育子女上,教师担负重要职责。在实地调查中,笔者经常听到一些农民工家长这样描述,家长送孩子去学校的时候告诉孩子,"在学校一切听老师的""老师,我孩子愿意听你的""老师,我说十句不如你说一句"。但是现在学校教育也对家长提出了许多要求,尤其对于子女学业强化的要求。苏霍姆林斯基说过,"没有家庭教育的学校教育和没有学校教育的家庭教育都不可能完成培养人这样一个极其细微的任务"。多数老师认为孩子的学业发展需要家长的密切配合,跟上学校的要求。农民工家长在其随迁子女教育过程中,主观上想积极配合学校教学工作的要求,但是由于自身工作繁忙、精力有限、文化较少、地位低下,在家校合作中处于被动地位。在家长与老师配合方面,J中学班主任P老师在座谈时提出家长与老师沟通时要掌握以下方法:(1)充分尊重、增进理解;(2)正确定位、及时沟通;(3)积极主动、端正心态;(4)紧密配合、经常联系;(5)善于加工、巧妙转述。他同时强调家长在和老师沟通时不能推卸责任,比如不要老是找借口"工作忙"、不要对老师说"孩子交给你、一切都听老师的"、不要为孩子的不良表现找"理由"、选择适当的沟通方式,"不能说见了老师不知道该讲啥"。

---

① 缪建东:《家庭教育社会学》,南京师范大学出版社1999年版,第101页。

表6-1　　学业高成就者与学业低成就者的模式比较①

	学业高成就者	学业低成就者
家校联系	父母经常主动联系学校	父母不经常主动联系学校
师生关系	子女乐于配合教师教育工作	子女不乐于配合教师教育工作
父母对子女的情感和心理	心情平静、心气平和	心情不稳定、心气不平和
学生对家长的情感和心理	心情平静、心气平和	心情不稳定、心气不平和
父母在子女学业中的角色期待	成为子女学业指导的主要角色	子女学业的低期待的角色
父母对子女学业表现角色期待	子女成为自身学业的主要角色	对子女学业角色的低期待
教育获得期待	接受高等教育的高期待	对接受高等教育的低期待
教育的准则与规范	父母有明确成就准则和规范	父母有模糊成就准则和规范
对准则与规范的接纳	学生长期遵守规范且合法化	学生不遵守规范并且挑战规范
角色界限与父母权威	父母角色是清晰具体的、具有支配地位的权威	父母角色模糊、不具有明确的家庭权威
子女之间关系	子女之间有组织化的关系	子女之间有较少组织化的关系
家庭成员之间的冲突	冲突较少	冲突较多
精心设计成就训练活动	父母经常设计并参与	父母很少设计和参与
模糊的成就训练活动	父母经常参与	父母较少参与
对子女学业的监管	父母牢固、持久的监管和规则强化	对子女时空监管较少且标准不一
家庭文化氛围营造	父母营造家庭文化氛围	很少营造文化氛围和支持学业
对知识的态度	父母重视孩子的知识学习	父母不尊重知识学习

一　家庭文化资本转化为子女的学业资本

根据前文分析，农民工群体也在不断分化，少数农民工在城市基本立足，他们在城市购房，并且日益稳定下来，成功融入城市社会，这部分农民工家庭在子女教育方面能够密切配合学校，与学校教师沟通顺畅，

---

① Reginald M. Clark, *Family Life and School Achievement: Why Poor Black Chlidren Succeed or Fail*, Chicago: The University of Chicago Press, 1984, p. 200.

并且能够传授子女为人处世的准则和人际交往的技能，积极主动参与子女的教育，这些方面有利于将家庭文化资本转化子女的文化资本，使得其子女的学业表现能够顺利适应学校学业规训的要求。反之，大多数底层农民工家庭经济压力大，因生计压力导致其没有精力参与家校合作、师生互动、教育参与等，无法营造与学校学业强化相一致的家庭文化氛围，不利于子女适应学校生活。以下结合实地调查，分析家庭文化资本与学校文化的亲和性是如何在子女学业表现中实现的。

（一）积极了解子女学业表现的情况，对子女教育树立合理的期待与信念

GXSJS 来自安徽六安，六年级学生，学习成绩较好，课外知识丰富，其父母为民办学校教师，大专文化。父母经常提醒孩子，站在老师的角度考虑问题，正确引导孩子良好的学习观念。父母每天抽出半个小时与孩子沟通学习的事情，了解孩子的学习状态和心理。平时他和妈妈的接触和交流相对较多，妈妈有意识地培养他形成良好的习惯并为他提供了相对优越的学习条件。除了学习课程知识外，他还参加了学校的奥数班、合唱队以及管乐队等，爸爸教 GXSJS 下象棋，平时父子二人在家会下象棋，营造积极和谐亲子关系。在每次考试之后，孩子都坦然地把试卷拿出来同父母进行交流[①]。就这个案例来说，父母在家庭积极营造学习氛围，引导孩子阅读、培养孩子兴趣，每天与孩子交流学校的事情，父母引导孩子正确看待教师的教学工作，尊敬师长，合理看待考试成绩，学校老师也觉得该学生比较有修养，课外知识丰富、学习态度端正。该学生的家长接受过大专教育，并且从事教育行业，自身的教育经历和个人修养能够为孩子营造一种适合学校教育的家庭文化氛围，并且能够将家庭的文化资本转化子女的文化资本，有利于子女的学业表现。

而假如父母自身文化水平不高、职业不稳定，他们又是如何参与到子女的教育实践中，生成子女的文化资本呢？笔者结合对 SZ 中学 SZSLSS 家长的深度访谈和观察，剖析底层农民工家庭子女学业发展的形成机制。"SZSLSS 小学的时候，我们就开始注意培养孩子学习的自觉性。我和她爸没有多少文化，但是我们告诉孩子学习的乐趣，与孩子沟通按

---

① 对 GXSJS 爸妈的访谈（20140330）。

照约定的原则,不去惩罚孩子,主要跟孩子讲道理。此外,我们也会注意在孩子面前的言行举止,我也时常从电视上学习一些教育孩子的方法,所以孩子从小养成了良好的学习习惯,很懂事、听话,用功学习,自学能力很强,她也认真看我定期给她买的课外书,扩大知识面。我们一直鼓励孩子,当遇到困难的时候,告诉她不要放弃。即使有些题目我不懂,但是我会让孩子请教别人。我下班回来后,也会看电视或者翻阅关于如何教育孩子的书籍,我们对孩子的期待就是希望她考上最好的高中,她给自己定的目标就是考上外国语中学,她现在朝着这个目标努力。只要有时间和精力,我就陪着孩子聊天,关心孩子的学习和心理状态。"[1]

可见,该家长在子女的学校教育中扮演了一种积极支持者的角色,经常鼓励孩子,并且自身积极学习,给孩子传递积极的情感能量。恩威并重,刚柔相济,并且注重孩子的心理感受,通过讲道理的方式,引导孩子形成良好的学习习惯,并获得有利于其学业表现的文化资本。孩子在学习过程中,遇到困难,家长及时给予鼓励和安慰,即使家长文化程度不高,但是家长努力提升自身文化修养,给孩子树立积极向上的榜样,从而培养孩子自觉、勤奋、好学的品质,这些品质使得她能够在学校取得良好的学业表现,作业认真、成绩优秀,作文竞赛获得三等奖,多次获得三好学生。该学生具有明确的学习动机和学习目标,考取最好的高中、上重点大学是她认真读书的信念。可见,家庭给孩子培养一种"赞助性自觉"(sporsored independence)的学习信念。在父母言传身教的影响下,该学生逐步将父母的教育期待内化为自觉的行为倾向,这种行为倾向一旦成为学习习惯,可以从家庭延伸到学校,从而对学业产生积极深远的影响,可见父母营造的家庭氛围对孩子的学习产生正面作用。

(二)家长与教师充分互动,形成子女良好的学业志向

苏霍姆林斯基说过,"没有家庭教育的学校教育和没有学校教育的家庭教育都不可能完成培养人这样一个极其细微的任务"。农民工子女的学业与成长需要家长和教师的共同关注,只有教师与家长互动顺畅、没有障碍,才能帮助孩子的成长。家长要善于"搭桥",引导孩子正确看待问题,成绩的高低、名次排序仅仅是学习结果表现的一个方面,要引

---

[1] 对 SZSLSS 妈妈的访谈(20140913)。

导孩子形成正确的学业志向。

"QXSJN 从三年级到五年级一直担任班长,不仅学习成绩优秀,而且班级管理能力也很突出。父母为幼儿园教师,他学习动力与学习兴趣强烈。父母会定期与老师沟通,除了开家长会之外,每个学期定期给老师打电话,了解孩子的学习兴趣和学习成绩,父母也经常提醒老师关注自己的孩子。"[1] 除了引导孩子学习、培养自觉学习的习惯,该家长也注意引导孩子正确处理与老师的关系。在家长的潜移默化下,QXSJN 对学校文化和老师有一种天然的亲和感,其惯习也被老师青睐,自然能够得到老师的喜欢,并给予好评,这激发其学习兴趣和热情,转为自觉的学习习惯。"孩子在家晚上 11 点的时候还要缠着妈妈帮他检查作业并签名,早上 6 点多醒来以后,就嚷嚷要去学校拿班级牌子,带领同学排队。"

与 QXSJN 相比,QXSSB 在师生互动方面,缺少了这种先天的文化亲和性,使得他与老师发生冲突时,似乎有些不服气,但是其家长注意这方面的引导和教育,及时纠正孩子的不合理认知,有助于孩子对教师和知识树立正确的认识,帮助孩子成长并克服学业适应中的困难。QXSSB 是一个来自安徽肥西的男孩,成绩较好,父亲在集大财经学院做餐厅管理,母亲打理干洗店(很少回家)。进入五年级以后,这个孩子变得有点叛逆,有一次上课讲话被数学老师批评,对此,他表示不服气,还给数学老师起了外号。"我经常教育孩子,首先要尊敬老师;其次,老师教的都是你不会的,你上课讲话就是不尊敬老师;最后我要他去给 Y 老师道歉。"[2]

学生在学习过程中,有自己的个人情绪和自尊,尤其到叛逆期(11岁开始),他们有时遇到不喜欢的老师或者科目,家长要及时引导,纠正孩子的看法。针对学生不喜欢老师的这个问题,J 中学班主任 P 老师指出家长应对的方法,"家长积极与孩子沟通,耐心倾听孩子的说法和理由;善于搭桥,引导孩子正确看待问题;巧妙引导,家长鼓励孩子多与老师交流;主动与老师交往,引导学生正确看待老师和学校的严格要

---

[1] 对 QXSJN 爸妈的访问(20141124)。
[2] 对 QXSSB 爸爸的访问(20150111)。

求。"① 如果遇到孩子不喜欢的老师,或者师生之间有隔阂,家长需要积极与孩子沟通,要从孩子的心理方面去把握,耐心倾听孩子的说法和原因,认真分析孩子是不是被老师批评或惩罚了,弄清是孩子的原因还是老师的原因,或者是不是对老师的科目缺乏兴趣,弄清楚孩子与老师之间是否存在误解,孩子如何看待自己的情绪,怎样看待自己的判断,弄清孩子某种情绪存在的根源。当然,在师生互动不畅时,有些家长缺乏有效的引导,影响孩子与老师关系,从而影响孩子在学校的学业表现。实地调查访谈中,QXSXPH、QXSYYY、QXSCGX 学生及其父母与班主任 W 老师、数学 Y 老师、英语 C 老师沟通不畅,影响了班主任甚至任课老师对他们的整体评价。

(三) 注重孩子语言能力的培养

"语言技能并非一种简单的技术能力,而是一种规范能力"②。在社会中,官方语言的通行过程,实际上是官方意识形态和精神统治发挥作用的过程,包含着国家政权正当化程序的社会确认过程。③ 语言能力往往以隐蔽的方式、无形的形式和不知不觉的形态,潜伏在每个人的语言使用的过程中而发挥其区隔作用。④ 城市公办学校在教学和日常交流中使用普通话作为公共交流语言。为了子女的学业表现着想,部分农民工非常注重对孩子语言的培养,他们在家的时候尽量用普通话沟通,而非采用家乡话。例如:"虽然我上学不多,但是在家的时候,我从电视上学着讲普通话,他爸回来的时候我也要他爸学着说普通话。只是原来我婆婆在这边的时候,偶尔讲家乡话,她来这里住不习惯就回老家了。我从小要求孩子说普通话,告诉他在城市不能说家乡话,不然人家觉得咱们老土。"⑤ 这表明一些农民工家长认识到,培养子女语言能力的重要性,他们认为学校教育采用的普通话作为标准语言,有益于孩子适应学

---

① P 老师的座谈(20140419)。
② [美]布迪厄、华康德:《实践与反思——反思社会学导引》(中译本),中央编译局出版社 1998 年版,第 194 页。
③ [法]皮埃尔·布迪厄:《言语意味着什么——语言交换的经济》,褚思真、刘晖译,商务印书馆 2005 年版。
④ 顾辉:《教育:社会阶层再生产的预演——一项对 H 市两所高中的研究》,博士学位论文,上海大学,2011 年。
⑤ 对 SZSLSS 妈妈的访谈(20140913)。

校生活，他们与孩子沟通的时候，尽量说普通话，塑造孩子讲普通话的习惯，尤其注意避免与孩子讲家乡土话，实地访谈的时候，GXSLY家长、GXSLHQ家长、QXSSSB家长、QXSZT家长等，在孩子学习的时候，尝试与孩子用普通话进行交流。家乡方言与普通话相比，显得封闭和保守，不具备普适性和流动性。长期使用家乡方言，被人视为"乡音难改"的印记，因而容易成为城市的"外来者"，这也是他们遭受歧视从而难以融入学校的原因之一。① 与优等生家长相比，中等生和差等生的家长在这个方面就做得不够好，他们觉得在家与孩子在一起说家乡话比较亲切。"在平时讲话方面，我们兄弟四个都要求自己的孩子首先要学会讲自己的家乡话，不管走到哪里，如果不会说自己的家乡话，那是要遭到别人笑话的。我觉得孩子到学校老师会要求他们讲普通话，他们自然也会学会的。"②

（四）得当的教育方式，形成孩子良好的习惯而被学校认可

前文分析指出，学校关于学业评价的标准并非中立的，相反它采用了更加适合于社会中上层家庭的评价图示。"学校作为一种教学机构，利用特定的语言结构、权威模式、课程类型、考试测验及班级教学实践，在特定时空环境中，承载着知识分子与经济精英的社会体验和文化经历"③。针对外来工子女的学业发展，教师要求家长能够密切配合，督促孩子学业，每天坚持检查孩子作业、监督孩子英语听读、课外书阅读，辅导孩子学习遇到的问题或者请家教给孩子辅导，并且要关注孩子的全面发展。部分农民工抽出时间和精力陪孩子去博物馆、书店、公园等，使他们有更多的机会旅游，这些活动既有休闲的目的，也使这些家庭的孩子接触到更多的人文知识，扩展了视野并且能够获得感性认识，以期让孩子获得丰富的家庭文化资本。例如，QXSYYY爸爸经常参与孩子课

---

① 秦洁：《农民工子女学校融入困境解析——基于文化资本的视角》，《基础教育》2009年第12期。

② 对JZSYXP爸妈的访问（20140425）。

③ Bourdieu, Pierre, *The Forms of Capital*, in John Richardson (eds.), *Handbook of Theory and Research for the Sociology of Culture*, New York: Greenwood Press, 1986, pp. 241-258. Pierre Bourdieu and Jean-Claude Passeron, *Reproduction in Education, Society and Culture*, in Richard Nice (ed.), London: Sage Publications, 1990.

程的预习、复习与作文指导；GXSLY 爸爸经常辅导孩子数学，给孩子报作文班、舞蹈班、英语班，培养孩子的特长和学习习惯，使得孩子在学校的各级比赛中获奖，学习成绩在班级遥遥领先，兴趣广泛，有突出的舞蹈特长，在同班同学中出类拔萃，激发了孩子学习自信心，塑造孩子"知识改变命运"的信念。

二 家庭文化与学校文化的一致性

农民工子女学生身上呈现出家庭文化与学校文化的一致性特征。虽然底层家庭的孩子在知识、语言、惯习、性情等学校认可和欣赏方面可能处于劣势[①]，但是一些农民工子女比较勤奋刻苦、遵守纪律、听话懂事、体贴父母、比较自觉，这些方面的品质与学校的制度文化、理念文化及物质文化，在某些程度上具有一致性。这种一致性在农民工随迁子女的学业表现中如何展现？笔者以 ZT、LHQ、YJY、ZZH 的经历来理解底层农民工家庭与学校文化的互动机理，探讨农民工子女教育的逻辑。

（一）遵守纪律与听话顺从

在中国家庭教育过程中使用得最多的词语依次是"不""不行""不能"。比如"不要三心二意""不要读太多的课外书""不要跟学习差的玩""不能浪费时间""不要惹是生非""不要乱花钱""不能走马观花"等，用"说不"的形式划出界线[②]，让孩子听话，这种意识支配了大多数农民工子女学生的家长。此外，对孩子听话的要求还体现在"应该"的用语方面。[③] 在学校，老师总是强调上课认真听讲、遵守纪律，课下尊重师长、不能破坏公物。这些内容体现在《学生守则》和《日常行为规范之中》。在学校场域，中小学阶段强调学生的"遵守学校纪律和社会规范、诚实守信"的品质。在教育系统的初级层次（中小学阶段），学校严格强调限制和指导学生的活动。因而家庭文化与学校文化在这些方面具有一致性。前文分析的时候，QXSSSB 针对数学老师的批评表示不服气，班主任给 QXSSSB 爸爸打电话，他爸爸给孩子讲了"听话顺从"

---

① 王洪兰：《家庭文化资本的传承研究》，硕士学位论文，华中科技大学，2006 年。
② 缪建东：《家庭教育社会学》，南京师范大学出版社 1999 年版，第 126 页。
③ 缪建东：《家庭教育社会学》，南京师范大学出版社 1999 年版，127 页。

的道理，要求孩子给老师道歉，"她是你老师，即使她错了，首先作为她作为你的老师，你要尊敬她，而且不能当面顶撞老师"。QXSSSB爸爸作为餐厅管理者，自然懂得"遵守纪律"与"听话顺从"的重要性。因而在家听话顺从的孩子，这种习性具有连贯性，他们可能在学校表现为遵守纪律、循规蹈矩，比较易于适应学校生活。因此可以说，家庭文化与学校文化，具有一定的亲和性，这些亲和性使得学生更易培养成为听话顺从和遵守纪律的社会分子。

（二）勤能补拙与吃苦耐劳

前文分析中强调，有丰厚文化资本家庭的子女得先天之利，在竞争中处于优势地位；而没有丰厚文化资本家庭的子女同样要成功，就要付出更多的努力。农民工底层家庭如何补偿家庭文化资本的不足？在布迪厄看来，出身底层家庭的儿童只有付出更多的代价才能弥补先天的不足，这其中的代价就是秉持"勤能补拙"的信念，农民工子女在家学习缺少文化资本积累，可以充分利用学校学习的机会，积累文化资本，不至于让学业自甘落后。例如前文分析的SZSLSS，在其家庭生活中耳濡目染了父母的勤劳能干，其父亲是木工，在工作之余为孩子做书桌，看到母亲的加班加点，她就回家自觉学习，周末别的孩子去玩，她还要帮着妈妈带弟弟。所以，对于农民工子女学生而言，父辈起早贪黑、为生计奔波，从中体会到父母的生活压力。他们在家庭生活的熏陶下以及父母有意识的教育中，从父母身上学会了吃苦耐劳和勤奋刻苦等优良品质。部分农民工子女不甘于重复父辈的命运，于是他们把这些品质转化为自身的学习信念和动力，以求超越父母，从而为自己未来的学业成功奠定基础，在这一过程中完成了家庭文化资本的生成。

（三）体贴父母与责任担当

从家长的角度，希望孩子体贴父母，主动为家庭做力所能及的事。从学校的角度，要培养学生的生活自理能力，要求学生体贴帮助长辈，具有集体主义精神。这个方面来说，家长希望孩子的懂事与老师心中的好学生标准是相通的。我们以GXSLHQ的故事加以比较分析。GXSLHQ的家长觉得孩子很懂事，能帮助家长分担责任，是老师和家长心目中懂事的孩子。"孩子喜欢画画和舞蹈，我们家中的经济条件她也比较清楚，没有给孩子花钱报班,都是她在学校参加兴趣小组自学的。我上班的时候,她还要帮助照顾弟弟。为了让我周末能够安心上班,她星期五晚上主动完成作业,周末就把所有时间用来陪弟弟,平时她放学回来还要去幼儿园接弟弟回来。孩子平时不怎么花钱,从来不会给我提要求。我孩子到了六年级也没有补过英语,她非常清楚我们家没有那个经济实力,更不用说要花钱去上画画、舞蹈补习班了"①。从访谈和观察发现,LHQ 生活比较朴实且非常懂礼貌,作为班长的她能够以身作则成为同学的榜样。

（四）良好生活习惯与学习自觉性

农民工在城市中处于社会底层,生活艰辛,为生活奔波,他们把这份希望寄托于子女身上,渴望随迁子女接受城市教育以寻求向上的社会流动。农民工大多希望子女能够好好学习,形成良好的学习习惯,升入初中进入重点高中,最后努力考入重点大学。在实地调查时,多数家长表示,培养孩子自觉学习的习惯非常关键。"孩子每天回来先写作业,而且认真写完作业,字迹工整,作业完成后去看课外书,很少看电视、玩电脑"。QXSJN 的爸爸妈妈身为幼儿园教师,他们懂得从小培养孩子良好生活习惯的重要性,并且引导孩子的学习自觉性。QXSJN 在父母的言传身教下,养成了良好的生活习惯与学习自觉性。良好的学习习惯成为行动者的一种习性,在生活中,铭刻在人的身体及其运作过程之中。习惯"使得过去的,沉积在感知、思维和行动的每一种组织形式中的经验,成为鲜活的现实存在,并竭力维护行动的正确性和跨越时间的连续性,这比任何形式上的规则和明确的标准都可靠"②。所以当农民工随迁子女进入公立学校时,他们原有的生活习惯来自于家庭环境建构起来的生平情境,当这一生平情境与学校文化接近时他们较易建立自觉的学习习惯,部分农民工子女在家庭习得的文化模式与学校文化相符合时,容易形塑良好的学习习惯。

（五）为父母争气与向上流动

实地研究发现,农民工教育子女时,经常劝诫孩子"一定要争气！"

---

① 对 QXSLHQ 妈妈的访问（20140330）。

② Bourdieu P., "What Makes a Social Class? On the Theoretical and Practical Exisitence of Groups", *Berkeley Journal of Sociology*, 1987, p. 54.

"争气"意指对子代的择业期望和培养方式,关键是理解他们所认同的"向上社会流动"的含义。所谓向上社会流动是指个体从一个社会地位低的群体进入一个社会地位高的群体,或者个体所在群体的社会地位在整体上获得上升。① 前文分析的 QXSZT 及 GXSLY 等人,他们父母的经济条件不好,父母文化水平不高,但父母希望孩子好好读书考上大学改变命运,其子女具有强烈的学业志向,"考上大学能够住上楼房"及"将来当金融企业家,不然会被压到社会的底层"。因此,即使一些农民工在经济方面立足以后,他们能够在城市有自己的生意和实业,但他们仍然认为只有考上大学才是向上流动的重要途径,对于其随迁子女教育寄予考上大学的厚望。平时他们经常给子女灌输"孩子你是我们的希望,一定要争气"的价值理念,而随迁子女在这种"争气"的文化塑造中,学习勤奋刻苦、坚毅忍耐、孜孜不倦,以求学业成功,将来获得体面的工作,融入城市主流社会。正如刘精明所言,文化资本在父辈社会阶层地位较低的人身上转化为一种内在驱动力,这可以解读为一种家庭积累的阶层向上流动的惯习②,这种惯习表现为底层社会借助于教育制度的筛选机制的一致性,参与了阶层上升流动的制造过程。农民工对随迁子女教育有较高的期待,他们希望子女在教育过程中,能够体贴父母的艰辛,将父母的期待转化为发奋读书的动机,这一动机就是"孩子,读书一定要争气,就算我打工赚钱辛苦,也会供你读书的"。

第二节 学校文化与家庭文化资本的疏离

当今城市社会是一个日新月异的社会,学校文化以城市主流文化为目标,反映着时代变化,而农民工子女所接触的农村家庭文化或者城市边缘地带的家庭文化,具有相对的稳定性,这种相对稳定性使得其在文化变迁中具有某种程度的滞后性。因此,当没有变迁的家庭文化与学校文化存在分歧和矛盾的时候,农民工子女习得的家庭文化与教师代言的

---

① 高虹远:《文化资本与地位获得对浙江某市私营企业主子女上向流动的个案分析》,《社会》2007年第1期。

② 刘精明:《国家、社会阶层与教育:教育获得的社会学研究》,中国人民大学出版社2005年版。

学校文化就会发生冲突。这种类型的师生文化冲突与学生生活的家庭环境有着重要关联。

一 学校文化与家庭文化的冲突

就实地调查而言，农民工子女学生遭遇的家庭文化与学校文化冲突主要有三种情形：其一是家长教育观念与学校教育理念的冲突；其二是学业评价观念的差异；其三是家庭生活与学校生活的差异。

（一）家长教育观念和学校教育理念的冲突

家庭场域是一个多功能的生活共同体，其注重感性和亲情的生活世界，子女教育只是其主要功能之一。而学校场域是公共机构，作为专门传递知识与文化的育人场所，其一切活动都是从培养造就人才出发，服从于教育工作，并为培养人才服务的。① 前文分析发现，学校文化的理念在于"培养德智体美全面发展的社会主义建设者和接班人"，因而学校教育重视学生的全面发展，但是大多数农民工家庭，由于其"农民"户籍身份限制所造成的"市民权"的缺失，他们处于城市的边缘化生存状态，在子女教育中给子女传递一种实用主义的教育观念。如前文分析的 QXSZT 妈妈说，"考上大学才可住楼房"，为此要子女努力学习；XC-SYJY 爸爸反对去学习"音乐、美术、跳舞"的课程，强调孩子只需学习文化课；QXSXPH 爸爸觉得给孩子报补习班浪费钱，SZ 中学的 HQ 妈妈觉得"孩子学习是他自己的事情，我们没钱帮他"。这种实用主义的观念，过分看重教育投入与回报，其受到当前大学生就业难现实的影响。一些农民工家长由于目前就业形势的严峻性质疑"知识改变命运"的信念，例如前文分析的 QXSCGX 家长。农民工之所以具有这种实用主义价值观念在于，农民工家长从农村社会进入城市社会其价值观念仍停留在传统社会，一方面他们希望子女通过努力学习改变命运；另一方面他们又觉得读书是孩子自己的事情。农民工这种教育理念透露出：首先，家庭经济条件较差，他们虽然很想要自己的孩子上学，但条件不好，没能实现自己和孩子的愿望。其次，这种想法是因为他们不善于教育引导，

---

① 黄河清：《家庭教育与学校教育的比较研究》，《华东师范大学学报》（教育科学版）2002 年第 2 期。

将责任向外推,推给老师,推给孩子自己,然后孩子成绩要是不好就说是孩子的错,老师教得质量差,父母自己完全没责任,这是心理学上的自我防御机制。最后,家长在采用一种成就自然成长的模式(非干预的模式)教育孩子。因为一些农民工家长从小到大没怎么参与到子女的学习中,也可以说他们不知道该怎么管、怎么引导孩子,他们认为学习是自己的事,他们只能为孩子支付费用,其他的也帮不了。所以穿行于家庭生活和学校文化的农民工子女,面对两种文化的张力,可能会造成学业适应的困难。在潜移默化的家庭环境中,农民工随迁子女认可并接受了父辈的传统文化,并且将这种文化内化为自身的习性,并且将这些习性带到学校场域,与学校盛行的现代教育理念和教育方法发生偏差、背离甚至冲突,这显然会限制师生互动的质量,从而影响了农民工子女学生的学校生活适应。如前文分析的 QXSYYY 的爸爸觉得孩子的老师只重视孩子的考试成绩忽略了孩子综合素质的提升。对于一些年龄较年轻的学校教师而言,特别是刚刚参加工作的老师,他们仅从书本上学到理论知识,并无实际的教学经验,他们在实际的教学中缺乏班控(班级纪律维护与秩序维护)能力,在与农民工子女的接触中出现班级失控的局面,引发师生关系紧张从而影响教学质量。另外在实地调查中,农民工家庭重智轻德的教育理念与学校的强调学生素质培养的教育理念相违背。一些农民工家长面对子女身上的"坏毛病"不是加以引导教育,而是任其蔓延,在有些家长看来,只要孩子学习成绩优秀,至于其他的综合素质不重要。QX 学校家长会,班主任 W 老师通报了 CKZ 玩具破坏教室日光灯的事情,这件事并未引起该学生家长的重视,其家长觉得孩子破坏一个日光灯的灯管"算不上事",也没有主动赔偿,更没有教育孩子,反而觉得不赔偿理所当然,其孩子经常发生这种破坏公物的事情。这件事与 XC 学校学生的小偷现象有着相同的道理。例如 XC 学校的学生 GF 经常性"偷拿同学和教师的东西",而且她作为学校督导队队长,经常丢失督导牌,对于偷拿别人的东西,班主任投诉给家长,结果她爸爸觉得"孩子偷个铅笔或橡皮不算事",反而责怪孩子怎么不去偷"值钱的"东西。[1]

---

[1] XC 学校学生心理档案记录(20140417)。

（二）学业评价标准的不一致

多数农民工家长对子女的学业感知，仅仅停留在学习成绩和作业情况等方面，甚至把考试分数作为衡量其随迁子女学业表现的唯一标准，围绕孩子的学习成绩好坏，家长赋予孩子聪明与愚笨、勤奋与懒惰、省事与难管（"皮"）、是不是块"读书的料"等认知。像前文在农民工随迁子女家庭文化资本中的分析发现，像 QXSZZH 家长觉得孩子比较笨、经常使用语言暴力惩罚孩子（经常责骂孩子"废物""无用"）。QXSZT 家长觉得孩子数学不好和遗传有关系；QXSZKW 妈妈觉得孩子比较懒惰，连自己的鞋带和红领巾都不会系，书包不会收拾。QXSXPH 爸爸觉得小儿子比较难管，没有大儿子省事。GXSZL 家长和 SZSHQ 家长觉得孩子不是块读书的料等，家长只是从目前孩子的学习结果来对孩子的未来进行预言和评判，从而忽略了孩子的整个学习过程，以"天资论"的标准衡量孩子，将这些孩子的学业表现给予不恰当的符号或评判，从而使其限于这些天资论标准的影响之下，使得孩子产生他们被父母"言中"的自我认同，最终限制他们追求学业成功的志向效应。

实际上，家长应该重视孩子的学习过程，而不应该只关心孩子的学习成绩，家长需要了解孩子学业表现的现状及其原因，多数农民工家长对于孩子学业表现认知简单化，了解的信息非常有限，停留在简单的询问阶段（作业做了吗？考了多少分？），对于孩子完成作业的过程和学业表现整体情况表现得知之甚少。这样就给孩子传递一种信息，家长比较容易被应对（孩子的应对措施就是"作业在学校已经写完"或者"到了学校再写""成绩还可以"）。农民工仅仅从有限的信息对孩子学业的评判可能会影响孩子学习的主动性、积极性，导致孩子从小就对家长学会了撒谎，没有养成良好的学习习惯，诸如在实地调查中，SZ 中学的学生承认在小学阶段就不喜欢写作业和阅读课外书，不喜欢背诵、听写，喜欢去游戏厅和网吧，这种学习习性具有一致性；进入初中阶段，他们缺少学业志向，抱着"顺利毕业"的心态，使得他们在学业表现方面处于下风。

教师的认知与评价对农民工随迁子女的学业表现有重要影响。教师从事教学工作，他们与农民工随迁子女学生在接触和交往中，从着装仪表、学习过程与结果、行为表现、思想状况去关注学生，了解学生的信息，从而对学生的学业表现给予评价以及相应的教育行动。教师在教学实践中，对孩子的标准是一致的，他们首先根据孩子的学习接受能力、学习成绩判断学生是否聪明、是否具有学习的潜力；其次根据作业认真程度、课堂纪律遵守情况给予孩子是否听话等评价；再次结合孩子的卫生习惯和行为习惯赋予孩子是否文明和具有修养等判断；最后根据对日常接触、与孩子的交往来判断孩子是否尊敬师长、是否具有集体观念。整体来说，教师对于学生的学业表现评价的标准与家长对于孩子的家庭行为判断往往有不一致的地方，家长主要从孩子的勤奋、刻苦、听话和成绩好坏来判断自己孩子的学业潜力，给孩子过早地下结论，并且将这些结论日益合理化，这一合理化过程主要有"读书是孩子的事情""学习要靠他自己""一切都听老师的""老师不喜欢我家孩子"。针对家长的这些认识和说法，农民工子女学生可能变得懒惰、怕吃苦、不听家长话、不喜欢老师和该老师所教的科目，这些认知限制了处于成长期孩子的学习态度，产生了"天生如此"的习性，形塑了"先天不足后天失调"的学业结果。

就实地调查而言，学校以考试成绩将学生分层，在升学文化的环境下，一些农民工子女由于在小学阶段学习基础太差，文化知识落下多，从而进入初中以后学习吃力，跟不上课程教学的节拍。但是家长重视孩子的"上大学"出路，逼着孩子努力学习，上高中考大学，可一些农民工子女由于上课听不懂，对学校的学业规训产生不了学习兴趣，所以他么对学习的不努力就引起了家长的不满。但是家长又缺乏鼓励孩子、引导孩子学习的知识和方法。多数农民工家长抱怨"我说一句，孩子十句顶回来，我都不知该说啥"，在这样处境下，一些农民工家长就放弃了对孩子的教育投入，其子女也会采用自我放弃的方式结束学业。再次，多数农民工家长不赞同其子女进入职校学校，他们重视考高中、升大学的学业评价标准，与学校采用分层教学，因材施教的评价体系相冲突。例如 SZSHF、SZSHQ、SZSLHR、SZSLBY 等学生由于学习成绩差，老师会鼓励孩子考职校，但是其家长无视孩子的学习成绩，反对孩子上职校，这种做法导致孩子无所适从，在学校混日子。

（三）家庭生活与学校生活的差异

底层阶级家庭的亚文化可以接受的社会行为方式，同学校代表中产阶级文化的社会行为方式可能不一致。一方面，在家庭生活中，多数农民工子女生活在多子女家庭，父母经常采用压制性的教育方式，对孩子的规训过于严格，使得孩子在学校比较内向、自卑，不能积极主动参与到学习生活中，不能得到同学的好感和老师的好评，这影响到他们在学校的学业表现，例如 QXSZT、QXSXZY、QXSZZH、QXSCYH、QXSXPH、GXSWLL、GXSZL XCSYJY、JZSHS 等人；另一方面，一些家庭对于孩子过于迁就，孩子在家庭生活中的行为比较懒散，到了学校以后，他们原有的生活习性与学校纪律要求和规范约束往往不一致，这些孩子表现出一些课堂或课下的违纪或者"不规矩"行为。穿行于家庭文化和学校生活中的农民工子女的习性具有连续性，在家庭生活中，父母的迁就、管教的失语与忽略形塑了孩子对"世俗生活"的关注；然而学校文化的规训强化了学生的"理想主义"①，学生往往注重自我感受而忽视集体主义的生活，这两者的张力使得学生容易产生被学校文化所排斥的学业表现。

二 公办学校教师的负面评价

实地调查发现，学校老师对农民工随迁子女的负面评价有以下几类：（1）个人卫生习惯不好；（2）个人行为习惯偏差，不遵守学校纪律；（3）小偷小摸行为；（4）多数学生自卑、胆怯，自我能力不如城市学生。在小学阶段，多数农民工子女具有以上特质，因而被老师赋予以上的标签，这些标签以社会区隔的方式将"农民工子女"与"本地孩子"区分开来，前者多数居住在城乡接合部、城中村、棚户区，居住条件较差、家庭经济较差、父母文化程度不高、家长对子女教育精力有限，这些因素使得这些农民工子女在老师看来，具有不卫生、不文明、行为不规范、比较难管教、自私、自卑害羞等特质，与"城市学生"洁净、文明、懂礼貌、灵活、责任心强、集体观念（能够为班集体做事）等特质形成鲜明对比。

---

① 王鸥：《文化排斥：学校教育进行底层社会再生产的机制——基于武汉 G 中学的实证研究》，硕士学位论文，华中科技大学，2011 年。

在一些老师看来，农民工家长将自身不讲卫生、不文明、讲话等行为习惯传递给孩子，农民工子女租住房子条件较差，个人不注意卫生，校服和书包都较脏，到了学校后，学校地板和教室也被其弄脏。这些现象进一步印证了城里老师对农民工子女的判断。除了对学生的负面评价，城市公立学校教师对农民工家长也存在一些刻板印象：家长对孩子学习的事情不上心；把责任推给学校和老师；家长榜样力量树立不够；在乎孩子的学习成绩，而忽视其综合素质的培养。农民工随迁子女在城市学校系统中处于不利地位，从而影响了老师对农民工家长及其随迁子女的客观评价，使得农民工对其子女的学业认识停留在老师的刻板印象中（包括一些误识），这些刻板印象被他们内化为惯习，并以教育惯习的形式表现出来。

N老师是厦门本地人，当年大专毕业被分配到GX学校，已经教书二十多年，2020年接任六年级语文学科的教学工作，该班外来工子女占90%以上，多数家长住在城乡接合部、城中村，家长上班忙于生计，有很多个体户、流动摊贩，或者从事服装制造等服务业，这些工作通常都需要晚上和周末加班，他们又住在出租屋内，缺少基本的卫生洗浴条件，导致该班级学生的卫生习惯不好，在学校的卫生评比中经常在年段倒数，该班的学生在个人卫生习惯以及修养方面与城市的孩子有很大差别。"教室刚被值日生清洁过，就被学生丢弃的废纸、零食包装弄脏了。有些孩子到了教室就把鞋子脱掉，还把脚跷到课桌上，真让人受不了。还有些学生把家长给零花钱买了玩具枪，居然把教室里的灯给打爆了，有的还在班里吃零食。"

"大部分外来农民工对孩子的学习关注度不够，有些觉得读书没啥用，只要初中毕业就可以打工。而他们的孩子等着小学毕业，然后上个初中混日子，所以也就不认真读书。这些孩子上课比较爱讲话，他们个性强，想讲就会讲，批评他们的时候，还不服气，眼睛瞪着老师，这个时候老师需要特别小心，给他们讲道理，告诉他们老师批评他们的出发点是什么，真诚与他们沟通，动之以情、晓之以理，让他们心服口服，不然他们会挑战老师的权威。而他们的家长总说自己工作忙，要打工挣钱养家，要求他们来学校开家长会，总是推托说没时间。有的家长更过分，连个电话也不留给老师，他们以为把孩子送到学校，就把教育孩子的责任完全推给老师了。"①

与 W 老师访谈时,她用一句话描述对农民工子女的感受——"哀其不幸怒其不争。"在 W 老师看来,首先,多数的农民工子女家庭条件较差,居住在城乡接合部的出租屋,房间狭促,条件简陋,甚至没有独立的卫生间,缺少相应的洗浴条件,他们在家不讲卫生,到了学校卫生习惯较差,影响班级的卫生评比成绩。其次,家长早出晚归,几乎无暇顾及子女的教育问题,连与孩子见面的机会都少,更不用说交流了。最后,部分学生对学习丧失信心。家长们最初的想法,希望孩子好好读书,考高中升大学改变命运,但是家长又觉得能否考上大学是"孩子自己的事情",而这些外来工子女面对家长和教师的学业规训,似乎觉得改变命运的机会比较渺茫,自我放弃,导致过早中断学业,从而加入劳动力大军。

第三节 学生文化资本生成的失败及其阶层再生产

一 家庭文化资本再生产——学业资本的失败

家庭文化资本再生产导致农民工随迁子女学业表现失败,即文化资本的欠缺成为孩子学业失败的同谋。首先,父母对子女低预期的自我预言,使子女加重了天生学业表现差的感觉;其次,父母没有意识到子女的学业表现与家庭的氛围有关,实际上,子女的学业表现是可以通过家庭和学校教育行动来改变的;最后,处于底层社会的家庭对自身命运过于悲观,尽管寄希望于子女身上以此来改变命运,但是又没有重视对子女的家庭教育,或者不知道采取何种途径来提升子女的学业。

(一)父母低预期的自我预言效应

大多数农民工家长对子女学业表现有较低的预期,农民工每天为生活而奔波,他们用于维持生计的时间挤压了与家人相处的时间,亲子沟通的缺乏在很大程度上形成了错误的感知和期望。农民工对孩子的了解多数在于"作业做了吗"和对考试成绩的关注,这些表面的互动其实是

---

① 对 GX 学校语文老师 N 的访问(20140409)。

一种应对机制"做了"和"还可以",因为他们没有的太多的精力、能力和其他物质投入在子女教育上。这样的互动在其随迁子女看来就是,"反正家长不是太在意我学习,跟他们说他们也不懂,只能说学习靠自己"。因此他们对孩子的表现和努力有错误且较低的估计,这种感知和信念经由自证预言过程导致孩子的表现与他们的期望相符合。[①] 实质上,要想全面了解孩子的学业发展能力,正确认识孩子的表现和努力需要父母有更多的时间投入,而不是因为子女学习成绩不佳而对其有着较差的判断。QXSZZH 是 QX 学校五五班学生,学习基础不好,考试分数在班级排名靠后,做事行动缓慢,作业拖拉。他爸爸觉得他比较笨,并且使用语言暴力惩罚孩子,经常骂孩子"笨蛋""废物""无用",造成孩子更加自卑与没有信心。亲子沟通质量是父母期望正确性的调节变量,良好的亲子沟通在很大程度上取决于双方在一起的时间。农民工在城市处于社会的底层,这种不利的社会地位使得他们对于自身的命运缺少觉悟,从而把自身没有实现的命运寄托于通过教育改变子女的命运,实现子女向上的社会流动,然而对于其随迁子女实现社会流动的路径又过于不察觉,对随迁子女给予较低的情感能量,从而使得随迁子女在教育系统内难以实现自身的宿命。

(二) 家庭教育中父母威信的失效

在实地调查中,多数农民工家长强调子女的"听话",经常抱怨其子女的"不听话"。子女的"不听话"表明父母在子女眼中没有威信。多数农民工表示,作为家长的父母,威信是天经地义的,他们提供子女吃穿、供应子女读书,子女就应该听话,不听话才是"不应该的"。但是,父母在家庭教育中使用了简单、粗暴、过于严厉的惩罚,或者放纵溺爱等方式,建立的威信是在不正确的基础上建立起来的。多数农民工家长致力于让孩子听从自己,但他们的管教方式又没有教育目的相契合。马卡连柯总结了在家庭教育中父母建立威信的方法,以高压获得威信、以疏远获得威信、以傲慢获得威信、以迂腐获得威信、以说教获得威信、以爱抚获得威信、以慈善获得威信、以友谊获得威信、以馈赠获得威

---

① 高明华:《父母期望的自证预言效应——农民工子女研究》,《社会》2012 年第 4 期。

信。① 从情感能量而言，这几种建立威信的方法，可能传递子女一种负面的能量，尤其是前四种。在高压环境下成长的孩子，父母的威信所发挥的教育作用教会了孩子避开父母的严厉，让孩子撒谎，变为懦弱的人，同时也可能养成孩子的残忍性（寻求报复的快感）。笔者根据实地调查的情况，重点分析高压环境下和馈赠环境下，父母建立威信的方法及其对子女学业表现的影响。

1. 亲子关系过于紧张

部分农民工家长喜欢压制孩子，以粗暴或者简单化的手段来处理孩子的"不听话"，造成孩子与家长沟通的不顺畅，亲子关系紧张。QXSXPH父母描述打孩子的原因，"有一次，星期六早上他就去同学家了，中午也不回来吃饭，到晚上7点才回来，之前也不告诉我们去哪里了，我和他妈一直找不到他，他回来后我就打了他一顿。我打他的原因在于找不到他，我很着急，也不知道他的去向，打孩子也都是孩子逼的。经常不学习，去同学家玩，还在同学家吃中午饭，差不多三四次了（孩子辩解说，只是两次）。我希望孩子去同学家玩之前，先同家长说一声，免得家长担心"②。QXSXPH解释说："我去同学家，还不是因为你把电脑设置了密码，同学玩电脑玩累了的话，我就可以玩一下。如果我和你说了，怕你不同意。我在同学家的时候，以为时间还早，谁知道是看错时间了。"柯林斯认为，强迫性的互动仪式是消耗而不是创造情感能量，是负面情感能量的叠加。③ 父母采用高压的手段要求孩子听话，在短时间内子女表现出听话态度，但从长时间来看，孩子过于听话，变得老实忠厚、懦弱无能。例如SZSHQ，父母过于要求孩子听话，到了初中以后，这个孩子在老师和家长眼中成为"老实"的孩子，甚至到"没有父母陪伴，不敢出去玩"的地步。

2. 过度惩罚孩子，打击了孩子的自信心

"他爸对学习成绩很看重，不会读书的人在他眼里一无是处，学习好，其他方面都算好。他爸要求孩子一定要考上大学，但他认为目前孩

---

① 吴式颖：《马卡连柯教育文集》（下），人民教育出版社1985年版。
② 对QXSXPH及其爸爸的访谈（20140410）。
③ [美]兰德尔·柯林斯：《互动仪式链》，林聚任、王鹏、宋丽君译，商务印书馆2012年版，第204页。

子的成绩连普通高中都考不上。在教他的时候，他爸老是挖苦讽刺孩子，他爸对孩子的要求很高，目前孩子的状态不能令他满意。他没耐心教孩子，越教越不好。如果教孩子一遍教不会的话，他就会不耐烦，弄得孩子都没有自信心。他爸说话很难听，所以我不敢让他教孩子。"① 夫妻在子女教育理念的不一致，引发家庭关系，尤其是亲子关系的不和谐，从而影响子女对自身学业的认知，进而影响子女对自身学业的表现。

3. 家长不良习性的示范效应

在农民工家庭的亲子关系当中，父母往往只关注子女学习上取得的成就，很少关注子女的心理问题，从而忽视了子女健康成长许多方面的教育。大多数农民工与孩子在一起做得最多的事情是做家务、看电视，还有家长很少与子女参与活动。甚至农民工家长有很多不良习性的示范效应，比如 QXSZKW 的父母打麻将，让他带弟弟，并且给孩子太多的零花钱，使得孩子养成了一个不好习性；要求子女好好学习，考到 90 分以上，即使考到 89 分，他们仍然批评孩子。QXSZKW 的母亲出去打麻将把孩子留在家中，没有以身作则，她教育孩子的话在孩子心中没有威信力；其父亲沉溺于电脑游戏，父母没有好的管教方法，影响了子女的学业表现及其行为习惯的形成。再如 QXSXPH 的父亲也承认自己在孩子学习的时候，经常抽烟、玩电脑、看电视，影响了孩子的学习状态。加之父母常因教育孩子方式的意见不同而争吵，父母在孩子心中没有树立起权威的形象。

总之，家长自身文化程度的不足导致他们无法意识到科学教育方式的重要性，也极少采取科学的教育方式来启发子女，对子女的学习成绩产生不良影响。实际上，在子女学习活动的投入作为一种教孩子如何学习而非知识本身的父母参与方式，对孩子的学习生涯具有关键作用。② 这对于子女理解和学习科学文化知识的主要方式有着身体力行的影响，潜移默化地渗透到子女的行为模式中。农民工子女的父母每天为生计奔波，从事的是低技术水平、高劳动强度和超长工时的工作，他们用于维

---

① 对 JZSDF 妈妈的访问（20140427）。
② Yoko Yamamoto and Mary C., Brinton, "Cultural Capital in East Asian Educational System: the Case of Japan", *Sociology of Education*, Vol. 83, No. 1, 2010, pp. 67-83.

持生计的时间挤压了与家人相处的时间。亲子间良好的互动和交流是父母正确感知孩子的前提条件,而亲子沟通的缺乏在很大程度上增加了形成错误感知和期望的可能。

二 学生的被动选择与底层阶级再生产

(一)被动选择——"反正读书不好也可以打工"

SZSHQ 来自于河南息县,父母希望他好好学习,考上高中读大学,找到一份好工作,但是其父母文化不高,工作不稳定,社保中断,使得孩子不能在厦门参加高中入学考试,为这事儿孩子很失望。本来他初二成绩还可以,在班里居于中上游,到了初三上学期期末考试,成绩已经下滑到年段 250 名之外(学校共计 370 多人)。而且在初三的 AB 班教学中,他被分到 B 班(没有升学希望的同学就集中在 B 班上英语和数学课)。对于农民工子女而言,在初中毕业参加中考的时候,命运已经显现,这是他们的被动选择还是主动放弃呢?

JZSCY,今年 15 岁,学习成绩不好,爸爸是包工头,在城里已经买房,妈妈怀孕在家,爸妈希望她能够考上重点高中,然而她对学习没有热情。"目前我这个学习成绩能够考上普通高中就不错了,考上城里高中(重点)希望渺茫。再说,三百六十行,行行出状元,也不一定非得考上大学才有出路,很多人没有读书也可以挣钱。我对自己考大学没有太多的希望,我爸爸工地上的工人大多是读书不好的,反正只要有出路就行了,大家未必都要去考大学。爸妈只是嘴上说要我考上大学,其实他们没有给予我帮助。虽然爸妈天天唠叨我,要我好好学习,要我努力,这些话我听得太多了,根本没把他们的话当回事,你可以说我没有上进心。"①

(二)"想考高中但成绩不好"

就农民工子女而言,高年级要比低年级更加缺乏学习积极性,对前途更加悲观。一个重要原因就在于农民工随迁子女对升学成功的预期较低。高年级比低年级更容易看到升学的制度性瓶颈,一方面,在城市缺

---

① 对 JZSCY 的访谈(20140604)。

少获取优质高中教育资源的机会；另一方面，由于的教材不配套、教学管理不严，回老家考高中升大学也缺乏竞争力。在实地调查中，S中学初三（二）班的部分学生，当他们发现自己英语、物理、数学的基础太差，就地升学无望的时候，多数人都放弃了努力。访谈中，一些学生表示自身学习差考高中无望，老师没有把他们纳入升学对象培养，而把他们放到B层教学小组中，他们意识到老师已经对他们放弃了希望，进而导致自身也主动放弃学习，最终成为家长、老师和自我眼中的"学业失败者"，来自河南息县的SZSHQ、来自湖北黄冈的SZSHF就是个例。SZSHQ是一个初三（二）班的学生，成绩在班级处于下游水平，学习非常刻苦，就是效果不好，由于英语不好被迫进入B班，他觉得老师对于他"考上高中"不抱希望，进而觉得自己太笨，就放弃了努力，导致初三上学期寒假期末考试的时候成绩下滑到年段250名之后（之前属于150名左右）。本来学习十分勤奋，进入B班以后学习也不像以前那样刻苦了。因此对他们而言，升学无望继续留在学校反而觉得有种"天花板效应"，影响着他们的学业宿命。①

（三）暂时的努力与最终的放弃

通过访谈，农民工子女为了取得较好的成绩也会好好努力学习，但是当努力不见成效时，基本都会放弃自己的学业。"我学习不好，爸妈要我考高中上大学，每次成绩下来，我都会认真反思自己的原因，并暗暗发誓要努力学习，把成绩追上来。但是当我到了教室后，认真听课，课下集中精力学习的时候，同学对我感到不可思议，他们就在旁边议论我：ّSZSHF这是怎么了，怎么一下子突然变了。'所以我根本坚持不了几天，这种努力学习的热情就会下降。直到下一次考试考得很糟糕，我又会暗暗地要发奋学习，把成绩追上来，但都坚持不了几天，就会和以前一样。当然我也会私下问父母和老师，如何把成绩追上来，他们很会敷衍我，就说'学习靠自觉吧，没什么技巧和捷径'。"②

---

① 熊易寒：《城市化的孩子：农民工子女的身份生产与政治社会化》，上海世纪出版集团2010年版。

② 对SZSHF的访问（201400915）。

第七章 结论与讨论

第一节 主要结论

农民工家庭在知性和习性方面的弱势地位将会持续地在自身和其随迁子女身上复制,他们对于子女教育缺乏必要的物质基础、精力投入和认知关注,这使得其随迁子女难以从父辈那里"熏陶"和"浸染"到高质量的文化资本,从而造成他们的身心状态为学校文化所排斥和贬低,这使得农民工子女难以通过教育向上流动,从而以拒绝知识的形式放弃了学业,也因此完成了作为底层的社会再生产。那么在农民工子女的教育过程中,农民工家庭能够传递怎样的文化资本?农民工所传授的家庭文化资本对于孩子的学业表现有哪些影响?哪种的家庭文化资本与学校文化具有亲和性。哪种家庭的文化资本又与学校文化相悖离?这种家庭文化资本与学校文化的亲和与背离关系,对于农民工子女的学业资本积累具有怎样的影响?这背后的型塑因素有哪些?其作用机制对农民工子女的社会流动又会产生怎样的影响?本书选择厦门市同安区 XC 小学、湖里区 GX 小学、集美区 QX 小学,JZ 中学、SZ 中学等公立学校中农民工随迁子女为研究对象,以实地调查的方式分析和研究农民工子女的学业表现状况,借鉴再生产理论、互动仪式链和抵制理论,分析农民工子女的学业表现与其家庭的文化资本与其社会阶层地位所存在的对应关系,揭示教育领域的文化资本再生产的机制和文化资本流动的过程。

一 研究发现

1. 家庭文化资本对子女学业表现的影响是一个双向互动的过程,是在家庭生活的潜移默化下实现的。农民工家长对子女的学习期望会通过语言暗示传达给子女——"你要好好学习,爸妈打工很辛苦,要懂事""某家的女儿考上了重点大学,你要向她学习"等,以此影响子女的学业态度。这种期待和暗示在长期的生活积累中深入子女的情感,对他们树立学习目标、承担学习压力、渴望成功会产生较大的影响。家庭文化资本的三种形态的相互作用。身体化家庭文化资本借助客体化的文化资本发挥作用,客体化家庭文化资本又支撑着身体化文化资本的积累和更新,制度化的文化资本要外化到身体化家庭文化资本中才能发挥作用,家庭文化资本的最终更新体现在制度化的文化资本上,子女学业的发展会给家庭带来文凭的更新。农民工子女的道德观念、价值体系和文化素养在很大程度上受到父母的影响,家庭文化资本对学业表现的影响表现两个方面:其一是子女"继承"家庭文化资本,三种文化形态高度统一,共同发挥着正向作用,如家庭受教育程度高,对子女的学业表现也较好;又如父母学历较高,家里经济条件较好,具有丰富的藏书、电脑等学习用品,父母非常注意子女早期的教育和特长的发掘,经常参加亲子活动,与子女交流和谈心,家里学习氛围浓厚,子女成绩自然优异。可见,出身优越家庭的子女从小就习得了学校和社会承认(或者获得合法性)的品位、学习性情、艺术细胞等,从而在学业表现中占据优势地位。其二是子女"移入"家庭文化资本,即对三种文化形态的高度运用和发挥,表现为"寒门贵子"在"知识改变命运"的学习信念下,克服家庭文化资本的不利因素,努力刻苦,珍惜机会以积累大量的文化资本,在学业表现方面走在前列。当然,多数农民工随迁子女不能克服家庭文化资本匮乏的不利影响,在其教育过程中得到的多是负面的情感能量,最终影响了其学业表现。家庭传递的文化资本令其处于学业发展的不利地位,表现为学习习惯差、不够聪明灵活、行为习惯和卫生习惯较差,多数孩子上课讲话、好动、发呆走神,他们遵守学校纪律的情况较差,在学校文化适应方面存在偏差。

2. 农民工随迁子女的学业表现与家庭文化资本之间的对应关系隐藏着教育过程中的一整套机制和策略。学校代表城市主流文化,农民工子女在话语表达和语言技能上处于劣势,学校的课程知识突出了农民工子女在学校教育中文化资本的缺失,造成他们在学校生活中的被动、落后境况。学校文化对农民工子女学生家庭文化资本缺失的强化,建构了农民工子女低素质的底层文化，影响农民工随迁子女的学业表现。正是学校教育以所谓"学业成绩"为标尺，教师不断地形塑着学生的心智，从而影响学生的自我意识、学习质量乃至个性特征，最后造成了农民工随迁子女学业发展处于不利地位，使得他们在进一步接受教育中被筛选、分流与淘汰，或进入普通高中，或进入职业学校，或进入劳动力市场成为"农民工二代"，抑或转回家乡学校，从而接受教育系统赋予他们的教育身份与社会地位。有些农民工子女以拒绝知识的形式放弃了学业，也因此完成了作为底层的社会再生产。通过这些机制与策略，教育在一定程度上再生产了现存的社会阶层关系。表面看来，农民工随迁子女学业发展的阶层固化现象源于农民工随迁子女的低学业成绩，导致他们进入教育系统的普高、职高抑或无法升学而进入劳动力市场，实质上是在家庭文化资本向子女文化资本的传递中，以学校文化为载体的阶层再生产过程。

  3. 家庭文化资本与学校文化的亲和性与背离性影响了农民工子女的文化资本继承或移入，进而影响了子女的学业表现。少数农民工步入城市中产阶层，这部分农民工家庭在子女教育方面能够密切配合学校，与学校教师沟通顺畅，并且能够传授子女为人处世的准则和人际交往的技能，积极主动参与子女的教育过程，对子女形成合理的教育信念和期待，这有利于形塑子女的学业志向、培养子女语言表达能力和人际交往能力，形成孩子良好的习性，从而被学校认可，也将家庭文化资本转化子女的学业的文化资本，使得其子女的学业表现能够适应学校学业规训的要求。反之，大多数底层农民工家庭经济压力大，因生计压力大导致其没有精力投入家校合作和子女的教育参与，无法营造与学校学业强化相一致的家庭文化氛围，表现为家庭文化资本与学校文化的背离，进而造成了家庭文化资本向子女学业资本转化的失败。在这一过程中，城市公立学校教师对农民工家长存在一些刻板印象：家长对孩子学习的事情不上心；把责任推给学校和老师；家长没有树立榜样力量；在乎孩子的学习成绩而忽视其综合素质的培养……这些将农民工随迁子女置于城市学校系统的不利地位，从而影响了老师对农民工家长及其随迁子女的评价，使得农民工对其子女的学业认识停留在老师的刻板印象中，甚至产生了一些误识，这些误识被他们内化为惯习，以教育惯习的形式表现出来。农民工在教师的刻板印象下，对于其子女投入了较低等级的情感能量，即父母每天为生活而奔波，他们用于维持生计的时间挤压了与子女相处的时间，导致他们对孩子的了解仅仅在于"作业做了吗"和对考试成绩的关注，这些表面的互动，导致农民工子女有一种应对机制"做了"和"还可以"，其实农民工本身也希望这样一种回答，因为他们没有太多的精力、能力和其他物质投入在子女教育上，对孩子完成作业的过程和学业表现整体情况知之甚少，这样就会给孩子传递一种信息——家长是比较容易应付的。农民工家长对于孩子的学业情况缺乏了解，或忽略，或对于子女教育的低预期，家长的这些心态对于孩子学业的评判影响了孩子学习的主动性、积极性，导致孩子从小就学会了对家长撒谎，没有养成良好的学习习惯。这种情况的恶性循环，影响了他们的考试成绩和在校行为规范等表现，这实质上也是农民工家长对子女教育低预期的自我实现预言效应。家庭文化资本再生产导致农民工随迁子女学业表现失败，即文化资本的欠缺成为孩子学业失败的同谋。首先，父母对子女低预期的自我预言，从而使子女加重了天生学业表现差的感觉；其次，父母没有意识到子女的学业表现与家庭的氛围有关，实际上，子女的学业表现是可以通过家庭和学校教育行动来改变的；处于底层社会的家庭对自身命运过于悲观，尽管寄希望于子女身上，盼望其以此来改变命运，但是又没有重视对子女的家庭教育，或者不知道采取何种途径来提升子女的学业表现，从而促使底层文化再生产命运的实现。再则，在学习成绩不理想时，农民工随迁子女遭遇老师的刻板印象及家长较低的教育期待，他们质疑"知识改变命运"的信念，被迫放弃学业的努力，从而以自甘堕落的形式拒绝知识，从而实现底层的阶级再生产。

第二节　需要进一步讨论的问题

一　研究不足

文化资本与学业表现的问题一直是教育分层研究的一个重要议题，这涉及两层意思：其一，家庭文化资本与学业发展的关系；其二，文化资本与阶层地位的关系。这两个层面问题的研究交融在一起，本书集中讨论了前者，即重点将家庭文化资本作为影响学业表现的条件，从而将研究焦点放在家庭文化资本如何通过家庭和学校影响学生的学业发展方面。从再生产的视角，农民工子女教育过程中的文化资本继承现象；从互动仪式链关注农民工子女的教育中的情感能量分配问题，并从规训与抵制理论中探索农民工子女教育的主体性；从家庭文化资本和情感能量的角度看到农民工的阶层分化，因而能够发现家庭文化资本与学校文化的亲和与背离影响着子女学业表现，从而揭示了农民工随迁子女教育过程的文化资本继承和文化资本移入的机制。但是，农民工子女教育是一个复杂而漫长的过程，其面临诸多因素的影响和制约。除了文化资本因素之外，还受经济资本、社会资本以及教育发展的制度化干预的影响和制约，本书没有将这些因素纳入研究范围，也是有待于进一步研究的领域。

二 研究展望

对于文化资本与学业表现的研究，着眼于农民工家庭文化资本与学校文化的亲和与背离来解释教育成就的不平等，这里隐含的预设是存在城乡二元社会结构的对立，也即城乡文化的冲突。农民工从农村社会携带的乡土文化，在子女教育中传输的家庭文化资本被学校文化所贬低和排斥，造成了子女学业发展的张力，这一现实基于从一个沿海发达城市的研究。除了城乡文化、阶层文化的影响之外，性别之间、民族之间、地域之间的文化差异和冲突也可能会影响子女学业发展，这些领域需要在今后的研究之中进一步拓展，深化对性别文化资本、民族文化资本以及地域文化资本对学业发展影响的研究。

本书选择了农民工子女义务教育阶段进行研究，选取了三所公立小学和两所中学。从教育阶段来看，义务教育仅仅是教育过程中的一个阶段，教育包含着更长时间段的过程和更多样的形式，对学业表现关注的研究理应贯穿教育的整个过程。农民工子女义务教育结束后的弱势地位该如何突破呢？笔者注意到一些家长在子女读初一下学期的时候，就将子女转回家乡的寄宿学校就读，这些寄宿学校多为私立学校，以封闭式管理、教育质量好、升学率高出名，因而成为农民工子女继续升高中上大学的首选。本书没有对这些转回家乡的寄宿学校的农民工子女教育继续跟踪研究，如何拓展和深化家庭文化资本与农民工子女学业表现的研究，成为笔者今后将继续关注的议题。如有精力、时间和机会，笔者将会深入关注这个问题，将本书的结论进一步拓展。

参考文献

一　中文论著

（一）著作类

《辞海》，上海辞书出版社1979年版。

艾琼:《从乡野的主人到城市的边缘人——一项进城民工子女教育的人种志研究》，载丁钢主编《中国教育：研究与评论》，教育科学出版社2005年版。

包亚明:《文化资本与社会炼金术——布尔迪厄访谈录》，上海人民出版社1997年版。

蔡禾:《城市社会学》，人民出版社2011年版。

池瑾:《观念决定成长——中国城市与农村家庭教育的背景差异》，甘肃教育出版社2008年版。

费孝通:《乡十中国　生育制度》，北京大学出版社2007年版。

费孝通:《乡土中国　生育制度》，北京大学出版社1998年版。

风笑天:《社会学研究方法》，中国人民大学出版社2005年第2版。

韩世强:《农民工随迁子女的权利保障研究》，法律出版社2012年版。

何东昌主编:《中华人民共和国重要教育文献》，海南出版社1998年版。

胡春光:《教育与抗拒：教育社会学视野中的学校生活》，华中师范大学出版社2011年版。

江波:《文化支持：农民工子女融入城市文化的研究》，苏州大学出版社2012年版。

李淼:《城乡二元结构下的基础教育公平问题》，中国社会科学出版社2012年版。

李书磊：《村落中的"国家"——文化变迁中的乡村学校》，浙江人民出版社1999年版。

梁漱溟：《乡村建设理论》，世纪出版集团、上海人民出版社2011年第2版。

林宇：《家庭文化资本与农民工子女成就动机内驱力》，厦门大学出版社2011年版。

刘少杰：《国外社会学理论》，高等教育出版社2006年版。

刘拥华：《布迪厄的终生问题》，上海三联书店2009年版。

柳夕浪：《课堂教学临床指导》，人民教育出版社1998年版。

缪建东：《家庭教育社会学》，南京师范大学出版社1999年版。

农业部农村经济研究中心编：《中国农村研究报告》，中国财政经济出版社2002年版。

邱天助：《布尔迪厄文化再造理论》，桂冠图书股份有限公司2002年版。

石艳：《我们的"异托邦"——学校空间社会学研究》，南京师范大学出版社2009年版。

史柏年：《城市边缘人——进城农民工家庭及其子女问题研究》，社会科学文献出版社2005年版。

宋林飞：《西方社会学理论》，南京大学出版社1997年版。

田慧生、李如密：《教学论》，教育科学出版社2001年版。

王春光：《农民工群体的社会流动》，载陆学艺《当代中国社会流动》，社会科学文献出版社2004年版。

王俊祥、王洪春：《中国流民史》（现代卷），安徽人民出版社2001年版。

王毅杰、高燕：《农民工子女与城市社会融合》，社会科学文献出版社2010年版。

吴康宁：《教育社会学》，人民教育出版社1998年版。

吴式颖：《马卡连柯教育文集》（下），人民教育出版社1985版。

熊易寒：《城市化的孩子：农民工子女的身份生产与政治社会化》，上海世纪出版集团2010年。

晏阳初：《平民教育概论》，高等教育出版社2010年版。

杨昌勇、郑淮：《教育社会学》，广东人民出版社2005年版。

杨继绳：《中国当代社会阶层分析》，江西高校出版社2013年版。

余秀兰：《中国教育的城乡差异——一种文化再生产现象的分析》，教育科学出版社2004年版。

张人杰：《国外教育社会学基本文选》，华东师范大学出版社1989年版。

赵树凯：《农民的新命》，商务印书馆2012年版。

中央教育科学研究所比较教育研究室：《简明国际教育百科全书·人的发展》，教育科学出版社1989年版。

钟水映：《中国人口流动与社会经济发展》，武汉大学出版社2000年版。

庄孔韶：《教育人类学》，黑龙江教育出版社1989年版。

（二）译著类

［德］卡尔·马克思：《资本论》第1卷，人民出版社1975年版。

［法］布迪厄：《实践感》，译林出版社2012年版。

［法］布迪厄、帕斯隆：《继承人——大学生与文化》，邢克超译，商务印书馆2002年版。

［法］布迪厄、帕斯隆：《再生产——一种教育系统理论的要点》，邢克超译，商务印书馆2002年版。

［法］布尔迪厄：《国家精英——名牌大学与群体精神》，杨亚平译，商务印书馆2004年版。

［法］米歇尔·福柯：《规训与惩罚》，刘北成、杨远婴译，生活·读书·新知三联书店1999年版。

［法］皮埃尔·布迪厄：《教育体制与思想体系》，载麦克·扬主编《知识与控制——教育社会学新探》，谢维和、朱旭东译，华东师范大学出版社2002年版。

［法］皮埃尔·布迪厄：《言语意味着什么——语言交换的经济》，褚思真、刘晖译，商务印书馆2005年版。

［美］安妮特·拉鲁（Annette Lareau）：《不平等的童年》（中译本），北京大学出版社2010年版。

［美］鲍尔斯、金蒂斯：《美国：美国经济生活与教育改革》，王佩雄等译，上海教育出版社1990年版。

［美］布迪厄、华康德：《实践与反思——反思社会学导引》（中译本），中央编译局出版社2004年版。

［美］查尔斯·霍顿·库利：《人类本性与社会秩序》，华夏出版社 1989 年版。

［美］戴维·斯沃茨：《文化与权力——布尔迪厄的社会学》（中译本），上海译文出版社 2011 年版。

［美］华康德：《解读布迪厄的"资本"概念》，载苏国勋、刘小枫《社会理论的政治分化》，上海三联书店、华东师范大学出版社 2005 年版。

［美］兰德尔·柯林斯：《互动仪式链》，林聚任、王鹏、宋丽君译，商务印书馆 2012 年版。

［美］雷芒德·M. 纳卡穆拉（Raymand M. Nakamura）、王建平：《健康班级管理：激发交流和纪律》，中国轻工业出版社 2002 年版。

［美］马尔科姆：《现代社会学理论》，华夏出版社 2000 年版。

［美］迈克尔·M. 阿普尔：《教育与权力》（第二版），华东师范大学出版社 2008 年版。

［美］迈克尔·M. 阿普尔：《意识形态与课程》，黄忠敬译，华东师范大学出版社 2001 年版。

［美］麦克·F. D. 扬，《知识与控制——教育社会学新探》，华东师范大学出版社 2002 年版。

［美］麦克·布洛维：《公共社会学》，社会科学文献出版社 2007 年版。

［美］诺曼·K. 邓津、伊冯娜·S. 林肯：《定性研究：方法论基础》，风笑天等译，重庆大学出版社 2007 年版。

［美］欧文·戈夫曼：《日常生活中的自我呈现》，冯钢译，北京大学出版社 2008 年版。

［美］伊万·伊里奇：《非学校化社会》，吴康宁译，桂冠图书股份有限公司 1992 年版。

［美］戴维·英格利斯：《文化与日常生活》，张秋月、周雷亚译，中央编译出版社 2010 年版。

［美］乔纳森·特纳：《社会学理论的结构》（中译本，上册），华夏出版社 2001 年版。

［美］威尔逊、威廉·朱利叶斯：《真正的穷人——内城区、底层阶级和公共政策》，成伯清等译，上海人民出版社 2007 年版。

［英］保罗·威利斯：《学做工——工人阶级子弟为何子承父业》，秘舒、

凌旻华译，译林出版社 2013 年版。

［英］约翰·费斯克：《理解大众文化》，宋伟杰译，中央编译出版社 2001 年版。

［法］涂尔干：《教育及其性质与作用》，载张人杰，《国外教育社会学基本文选》，华东师范大学出版社 1989 年版。

［法］涂尔干、莫斯：《原始分类》，汲喆译，渠东校，上海世纪出版集团、上海人民出版社 2005 年版。

（三）论文类

柏骏：《农民身份——个社会学研究的视角》，《唯实》2003 年第 12 期。

蔡昉：《以农民工市民化推进城镇化》，《经济研究》2013 年第 3 期。

车辉：《农民工随迁子女就读难凸现》，《工人日报》2009 年 12 月 3 日。

陈映芳：《"农民工"：制度安排与身份认同》，《社会学研究》2005 年第 3 期。

程仙平：《城乡文化差异与城市农民工子女学校融入问题探析》，《教育理论与实践》2011 年第 12 期。

邓志强：《青年的阶层固化："二代们"的社会流动》，《中国青年研究》2013 年第 6 期。

方长春、风笑天：《家庭背景与学业成就——义务教育中的阶层差异研究》，《浙江社会科学》2008 年第 8 期。

冯金兰：《流动儿童学业成绩及其影响因素分析——以南京市 SZ 中学为例》，硕士学位论文，南京师范大学，2011 年。

高虹远：《文化资本与地位获得对浙江某市私营企业主子女上向流动的个案分析》，《社会》2007 年第 1 期。

高明华：《父母期望的自证预言效应——农民工子女研究》，《社会》2012 年第 4 期。

高明华：《教育不平等的身心机制及干预策略——以农民工子女为例》，《中国社会科学》2013 年第 4 期。

顾辉：《教育：社会阶层再生产的预演——一项对 H 市两所高中的研究》，博士学位论文，上海大学，2011 年。

韩长赋：《中国农民工发展趋势与展望》，《经济研究》2006 年第 12 期。

韩嘉玲：《北京市流动儿童义务教育状况调查报告（续）》，《青年研究》2001年第9期。

洪岩璧、钱民辉：《中国社会分层与教育公平：一个文献综述》，《中国农业大学学报》（社会科学版）2008年第4期。

胡现岭：《农村青年社会流动方式之变迁（1978—2010）》，《中国青年研究》2013年第10期。

黄河清：《家庭教育与学校教育的比较研究》，《华东师范大学学报》（教育科学版）2002年第2期。

霍霖霞：《天津市流动人口子女家庭教育问题分析及指导策略研究》，硕士学位论文，天津师范大学，2007年。

纪德奎、秦弦：《课堂隐性文化的内涵、类型与特点》，《当代教育与文化》2012年第2期。

金志成、隋洁：《学习困难学生认知加工机制的研究》，《心理学报》1999年第1期。

柯进：《流动人口子女如何融入城市》，《中国教育报》（第二版）2010年12月13日。

劳动保障部课题组：《关于农民工情况的研究报告之三：农民工就业服务和培训问题分析及对策建议》，《中国劳动保障报》2005年9月1日。

李菲：《流动儿童逾2700万》，《新华每日电讯》2010年11月21日。

李红婷：《农民工子女低学业成绩的人类学阐释——A市农民工子女学业成绩的现状调查与归因分析》，《湖南师范大学教育科学学报》2008年第3期。

李培林、李炜：《农民工在中国转型中的经济地位和社会态度》，《社会学研究》2007年第3期。

李强：《中国城市农民工劳动力市场研究》，《学海》2001年第1期。

李强：《中国大陆城市农民工的职业流动》，《社会学研究》1999年第3期。

李涛、邬志辉：《"乡土中国"中的新"读书无用论"——基于社会分层视角下的雍村调查》，《探索与争鸣》2015年第6期。

李煜：《文化资本、文化多样性与社会网络资本》，《社会学研究》2001

年第 4 期。

林存华、郁琴芳:《家庭传统文化与师生文化冲突》,《当代教育科学》2011 年第 6 期。

刘精明:《中国基础教育领域中的机会不平等及其变化》,《中国社会科学》2008 年第 5 期。

刘谦等:《迟疑的"大学梦"——对北京随迁子女教育愿望的人类学分析》,《教育研究》2015 年第 1 期。

刘谦等:《家庭教育与学校教育互动的文化机理初探——基于对北京市农民工随迁子女教育活动的田野观察》,《教育研究》2012 年第 7 期。

刘思华:《马克思再生产理论与可持续经济发展》,《马克思主义研究》1999 年第 3 期。

刘拥华:《从二元论到二重性:布迪厄社会观理论研究》,《社会》2009 年第 3 期。

吕鹏:《生产底层与底层的再生产——从保罗·威利斯的〈学做工〉谈起》,《社会学研究》2006 年第 2 期。

罗云:《城市公立学校中的流动人口子女教育:区别还是融合》,《教育发展研究》2011 年第 8 期。

秦洁:《农民工子女学校融入困境解析——基于文化资本的视角》,《基础教育》2009 年第 12 期。

邵书龙:《国家、教育分层与农民工子女社会流动:Contain 机制下的阶层再生产》,《青年研究》2010 年第 3 期。

邵秀娟:《符号塑造:进城农民工子女学习困难问题研究》,硕士学位论文,安徽师范大学,2010 年。

沈茹:《城市农民工子女家庭教育问题及对策》,《中国农业大学学报》(社会科学版) 2006 年第 3 期。

石长慧:《文化适应与社会排斥——流动少年的城市融入研究》,《青年研究》2012 年第 4 期。

孙立平:《资源重新聚集背景下的底层社会形成》,《战略与管理》2002 年第 1 期。

孙文中:《从文化资本角度看农民工子女家庭教育的缺失——基于闽南地区的实地调查》,《海南师范大学学报》(社会科学版) 2013 年第

5期。

孙小红:《从文化资本到符号暴力——谈布迪厄的教育观》,淮南师范学院学报 2004 年第 6 期。

孙银莲:《论家庭文化资本对学生成长的影响》,《湖南师范大学教育科学学报》2006 年第 4 期。

孙中伟:《中国社会的"农民工化":"民工体制"与"农民工学"——基于广州市农民工子弟学校教师的案例研究》,《社会学评论》2013 年第 4 期。

滕星,《西方少数民族学生学业成就归因理论综述》,《湖北民族学院学报》(哲学社会科学版) 2004 年第 2 期。

汪恭敬、王守恒、姚运标:《文化资本视角下推进农民工随迁子女教育公平的策略》,《中国电力教育》2009 年第 2 期。

王春光:《知识还能改变命运吗——教育对推动阶层结构合理化的意义谈讨》,《人民论坛》2014 年第 2 期。

王春光:《中国社会政策调整与农民工城市融入》,《探索与争鸣》2011 年第 5 期。

王洪兰:《家庭文化资本的传承研究》,硕士学位论文,华中科技大学,2006 年。

王后雄:《从社会学视角看弱势群体"差生群"生成原因及对策》,《教育科学》2005 年第 5 期。

王鸥:《文化排斥:学校教育进行底层社会再生产的机制——基于武汉 G 中学的实证研究》,硕士学位论文,华中科技大学,2011 年。

王小红:《基于教育社会分层视角的农村学生社会流动与教育选择》,《中国农业大学学报》(社会科学版) 2013 年第 4 期。

王小章:《从"生存"到"承认":公民权视野下的农民工问题》,《社会学研究》2009 年第 1 期。

王晓阳:《国外关于不同阶层家庭教养方式的研究》,《北京师范大学学报》(社会科学版) 1993 年第 5 期。

王艳霞:《家庭文化资本对子女学业成就的影响》,《当代教育论坛》2007 年第 8 期。

王毅杰、刘海健:《家庭背景与流动儿童的留城意愿》,《南方人口》

2008年第4期。

王中华:《浅谈校长如何引领校园文化建设:以吉首大学师范学院附属小学为个案》,《当代教育论坛》2008年第5期。

文军:《农民市民化:从农民到市民的角色》,《华东师范大学学报》(哲学社会科学版)2004年第3期。

吴明清:《K市公办中学农民工子女学业现状调查》,硕士学位论文,华东师范大学,2009年。

熊春文:《"文字上移":20世纪90年代末以来中国乡村教育的新趋向》,《社会学研究》2009年第5期。

熊易寒:《底层、学校与阶级再生产》,《开放时代》2010年第1期。

熊易寒、杨肖光:《学校类型对农民工子女价值观与行为模式的影响——基于上海的实证研究》,《青年研究》2012年第1期。

修路遥、高燕:《流动儿童教育公平问题的社会学分析》,《河海大学学报》2011年第3期。

徐丽敏:《农民工随迁子女教育融入研究:一个发展主义的研究框架》,博士学位论文,南开大学,2009年。

杨娜:《社会排斥与农民工子女的教育公平》,《法学杂志》2010年第1期。

杨巧玲:《城市公立中小学农民工子女的身份文化差异与重塑——基于青岛市Y小学的个案研究》,《教育与教学研究》2014年第4期。

杨永贵,邓江年:《家庭化流动对农民工城市消费的影响效应研究》,《现代经济探讨》2017年第9期。

姚运标等:《编码视角下的进城农民工子女学业成绩不良原因之探析》,《教育科学研究》2011年第1期。

尹志超:《辍学现象的三个转变:农村中学教育中的新问题——基于鲁东南J镇的调查》,《学理论》2010年第13期。

余秀兰:《文化再生产:我国教育的城乡差距探析》,《华东师范大学学报》(教育科学版)2006年第2期。

曾焕平:《农民工子女义务教育阶段教育公平的实证研究——以厦门市湖里中学为例》,硕士学位论文,华中农业大学,2010年。

曾守锤:《流动儿童父母的教养方式及其对干预的启示意义》,《教育导刊》2009 年第 5 期。

张谌：《布迪厄的文化再生产理论研究——基于教育系统的视角》，硕士学位论文，东北财经大学，2012 年。

张小飞、郑小梅：《城市化进程中城乡文化的冲突与融合》，《人民论坛》2012 年第 27 期。

张亚梅、王丽琴：《学校文化与社会文化的隔离与架构》，《教育理论与实验》2001 年第 1 期。

张翼、周小刚：《我国流动人口子女受教育状况调查报告》，《调研世界》2012 年第 1 期。

中国农民工问题研究总报告起草组：《中国农民工问题研究总报告》，《改革》2006 年第 5 期。

周潇：《反学校文化与阶级再生产："小子"与"子弟"之比较》，《社会》2011 年第 5 期。

周潇：《劳动力更替的低成本组织模式与阶级再生产——一项关于流动/留守儿童的实地研究》，博士学位论文，中国社会科学院研究生院，2011 年。

周序：《文化资本与学业成绩——农民工家庭文化资本对子女学业成绩的影响》，《国家教育行政学院学报》2007 年第 2 期。

朱孔德：《谈小学数学教育的核心内容》，《小学时代（教育研究）》2015 年第 1 期。

朱伟珏：《"资本"的一种非经济学解读——布迪厄"文化资本"概念》，《社会科学》2005 年第 6 期。

二　英文论著

（一）英文著作

Bemstein, B., *Class, Codes and Control*, London: Routledge & Kegan, 1975.

Bermstein, B., *Social Class, Language and Socialization*, In Karbel & Halsey (eds.), *Power and Ideology in Education*, NY: Oxford Press, 1977.

Bourdieu, Pierre & Passeron J., *Reproduction: In Education, Society and*

Culture, London: Sage Publications, 1977.

Bourdieu, Pierre, *Cultural Reproduction and Social Reproduction*: in R. Brown Knowledge, Education, and Cultural Change, London: Tavistock, 1973.

Bourdieu, Pierre, *The Forms of Capital*, in John Richardson (eds.), Handbook of Theory and Research for the Sociology of Culture, New York: Greenwood Press. 1986.

Clark, Reginald M., *Family Life and School Achievement: Why Poor Black Chlidren Succeed or Fail*, Chicago: The University of Chicago Press.

Coleman, J. S., *Equality of Educational Opportunity*, Washington: National Centre for Educational Statisticas, 1966.

Crozier, G., *Parents and Schools: Partners or Protagonists?* Stoke on Trent: Trentham Books, 2000.

Goodson, I. F., *Studying Teacher's Lives*, London: Routledge, 1992.

Jenks, Chris, *Cultural Reproduction*, London: Routledge and Kegan Paul, 1993.

Lareau, Annette, *Home Advantage: Social Class and Parental Intervention in Elementary Education*, second edition, Lanham, MD: Rowman & Littlefield, 2000.

Lareau, Annette, *Unequal Childhoods Class, Race, and Family Life*, Berkeley: University of California Press, 2003.

Manuel Castells, *The Econmic Crisis and American Society*, Princeton: Princeton University Press, 1980.

Pierre Bourdieu and Jean-Claude Passeron, *Reproduction in Education*, in Richard Nice (ed.), Society and Culture, London: Sage Publications, 1990.

Pierre Bourdieu and Jean-Claude Passeron, *Reproduction in Education*, in Richard Nice (ed.), Society and Culture, London: Sage Publications, 1990.

Randall Collins, *Theoretical Sociology*, Harcourt Brace Jovanovich Publishers, 1988.

Solinger, Dorothy J., *Contesting Citizenship in Urban China: Peasant Mi-*

grants, the State, and the Logic of the Marker, Berkeley: University of California Press, 1999,

Wright L., Watson W. L., Bell J. M., *Beliefs: The Heart of Healing in Families and Illness*, New York: Basic Books, 1996.

(二) 英文论文

Alice Sullivan, "Cultural Capital and Education Attainment", *Sociology*, No. 4, 2011.

Birgit Becker, "The Transfer of Cultural Knowledge in the Early Childhood: Social and the Mediating Role of Familial Activities", *European Sociological Review*, Vol. 26, No. 1, 2010.

Bourdieu P., "What Makes a Social Class? On the Theoretical and Practical Exisitence of Groups", *Berkeley Journal of Sociology*, 1987.

Cheung, Sin Yi and Robert Andersen, "Time to Read: Family Resources and Educational Outcomes in Britain", *Journal of Comparative Family Studies*, No. 34, 2003.

C. Rosen and R. D. Andrade, "The Psychological Origins of Achievement Motivation", *Sociometry*, Vol. 22, No. 3, 1959.

Dauber, S. L., Alexander K. L. & Entwisle D. R., "Tracking and Transitions Through the Middle Grades: Channeling Educational Trajectories", *Sociology of Education*, Vol. 69, No. 4, 1996.

De Graaf, Paul M., "The Impact of Financial and Cultural Resources on Educational Attainment in the Netherlands", *Sociology of Education*, 1986.

De Graaf, Paul M. and Harry B. G. Ganzeboom, "Family Background and Educational Attainment in the Netherlands for the 1891 - 1960 Birth Cohorts", in Yossi Shavit and Hans-Peter Blossfeld (eds.), *Persistent inequalities: A Comparative Study of Educational Attainment in Thirteen Countries*, Boulder Co: Westview Press, 1993.

De Graaf, "Cultural Reproduction and Educational Stratification", in B. F. M. Bakker, J. Dronkers, and G. W. Meijnen Nijmegen (eds.), *Educational Opportunities in the Welfare State: Longitudinal Studies in Education-*

al and *Occupational Attainment in the Netherlands*, the Netherlands: ITS, 1989.

DiMaggio, Paul and John Mohr, "Cultural Capital, Educational Attainment, and Marital Selection", *American Journal of Sociology*, No. 90, 1985.

DiMaggio, Paul, "Cultural Capital and School Success: The Impact of Status Culture Participation on the Grade of U. S. High School Students", *American Sociological Review*, No. 47, 1982.

Downey, Douglas B. , "When Bigger is not Better: Family Size, Parental Resources and Children's Educational Performance", *American Sociological Review*, 1995.

Dumais, Susan A. , "Early Childhood Cultural Capital, Parental Habitus, and Teachers' Perceptions", *Poetics*, No. 34, 2006.

Dumais, S. A. , "Cultural Capital, Gender, and School Success: The Role of Habitus", *Sociology of Education*, Vol. 75, No. 1, 2002.

Dumais, S. A. , "Early Childhood Cultural Capital, Parental Habitus, and Teachers' Perceptions", *Poetics*, 2006.

Entwisle, D. R. , Alexander, K. L. & Olson, L. S. , "First Grade and Educational Attainment by Age 22: A New Story", *American Journal of Sociology*, Vol. 110, No. 5, 2005.

Evans, M. D. R. , Jonathan Kelley, Joanna Sikora, and Donald J. Treiman, "Family Scholarly Culture and Educational Success: Books and Schooling in 27 Nations", *Research in Social Stratification and Mobility*, Vol. 28, 2010.

Jean-marc Falter, Parental Background, "Upper Secondary Transitions and Schooling Inequality in Switzerland", *Swiss Journal of Sociology*, Vol. 38, No. 2, 2012.

Jeremy Redford, Jennifer A. Johnson and Julie Honnold, "Parenting Practices, Cultural Capital and Educational Outcomes: The Effects of Concerted Cultivation on Academic Achievement", *Race, Gender & Class*, Vol. 16, No. 1/2, 2009.

John Katsillis and Richard Rubinson, "Cultural Capital, Student Achievement, and Educational Reproduction: The Case of Greece", *American Soci-*

ological Review, Vol. 55, No. 2, April, 1990.

Jung-Sook Lee and Natasha K. Bowen, "Parent Involvement, Cultural Capital, and the Achievement Gap among Elementary School Children", *American Educational Research*, Vol. 43, No. 2, Summer, 2006.

Kohn M. L., "Social Class and Parent-child Relationships: An Interpretation", *American Journal of Sociology*, 1963.

Lareau, Annette and Erin Mc Namara Horvat, "Moments of Social Inclusion and Exclusion. Race, Class, and Cultural Capital on Family-school Relationships", *Sociology of Education*, 1999.

Lareau, Annette Elliot B. Weininger, David L. Swartz, and Vera L. Zolberg, "Cultural Capital in Educational Research: A Critical Assessment", in After Bourdieu (eds.), *Influence, Critique, Elaboration*, Dordrecht: Kluwer Academic Publishers, 2004.

Lareau, Annette, "Social Class Differences in Family-School Relationships: The Importance of Cultural Capital", *Sociology of Education*, Vol. 60, No. 2, 1987.

Leticia Marteleto and Fernando Andrade, "The Educational Achievement of Brazilian Adolescents: Cultural Capital and the Interaction between Families and Schools", *Sociology of Education*, Vol. 87, No. 1, 2013.

Loizos Symeou, "Cultural Capital and Family Involvement in Children's Education: Tales from Two Primary Schools in Cyprus", *British Journal of Sociology of Education*, Vol. 28, No. 4, July, 2007.

Mads Meier Jager, "Does Cultural Capital Really Affect Academic Achievement? New Evidence from Combined Sibling and Panel Data", *Sociology of Education*, Vol. 84, No. 4, October, 2011.

Mlickclson, R. A., "The Attitude—Achievement Paradox among Black Adolescents", *Sociology of Education*, 1990.

Moskal, M. "Polish Migrant Youth in Scottish Schools: Conflicted Identity and Family Capital", *Journal of Youth Studies*, No. 2, 2013.

Nan Dirk De Graaf, Paul M. De Graaf and Gerbert Kraaykamp, "Parental Cultural Capital and Educational Attainment in the Netherlands: A Refinement of the Cultural Capital Perspective", *Sociology of Education*, Vol. 73, No. 2, April, 2000.

Robinson, R. and M. Garnier, "Class Reproduction among Men and Women in France: Reproduction Theory on Its Home Ground", *American Journal of Sociology*, 1985.

Soo-yong Byun, Evan Schofer and Kyung-keun Kim, "Revisiting the Role of Cultural Capital in East Asian Educational Systems: The Case of South Korea", *Sociology of Education*, Vol. 85, No. 3, July, 2012.

Sullivan, Alice, "Cultural Capital and Educational Attainment", *Sociology*, 2001.

Wildhagen, Tina, "Why Does Cultural Capital Matter for High School Performance? An Empirical Assessment of Teacher-selection and Self-selection Mechanisms as Explanations of the Cultural Capital Effect", *The Sociological Quarterly*, 2009.

William H. Jeynes, "The Effects of Parental Involvement on the Academic Achievement of African American Youth", *The Journal of Negro Education*, Vol. 74, No. 3, Summer, 2005.

Willis, Paul, "Cultural Production and Theories of Reproduction", in Barton, L. S. Walker (eds.), *Race, Class and Education*, London: Croon Helm, 1983.

Yoko Yamamoto and Mary C., Brinton, "Cultural Capital in East Asian Educational System: the Case of Japan", *Sociology of Education*, Vol. 83, No. 1, 2010.

Yuxiao Wu, "Cultural Capital, the State, and Educational Inequality in China, 1949 – 1996", *Sociological Perspectives*, Vol. 51, No. 1, Spring, 2008.

附录一 访谈对象列表

（一）教师及学校管理人员

编号	编码	性别	文化程度	身份	备注
1	QXW 老师	女	本科	班主任兼语文教师	办公室座谈
2	QXC 老师	女	本科	副班主任兼英语教师	办公室座谈
3	QXY 老师	女	大专	五五班数学老师	
4	QXZ 老师	女	大专	四五班数学老师	
5	QXG 老师	女	大专	班主任兼语文老师	原三五班
5	GXN 老师	女	师范生	语文教师	办公室座谈
6	GXZ 老师	男	大专	教务主任	
7	XCJ 老师	女	本科	六年级美术老师	
8	XCZ 老师	女	本科	校长助理	
9	XCL 老师	女	本科	心理教师	
10	JZR 老师	女	本科	语文教师	
11	JZO 老师	男	大专	班主任	
12	JZJ 老师	男	大专	副校长	
13	SZXL 老师	男	本科	教务处主任	
14	SZZC 老师	男	本科	初三二班班主任	
15	HZL 老师	男	本科	后溪中学校长	办公室座谈
16	HZW 老师	男	本科	后溪中学德育处主任	办公室座谈
17	OYP 老师	女	本科	集美区教育局副书记	

（二）学生基本情况

小学：

学校	性别	来源地	父职及文化水平	母职及文化水平	居住类型	子女情况	编码
QX学校五五班	女	本地城市	技术工人，中专	企管人员，高中	买房	独女	QXSDHL
	男	本地城市	国企工人，中专	工程管理，高中	买房	独子	QXSLYZ
	男	本地城市	国企工人，高中	房东，初中	自建房	独子	QXSZWZ
	男	外地农村	开店，小学三年级	开店，初中	租房	独子	QXSCGX
	男	外地农村	工人，高中	工人，高中	租房	独子	QXSSWC
	男	外地农村	工人，小学	摆摊，中专	租房	独子	QXSWWJ
	男	外地农村	餐厅管理，初中	干洗店老板，初中	买房入住	独子	QXSSSB
	男	本地农村	幼教，中专	幼教园长，中专	买房入住	长子	QXSJN
	男	外地镇上	开诊所，卫校	带孩子，小学	买房入住	老小	QXSRJF
	女	外地农村	电工兼司机，中专	服装厂工人，初中	租房	老大	QXSYYY
	女	外地农村	服装厂工人，小学	服装厂工人，小学	租房	老二	QXSXZY
	女	外地农村	三轮车送货，初中	超市上货，小学	租房	老大	QXSZT
	男	外地农村	模具厂工人，小学	服装厂工人，高一	租房	老二	QXSXPH
	男	外地农村	烧烤店，初中	烧烤店，小学	买房未住	老二	QXSXSJ
	男	外地农村	伞厂工人，初中	带孩子，小学	工厂宿舍	老大	QXSCYH
	男	外地农村	水电工，小学	带孩子，小学	买房入住	老大	QXSGWQ
	男	外地农村	婚纱厂，初中	带孩子，小学	租房	老大	QXSZKW
	男	外地农村	电子厂，高中	打零工，小学	租房	老大	QXSZZH
G小学六四班	女	外地农村	石材销售，高中	普工，初中	租房	老大	GXSLY
	女	外地农村	装修，初中	普工，初中	租房三间	老大	GXSLHQ
	男	外地镇上	教师，大专	教师，大专	租房	独子	GXSJS
	男	外地农村	普工，中专	企业财管，中专	租房	独子	GXSDQ
	女	外地农村	建材销售，小学	化妆品销售，初中	租房	独女	GXSLQ
	女	外地农村	司机，小学	摆地摊，小学	租房	长女	GXSWLL
	男	外地农村	建筑工，小学	摆地摊，小学	租房	长子	GXSZL
	男	外地农村	送快递，初中	清洁工，小学	租房	长子	GXSXY
	女	外地农村	货车司机，初中	带孩子，小学	租房	长女	GXSSW

续表

学校	性别	来源地	父职及文化水平	母职及文化水平	居住类型	子女情况	编码
XC小学六六班	男	外地农村	企业普工，中专	卖福彩，中专	买房未住	独子	XCSFTH
	女	外地农村	大专，工人	小学，普工	租房	长女	XCSCML
	男	外地农村	司机，高中	小学，做木雕	工棚	老二	XCSYJY
	女	外地农村	给人拉砖，高中	工厂普工，小学	租民房	老三	XCSXWH
	男	外地农村	包工头，小学	带孩子，小学	租民房	长子	XCSHJF
	女	外地农村	装修工，初中	开超市，小学	租民房	长女	XCSJL
	男	外地农村	批发商，小学	开超市，小学	租民房	长子	XCSWRS

初中：

学校	性别	生源地	父职及文化水平	母职及文化水平	居住类型	子女情况	编码
JZ中学初二四班	女	外地镇上	开饭店，初中	帮工，幼师毕业	租套房	长女	JZSYXP
	男	外地农村	建筑工，小学	洗脚工，小学	租套房	长子	JZSHS
	男	外地镇上	医生，大专	物业管理，初中	买房	独子	JZSDF
	女	外地农村	包工头，初中	怀孕在家，小学	买房	长女	JZSCY
	男	外地农村	普工，初中	普工，小学	租房	独子	JZSCW
SZ中学初二二班	女	外地农村	普工，小学文化	打零工，小学	租房	长女	SZSKS
	女	外地农村	杂货店老板，小学	种菜，小学	租房	长女	SZSCBL
	女	外地农村	司机，初中	种菜，小学	租房	长女	SZSWYX
	女	外地农村	开摩的，初中	工厂普工，初中	租房	长女	SZSLSS
	女	外地农村	种菜，小学	种菜，小学	租房	长女	SZSZSP
	女	本地农村	父逝，母改嫁	奶种菜，未读书	自建房	独女	SZSCSH
	女	外地农村	批发，初中	个体户，初中	租房	长女	SZSLR
	男	外地农村	收破烂，初小	普工，小学	租房	老二	SZSLXL
	男	外地农村	西安打工，初中	普工，小学	租房	老大	SZSLHR
	男	外地农村	普工，初中	普工，小学	租房	老二	SZSHF

续表

学校	性别	生源地	父职及文化水平	母职及文化水平	居住类型	子女情况	编码
SZ中学初二二班	男	外地农村	铝厂普工，小学	带孩子，小学	租房	老大	SZSLBY
	男	外地农村	砖厂上班，小学	砖厂上班，小学	租房	老二	SZSZZJ
	男	外地农村	建筑工，初中	临时工，小学	租房	老大	SZSHQ
	男	外地农村	面粉厂工人，初中	包装工，初中	租房	老二	SZSKBB
	男	外地农村	装修，小学	食品厂普工，小学	租房	老大	SZSLJL
	男	外地农村	普工，小学	摆摊，小学	租房	老大	SZSYWJ

附录二 访谈提纲

（一）对学生家长的访谈提纲

介绍一下您个人和家庭的基本情况（年龄、工作生活、教育水平、来厦经历及孩子情况，教育认知）。

1. 您对孩子学业的评价和期待，对文化知识的态度和文凭的认知？
2. 您或您爱人以前读书的情况？
3. 目前孩子的表现与您的期待是否相符？原因？下一步如何教育孩子？
4. 就您对孩子的了解而言，孩子学习中最大的障碍是什么？是怎样克服的？您为孩子做了什么？效果怎样？
5. 家庭关系（亲子关系、夫妻关系以及家庭成员的其他关系）及其他社会关系状况。
6. 家庭榜样力量与家庭学习氛围。
7. 知识技能与语言习惯。
8. 与学校老师如何沟通关于您孩子上学的事情，老师反馈以后该怎么做？
9. 教育投入及效果衡量。
10. 其他相关孩子教育最关心的问题。

（二）对学生的访谈提纲

学生基本情况（姓名、年龄、年级学校，父母职业及教育状况、学习表现，学习成绩、理想职业等）。

1. 在学习过程中，你如何看待父母给你的帮助？
2. 在你看来，父母应该给你什么？现在有哪些了？还有哪些他们没法给你？你该如何做？

3. 你从家人身上学到哪些知识技能？哪些知识技能对你学习有帮助？哪些没有？为什么？

4. 每次考试分数出来，你怎么看自己的成绩？你怎么给爸妈介绍？他们如何反应？你在乎他们的态度吗？

5. 介绍你父母给你的家庭教育。

6. 您对自己的评价，学业如何，属于哪一类？有无特长？优点与缺点？将来的打算。

7. 父母要你学习时，你的心理状态？

8. 老师和家长在学生心目中的位置？

9. 谈谈你心目中的爸爸、妈妈？说说在班里和你玩得最好的伙伴？

10. 你在学校的感受？及其他相关问题。

（三）对教师的访谈提纲

1. 您从事教学的基本情况：工作单位、班级、教学科目，受教育程度、教学经历、班级农民工子女构成、最早何时接触农民工子女？

2. 您来谈谈，孩子学业表现与其家长提供的家庭教育的关系。

3. 在学业表现方面，农民工子女与本地学生有哪些差异？

4. 在您上课过程中，您发现农民工子女有哪些突出的特点？（听课纪律、举手发言、上课动作、衣着仪表、讲话习惯、听课表现、师生互动）。

5. 下课或者自习课上，他们的突出表现？（讲话文明与不文明、卫生与不卫生、知识丰富与孤陋寡闻、行为得体与不得体、作业认真完成与敷衍处理、学习兴趣有否、学习目标明确程度）。

6. 根据您对所在班级同学的了解，这些农民工子女的家长怎样看待子女教育？（教育认知、教育重视程度、课业辅导情况、家长与老师互动情况、子女学校活动的参与情况）。

7. 在您班上农民工子女的学业表现中，您眼中的优等生具有哪些特质？差等生有哪些表现？中等生、优等生、差等生具有哪些相同之处以及明显差别？他们背后的家庭背景又如何？

8. 据您在教学实践中的了解，农民工及其随迁子女对读书考大学和未来出路的认识是怎样的？

9. 在您多年教学接触的农民工子女中，他们具有哪些特长、优点？他们身上有哪些不足之处，这些特点与学校的教学规范、考试规范、升学选择机制有没有差距？如果有，您认为他们应该怎样缩小差距？

10. 关于您对优等生、中等生和差等生的基本学业情况的认知。您与这些孩子是如何交往的？

11. 其他您所教科目的一些相关情况（语文、数学、英语等）。

12. 其他有关农民工子女教育的问题。

附录三　对 SZ 中学教务处主任的访谈提纲

1. SZ 中学的办学历史、接受外来工子女情况、生源构成介绍。
2. 针对外来工子女接受教育的教学管理和日常管理。
3. 辍学、中途退学及转学情况介绍。
4. 外来工子女初中毕业后分流、升学情况。
5. 家校合作情况介绍（学校要求、家长如何配合、家校合作存在的问题）。
6. 该校的师资条件、基础设施、场地、办学资质。
7. 经费配置情况，生均经费与兄弟院校的情况。
8. 学校接纳外来工子女遇到的问题及挑战、政策依据。
9. 外来工子女学业成绩介绍，是否存在反学校文化。双差生、偏差生、行为不规范等现象。
10. 针对成绩差的学生，如何实施分类教学或分轨教学。
11. 结合教学经验，谈谈您对外来工子女教育发展趋势的想法。

附录四　对 J 区教育局干部的访谈提纲

1. 基本信息：集美区现在外来工子女在学状态有多少人？多少人进入公立小学、公立中学、民办小学、民办中学？收费情况如何？
2. 集美区接受外来工子女的教育政策演变及其依据。
3. 针对义务阶段的外来工子女，集美区有哪些学校接纳他们？这些学校的师资力量、基础设施、管理措施情况如何。
4. 集美区有哪些民办中小学接纳外来工子女？其师资力量情况如何？从民办学校转到公立学校需要哪些条件？如何对他们进行考核和教学过程监管？其办学资格如何衡量和考评？
5. 在集美区外来工子女进入公办学校需要哪些条件？他们小学毕业升初中有哪些政策？
6. 外来工子女的升学制度介绍？外来工子女能否在集美参加中考？中考制度是怎样的？他们能够考入哪些高中？高考制度的介绍。
7. 集美区中小学教育资源的配置状况介绍。有多少重点小学、重点中学，普通小学、普通中学？（师资力量、基础设施、升学情况）
8. 厦门市人均教育经费在公立学校的配置情况、民办学校的配置情况。教育经费在民办学校和公立学校是否公平配置？
9. 农民工子女学生的家校合作情况介绍？
10. 关于国家"两为主"教育政策的理解及其执行情况？

后　记

春暖花开的季节，迎来学业的"关键"时期。在即将告别博士生涯的时刻，回顾我的求学历程，多种感受一起涌了出来。

从儿时记事起，父母告诉我，只有好好读书，不然就得"打牛腿"（做农民）。我从小就怀着对城市的憧憬和向往，铭记"学不成名誓不还"的古训，一步一个脚印走到今天。20世纪80年代初，我出生于皖北地区一个贫穷的农民多子女家庭，父母文化程度不高。八岁那年，进入行政村小学学习（没有读幼儿园，也没有上学前班）。农村小学由于老师少，语文老师也是数学老师，而且普通话都不标准，这种小学教育导致我到现在连普通话都讲不好，外语口语听力很差。没有音乐、艺术细胞，只能凭着苦读书才得以一步步向前走。虽然我不属于那种十分聪明的孩子，但比较有毅力，读书比较顺利。我相信奋斗改变命运，梦想让我与众不同。因为我的奋斗和努力，我从一个农家子弟成为一名高校教师，这是父母教育信念在我身上的延续。2008年我研究生毕业进入集美大学政法学院（2015年改为法学院）任教，2012年考取中国社科院研究生院博士研究生，师从王春光教授。回首走过的路，那就是不断往上走，哪怕一小步都是进步。

2010年6月，我父亲在金华中医院住院期间，我妹妹向我咨询她儿子读书的事情，当时她关心孩子能否进入公办学校就读，同年我姐姐的孩子在上海小学毕业之后，去哪里读初中的事情让她发愁，从这个时候，我就开始关注外来工子女教育的问题。2010年10月，学生柯雅如（2011届）咨询我论文选题的事情，我让她去研究农民工随迁子女家庭教育问题。接下来，我指导林虹（2012届）研究建筑业农民工子女的教育问题。从这个时候起，我就在思考一个布迪厄式的问题——"输在起

/ 后　记 /

跑线上"的学理性问题，即文化资本的再生产问题。教书育人生涯中，经常听到同事夸耀自己的孩子如何如何会读书。实际生活中，也经常听到一些家长抱怨"孩子读书不上道"。为何一些学生的学业表现不能尽如人意呢？农民工家长为了让孩子接受更高质量的教育，才将孩子从家乡带进城市。但是当他们把孩子送到城市学校以后，却发现家长"素质"与学校教育的不合拍。结果，孩子对家长的不合拍"管教"表示诸多埋怨和不服，而老师对家长的不合拍"素质"显现不满并加以指责。本来就处在生计压力下的农民工家长对于子女教育力不从心，加之学校过于强化学业表现的要求，使众多的农民工家长在城市化的子女教育中呈现出失语与忽略的状态。这一幕幕印在我的脑海中，加之我长期的农村生活经验和求学经历，我姐妹在教育孩子过程中所遭遇的"不合拍"、失语与忽略问题，以及我在与城市学校教师的接触中，发现这一问题的症结不是学校老师要求苛刻或者城市学校教师具有刻板印象，而是底层家庭文化资本与学校文化资本的背离所致。脑海中的这些疑团让我对农民工子女教育问题研究产生兴趣。据我观察和了解，求学成才的道路有两条：一是寒门学子型；二是书香门第型。如果后者代表"文化资本继承"，前者就是"文化资本移入"。因此，本书的农民工子女教育选题是在这一认识下的选择，也是基于这一心态的思考。

从本书的选题、研究设计、资料收集、资料分析，初稿撰写及定稿，前后经历两年多的时间，凝聚了自己的汗水，同时也是导师辛苦指导的结晶。在此，我要发自肺腑地感谢我的导师王春光研究员。能够学于王老师的门下，实乃学生的终生荣幸。王老师治学严谨、认真负责、仁慈宽厚。读博三年来，从读书、上课、研究、谈话和交往中，王老师给了诸多指教，让我明白治学与为人的道理。在平时交往中，还有他的言传身教，认真指导，这些成为我人生与学问道路上的宝贵财富。在研究过程中，王老师对学生悉心指教、训练严格，成为我今后学术生涯中享受不尽的财富。书稿字里行间、框架讨论与确定，无不凝聚了导师的辛苦与学识，这样的师恩仅仅用两个谢字难以言表。今后，学生只有一如既往地努力前行，时刻谨记导师的教诲，才有可能不辱导师的声誉。在此说一句，师恩厚重，铭记于心。

博士学业期间，仍然有许多老师要感谢。他们是李培林研究员、陈光金研究员、张翼研究员、景天魁研究员、罗红光研究员、陈婴婴研究员、夏传玲研究员、李春玲研究员、杨宜音研究员、王颖研究员、吴小英研究员、房莉杰老师，他们的建议给我很多启发。感谢李振刚老师、何蓉老师、赵立玮老师、王晓毅研究员、刁鹏飞老师等的课程或讲座给我带来的颇多收获。陆会平老师、殷伟老师、杨晶晶老师三年来热情友善地帮助我，我要对他们说声谢谢。还要感谢西安交通大学的赵文龙教授、浙江财经大学的戴卫东教授。

师门有缘，与张文博、梁晨、刘雨龙、林倩、贾晶、陈恩、马原、乐洋、郑雨的师门情谊难忘，感谢刘雨龙多次真诚的帮助。同学情缘深厚，感谢与张连海、李洁、祝晓书、孟超、王阿龙、柯洋华等共同度过的快乐有益的时光。

书稿的调查得以顺利进行离不开众多师友的配合，在此我要感谢同事杨贵华教授、庄丽榕教授、邓玮教授、许翠霞、郑秀坤老师、巨东红老师、姚进忠、李绍平教授、温荣利、裴凌风、黄登贵、黄添才，由于他们的帮助我的调查才能得以顺利进行。黄添才老师联系和协调QX学校的班主任及任课老师，温荣利联系SZ中学的校领导，在此说声谢谢。还要感谢QX学校、GX学校、XC学校、SZ中学、JZ中学接受访谈的学校管理人员、教师、学生及其家长，他们对我几乎是"知无不言、言无不尽"。

最后要感谢我的亲人。感谢父母的养育之恩，在我攻读博士期间，母亲默默照顾生病的父亲，承受两地分居之苦的妻子对我的学业鼎力支持，经常返家照顾父亲。感谢支持我顺利完成学业的哥哥、姐姐和妹妹。这本书包含了他们的付出与奉献。

孙文中
2019 年 8 月 22 日
于厦门市集美区滨水小区 108 号